MEHR
vom
LEBEN

ERIC ADLER

MEHR vom LEBEN

Die 12 NATURGESETZE zum ERFOLG®

südwest

Bildnachweis: Fotolia: 35 (corbisrffancy), 56 (adirekjob), 102 (contrastwerkstatt), 108 (Lars Tuchel), 136 (lassedesignen), 141 (ege), 144 (Patrick), 150 (swisshippo), 160 (Laurentiu Iordache), 163 (Christian Maurer), 170 (nobelium), 240 (Friedberg), 243 (Tom-Hanisch); Gettyimages: 155 (Tetra Images), 195 (Nilsson, Huett, Ulf), 228 (Pernilla Bergdahl); iStockphoto: 11 (Mgov), 18 (Leadinglights), 22 (Caval), 24 (GlobalStock), 32 (PeskyMonkey), 38 (spxChrome), 61 (sdominick), 66 (AndrewJohnson), 72 (Alfonso Cacciola), 76 (medlar), 83 (Ohmega1982), 88 (themacx), 98 (Jamie Farrant), 115 (olaser), 122 (ielshariot), 125 (swilmor), 128 (zinin), 133 (George Clerk), 167 (Claudiad), 176 (kupicoo), 185 (Svemir), 202 (RichLindie), 210, 219 (ooyoo), 222 (rran Traite Soler), 233 (Neustockimages), 239 (4774344sean), 248 (sssss1gmel), 254 (epicurean), 261 (GlobalStock), 262 (Gordan1); Plainpicture: 44 (Kniel Synnatzschke), 190 (Oscar); RF: 182 (emmgunn/Gettyimages), 199 (Imagesource); Shutterstock: U1 (Lightspring)

ISBN: 978-3-517-08957-7

Hinweis: Das vorliegende Buch ist sorgfältig erarbeitet worden. Dennoch erfolgen alle Angaben ohne Gewähr. Weder der Autor noch der Verlag und seine Mitarbeiter können für eventuelle Nachteile oder Schäden, die aus den im Buch gegebenen Hinweisen resultieren, eine Haftung übernehmen.

Redaktionsleitung: Silke Kirsch
Textcoaching: Gertrud Teusen, www.gertrud-teusen.de
Bildredaktion: Tanja Zielezniak
Projektmanagement und Redaktion: Isabella Kortz, www.isabella-kortz.de
Layout und Satz: Claudia S. Sanna, atelier-sanna.com, München
Umschlaggestaltung und -konzeption: zeichenpool, München
Reproduktion: Artilitho snc, Lavis (Trento)
Druck und Verarbeitung: Alcione, Lavis (Trento)
Printed in Italy

FSC
www.fsc.org
MIX
Papier aus verantwortungsvollen Quellen
FSC® C021956

Verlagsgruppe Random House FSC® N001967
Das für dieses Buch verwendete FSC®-zertifizierte Papier *Profimatt* liefert Sappi, Ehingen.

Inhalt

10 Das Gesetz des Wachstums

11 Das Gesetz der Verteidigung

12 Das Gesetz des Nutzens

Anhang

Einleitung: Mehr vom Leben

Was ist denn eigentlich Glück? Haben Sie sich das schon einmal gefragt? Kann man es überhaupt definieren? Mit Worten fest machen? Fakt ist: *Glück* bedeutet für jeden Menschen etwas anderes. Es wird mit einer Vielzahl von Begriffen gleichgesetzt, beispielsweise mit Freude, Gesundheit, Zufriedenheit, Reichtum, Liebe, Sex, Freiheit, Karriere und so weiter. Das alles sind Umstände, die eine gute Basis für *Glück* bilden, sie allein machen aber noch nicht glücklich – so viel steht fest. Und sie zeigen schlussendlich nur eins: Wir alle wollen MEHR vom LEBEN.

Als ich noch klein war, wusste ich nichts vom Glück. Meine Welt war begrenzt und bestand für viele Jahre aus einer winzigen Kammer. Die war drei mal zwei Meter groß und darin standen ein Bett, ein Regal und ein Schrank. Das Fenster war zugig und im Winter wuchsen kleine Eispyramiden auf dem Fensterbrett. Es gab auch eine Tür, aber die war versperrt.

Die Menschen, die mir am nächsten waren, wünschte ich mir täglich ganz weit weg. Denn ich wuchs ohne jegliche soziale Bindung auf, ja, mehr noch, ich war ausschließlich von Menschen umgeben, die keine soziale Kompetenz besaßen. Fürsorge, Liebe, Nähe waren für sie Fremdworte ohne Inhalt, und ich wiederum lernte die Geborgenheit einer Familie nie wirklich kennen. Dafür erfuhr ich schon früh, was Gewalt, Hoffnungslosigkeit und psychische Grausamkeit sind.

Wenn man mich heute fragt, was Glück bedeutet, weiß ich darauf keine präzise Antwort. Denn wer Glück empfinden will, muss Trauer, Verzweiflung und Wut kennen. Solche extremen Emotionen konnte ich mir »nicht leisten« – also verzichtete ich auf beide Extreme.

Ich wusste schon damals, dass das, was mit mir passiert, ungeheuerlich war. Wem sollte ich davon erzählen? Und: Hätte mir, dem kleinen Jungen, überhaupt jemand geglaubt? Also habe ich geschwiegen und versucht, mit all dem allein klar zu kommen. Mein einziges Ziel war es zu überleben. Die Hoffnung, auch mal »Glück zu haben«, habe ich jedoch nie aufgegeben.

Bis ich zwei Jahre alt war, da hatte ich eine Familie: Eine Mutter, einen Vater und einen Bruder. Aber dann zog meine Mutter aus, um einen anderen Mann zu heiraten. Mein Bruder und ich blieben bei unserem Vater, der mit zwei kleinen Buben heillos überfordert war. Er fand eine neue Frau und gründete bald darauf eine neue Familie.

Nun war es an der Zeit, die Kinder aufzuteilen. Mein Bruder durfte zu unserer Mutter – ich aber musste bleiben. Dafür zog die Stief-Großmutter zu uns und umsorgte mich. Sie war der erste und letzte Mensch meiner Kindheit, der mir Nähe, Wärme und Geborgenheit gab. Auch heute noch versuche ich mich immer wieder an sie zu erinnern. Und es tut weh, dass ich nicht mehr weiß, wie sie aussah. Ich erinnere mich nur an ihre grüne Schürze, die sie ständig trug.

Meine Welt war in Ordnung – bis meine Großmutter starb. Bald darauf wurden meine zwei Stiefschwestern geboren und ich verschwand aus dem Familienleben. Man schloss mich in die kleine Kammer ein – und dort blieb ich 12 Jahre lang.

Wenn ich auf die Toilette musste, habe ich geklopft. Nicht immer war jemand da, der mir öffnete. Auch meine Mahlzeiten bekam ich in die Kammer. Am Esstisch war ich nicht erwünscht. Die schmutzigen Teller stapelten sich in meinem Schrank, manchmal wochenlang. Nur selten bekam ich die Gelegenheit, mich zu waschen oder mir die Zähne zu putzen. Erst mit 17 Jahren besaß ich meine erste eigene Zahnbürste.

Vielleicht verwundert es Sie, dass ich das alles hier so offen schreibe. Es ist das erste Mal, dass ich öffentlich über meine Kindheit und meinen Werdegang berichte. Und es fällt mir sehr schwer. Warum ich es jetzt – nach so langer Zeit – trotzdem tue? Ich möchte Ihnen mit meiner Geschichte zeigen, dass unbeachtet, was hinter Ihnen liegt oder worin Sie sich gerade befinden, eine Entwicklung zum Guten immer möglich ist.

Als meine Schwestern älter wurden, fanden diese es sehr angenehm, einen eigenen *Haussklaven* zu haben. Dann durfte ich für wenige Stunden die Kammer verlassen und musste ihr Zimmer aufräumen. Ich tat das gern, weil es mir die Gelegenheit bot, mal das eine und mal das andere »mitgehen« zu lassen. Ein Micky-Maus-Heft, ein Stückchen Schokolade – das war mir die Plackerei wert. Manchmal haben mich meine Schwestern verpetzt, manchmal hatte sie offenbar einen Funken Mitgefühl und taten es nicht.

Zum Glück gab es eine Schulpflicht und so durfte ich ab dem sechsten Lebensjahr stundenweise die Kammer und das Haus verlassen.

Der Weg von unserem Haus zur Bushaltestelle dauerte exakt zwölf Minuten. Ich kann ihn heute noch mit jedem Detail beschreiben. Am Morgen ging ich immer schnell und zügig. Ich wollte den Schulbus um keinen Preis verpassen. Er war mein Ticket in die Freiheit, meine kleine Flucht aus der Enge der Kammer.

Auf dem Rückweg brauchte ich exakt zwölf Minuten. Jede Einzelne davon war wertvoll und ich ging tief in Gedanken versunken Schritt für Schritt. Ich hatte einen Traum, jahrelang immer den gleichen und er endete immer auf dieselbe Art und Weise. Ich malte mir aus, dass, wenn ich gleich um die letzte Ecke biege, das Haus, in dem meine Kammer war, abgebrannt sei. Ja, mehr noch, in meinem Wunsch-Szenario wären auch alle Menschen, die darin wohnten, tot. Ich wusste, dass das eine schreckliche Vorstellung war. Doch in meinem Wunschtraum hatte ich weder ein schlechtes Gewissen noch hatte ich Angst davor. Im Gegenteil, in meinem Traum war ich froh, dem Haus und seinen Bewohnern entkommen zu sein. Ein Kinderheim oder eine Pflegefamilie wäre allemal das bessere Los gewesen. Doch zu meinem Leidwesen stand das Haus Tag für Tag unversehrt an seinem Platz. Immer wenn ich um die Ecke bog und meine Traumblase zerplatzte, war ich irgendwie enttäuscht. Denn das hieß: Zurück in die Kammer!

In der Schule galt ich als Sonderling, Freundschaften zu schließen hätte ich ohnehin nicht gewagt. Ich war nicht nur ruhig und verschlossen, sondern auch ungepflegt und roch übel. Die Kinder gingen mir aus dem Weg, tuschelten und kicherten hinter vorgehaltener Hand. Die Lehrer ließen mich links liegen, keiner kümmerte sich um den Außenseiter. Mit mir wollte einfach niemand etwas zu tun haben. Nachträglich betrachtet, war das Schlimmste, dass alle weggeschaut haben. JEDER musste doch gesehen haben, dass mit mir, dem Kind, etwas nicht stimmte. Aber niemand tat etwas.

Zu den Höhepunkten meines Lebens gehörten die Tage, an denen meine Eltern (natürlich ohne mich) ausgingen. Waren sie eingeladen oder im Theater, durfte ich raus. Nein, ich musste raus. Auf die Straße, den Spielplatz. Auch wenn es Abend wurde, wenn alle anderen Kinder schon weg waren und es dunkel und kalt wurde. So lange eben, bis meine Eltern wieder nach Hause kamen. Eingesperrt oder ausgesperrt – einen goldenen Mittelweg gab es nicht. Einmal bekam ich auch eine Begründung für dieses »aussperren«, wenn sie unterwegs waren: »Stell Dir bloß vor, es bricht ein Feuer aus und du kannst nicht raus. Wenn Dir etwas passiert, dann haben wir gleich das Jugendamt am Hals.«

Deshalb sperrte man mich also – egal, bei welchem Wetter – vor die Haustür. Die Nachbarn gaben mir dann manchmal etwas zu essen. Und nicht selten blieb ich bis spät in die Nacht hinein allein auf dem Spielplatz.

Vielleicht fragen Sie sich, warum ich nichts unternahm, um aus dieser Situation zu entfliehen. Solche Abende wären ja zum Beispiel eine gute Gelegenheit gewesen. Natürlich war der Gedanke daran mein ständiger Begleiter. Aber sich selbst von solchen Menschen zu lösen bedarf einer gewissen Reife, die man als Kind noch nicht besitzt. Viel interessanter für mich ist jedoch auch heute noch die Frage, warum niemand etwas unternahm.
Die Lehrer, die Nachbarn, die Freunde meiner Eltern – sie alle wussten irgendetwas, sahen jedoch tatenlos zu, wie ich ein ums andere Mal in der Kammer weggeschlossen wurde.
In den kommenden Jahren versuchte ich diverse Male auszubüchsen. Weit kam ich allerdings nie. Die Polizisten vor Ort kannten mich bereits, nahmen mich mit auf die Wache, gaben mir zu essen, steckten mir ein paar Münzen zu und spielten eine Weile mit mir. Dann wurde ich wieder »zu Hause« abgeliefert. Für mich ein weiteres Indiz dafür, dass ich keine Chance hatte, der Situation zu entkommen.

Kinder, die so aufwachsen wie ich, leben im ständigen Zwiespalt. Die totale Kontrolle, der ich ausgesetzt war, nahm mir den Mut, etwas an der Situation zu ändern. Meine zaghaften Befreiungsversuche liefen ins Leere, ich fand keine Verbündeten – und erst recht hatte ich niemanden, dem ich mich anvertrauen konnte.

Nur einmal sprach mich eine Lehrerin an, sie wollte mit mir reden und bestellte mich nach dem Unterricht ins Lehrerzimmer. Sie fragte mich, warum ich so schlampig und ungepflegt zum Unterricht erschien. Warum ich so schlecht lernte – und überhaupt: »Was ist bloß mit dir los?« Interessierte sich da plötzlich ein Erwachsener für mich? Ich erzählte ihr ein paar Kleinigkeiten aus meinem Leben. Ob das für sie überhaupt einen Sinn ergab, wagte ich zu bezweifeln. Doch sie schien zu verstehen. Sie äußerte Verständnis und Empörung über die Missstände. Sie meinte, dass man dagegen unbedingt etwas unternehmen müsse. Eine Mischung aus Freude und Angst stellte sich bei mir ein: Sollte mir wirklich jemand helfen? »Du kannst mir vertrauen«, sagte sie. Und: »Ich werde mich darum kümmern.« Ich war damals knapp 14 Jahre alt und überwältigt. Du bist doch nicht allein, dachte ich. So musste sich Glück anfühlen.

Zum ersten Mal ging ich an diesem Tag beschwingt zurück nach Hause. Das Donnerwetter, das mich als logische Konsequenz, denn ich war ja viel zu spät dran, erwarten würde, war mir egal. Und zum ersten Mal hatte ich das Gefühl, jemanden an meiner Seite zu haben.

Kaum hatte ich zu Hause die Hand zur Klingel angehoben, ging die Tür schon auf. Eine Ohrfeige erwartete mich – und dann der Gürtel meines Vaters. In der Kammer, dort, wo niemand meine Schreie hören konnte und niemand meine Tränen sah. Später fand ich heraus, dass die Lehrerin sofort meine Stiefmutter angerufen hatte. Sie war offenbar um meinen Geisteszustand besorgt gewesen, denn ein Kind, das solche Geschichten erzählt …

Und doch hatte diese Episode etwas in Gang gesetzt, ich wurde ein klein wenig mutiger als zuvor. So nutzte ich bald darauf jede Gelegenheit, etwas über meine leibliche Mutter in Erfahrung zu bringen. Von den Nachbarn erfuhr ich, welchen Nachnamen sie jetzt trug und wo sie arbeitete.

Ich fand heraus, wo meine leibliche Mutter wohnte und besuchte sie eines Tages nach der Schule. Allein der Weg mit Bus und Trambahn dorthin war für mich ein großes Abenteuer. Die Hoffnung gab mir Mut, doch als ich endlich vor ihrer Tür stand, war ich nur noch ein Häuflein Elend. Was tun, wenn sie gar nicht zu Hause war? Was sollte ich sagen, wenn ein anderer – beispielsweise ihr Mann – die Tür aufmachte? Und überhaupt: Wusste ich noch, wie sie eigentlich aussah? Als die Tür geöffnet wurde und sie plötzlich vor mir stand, hatte ich keinen Zweifel mehr, an der richtigen Tür geläutet zu haben. Sie war weder entsetzt noch erfreut – sie erkannte mich nämlich überhaupt nicht. »Na, wer bist denn du? Kann ich dir irgendwie helfen?«, fragte sie und putzte sich die Hände an der Schürze ab. Mit piepsiger Stimme sagte ich: »Ich bin's, der Eric, dein Sohn.« Das Herz schlug mir bis zum Hals. Sie bat mich herein und setzte sich mit mir an den Küchentisch.

Der Damm war gebrochen und ich erzählte ihr meine Geschichte. »Das ist ja wirklich schlimm. Da müssen wir was machen«, sagte sie. Ich war so froh. Schließlich meinte sie, ich könne ja zu ihr kommen. Mit einem solchen Angebot hätte ich in meinen kühnsten Träumen nicht gerechnet. Warum war ich nicht schon viel früher auf die Idee gekommen?

Gemeinsam fuhren wir zum Haus meines Vaters. Sie schob mich durch die Tür und sagte: »Geh, pack deine Sachen ... Wir Erwachsenen müssen was bereden.« Ich ging in die Kammer und wartete. Endlich, nach einer halben Ewigkeit, ging die Tür auf, doch statt meiner Mutter stand mein Vater da. Ich musste schlucken, tausend Gedanken schossen auf einmal durch meinen Kopf. »Wo ist meine Mutter?«, fragte ich. »Weg!«, antwortete mein Vater und dann schob er boshaft nach: »Glaubst Du denn wirklich, dich will jemand?« Langsam zog er seinen Gürtel aus den Schlaufen ...

Die Kammer war Folter und Kokon zugleich. Ab einem gewissen Alter hatte ich dann wenigstens Bücher, die mir Gesellschaft leisteten. Schulbücher zum einen und auch Bücher zum Lesen. Ich hatte mich, ohne Wissen der Eltern, in einer öffentlichen Bücherei eingeschrieben und versorgte mich dort regelmäßig mit Lesestoff. Zwar war es schwierig, die Bücher unbemerkt ins Haus zu bringen, aber es gelang mir immer wieder und so blieb wenigstens diese kleine »Flucht« unentdeckt. Meine Fantasie gab mir Kraft. Sie entführte mich in Tagträume und erlaubte es mir, in andere, bessere Welten zu flüchten. Stundenlang lag ich tagträumend auf meinem Bett. Was hätte ich auch anderes tun können? Ich hatte kein Spielzeug, ich hatte keine Freunde, niemand sprach mit mir. Stille. In meinem Leben war nichts von all dem, womit sich andere Kinder Ablenkung verschaffen konnten. Radio oder Fernsehen gab es für mich nicht. Ich hatte nur die Bücher – und meine Träume.

Das viele Lesen brachte zwar keine Verbesserung meiner Schulleistungen, aber Deutsch war eindeutig mein Lieblingsfach. Einmal – als alle meine Mitschüler ohne mich für eine Woche auf eine Skifreizeit fuhren, weil das »zu teuer« gewesen wäre –, durfte ich Deutsch »unterrichten«. Das Angebot kam völlig unerwartet. Der Deutschlehrer übergab mir ein Bündel Unterrichtsunterlagen und besprach mit mir ausführlich, was ich zu tun hatte. Ich weiß nicht, ob er wusste, welch großes Geschenk er mir damit machte.
Ich allein vor einer Klasse Schülern – das war schon was. Zwar saß natürlich noch eine Aufsichtsperson mit im Klassenzimmer, doch unterrichten durfte ich. Jeden Tag machte ich Übungen und verteilte Hausarbeiten, die ich dann sogar mit Bleistift korrigieren durfte. Ich kann mich noch daran erinnern, dass danach ein Artikel in der Zeitung erschien und Fotos gemacht wurden. Das war das erste Mal, dass ich das Gefühl hatte: »Hey, ich kann was!« Selbstbewusstsein, Wertschätzung und Anerkennung waren für mich bis dahin eine eher seltene Erfahrung gewesen.
Normalerweise generiert sich der Selbstwert eines Menschen ganz wesentlich durch sein Umfeld. Ich jedoch war ja ein Kind ohne Freunde, ohne soziale Kontakte – ich war isoliert.
Nein, das stimmt nicht ganz, denn einen Freund hatte ich: Michael. Ich war bereits 16 Jahre und besuchte die Handelsschule. Im letzten Schuljahr dann, nur wenige Monate vor dem Abschluss, kam es dort zu einem Eklat: In der letzten Schulstunde des Tages hatten wir Informatik und mussten in Dreiergruppen einfache Programme schreiben. Mein Freund Michael war mit dem Programmieren dran. Wir hatten jedoch so viel anderes zu bereden, dass wir mit der Arbeit natürlich nicht fertig waren, als die Schulglocke läutete. Alle packten ihre Taschen zusammen, bis der Lehrer sagte: »So, wir warten jetzt alle, bis der Michael fertig programmiert hat.« Damit brachte er natürlich alle Mitschüler gegen meinen Freund auf. Sie alle wollten gehen und begannen, meinen Freund zu beschimpfen. Das konnte ich nicht ertragen und rief in die Klasse: »Lasst euch von dem Idioten doch nicht aufhetzen!« Mit einem Schlag waren alle mucksmäuschenstill. »Was? Herr Adler, was haben Sie gerade gesagt?«, fragte der Lehrer. Der Klassensprecher mischte sich ein: »Er hat gesagt: Wir Idioten sollen uns nicht aufhetzen lassen.« Gut gemeint, aber das ging gegen meinen Stolz, gegen mein Ehrgefühl. »Nein, ich habe gesagt: Von Ihnen, Idiot, sollen sie sich nicht aufhetzen lassen!« Daraufhin packte der Lehrer seine Sa-

chen und ging wortlos. Nach einigen Minuten des Wartens standen schließlich auch wir Schüler auf und verließen das Klassenzimmer.
Die Folge davon war, dass der Lehrer von nun an zu Beginn jeder seiner Unterrichtsstunden verlangte, dass ich den Raum verließ – und ich weigerte mich jedes Mal erfolgreich. Woraufhin er jedes Mal den Raum verließ. Das führte dazu, dass die Klasse einige Freistunden hatte und ich so etwas wie ein Held für meine Klassenkameraden war. Klar war aber auch, dass es so nicht ewig weitergehen konnte. Das Direktorium beschloss, mich bis zur Abschlussprüfung vom Unterricht zu befreien. Nur zu den Tests musste ich erscheinen. Meine Mitschüler fanden das toll und beneideten mich, aber für mich war es natürlich eine Katastrophe, weil es bedeutete, dass ich gar nicht mehr aus der Kammer herauskam.
Es ist für mich – damals wie heute – untragbar, wenn Menschen ihre Position und Macht ausnutzen, um Schwächere niederzumachen oder andere aufzuhetzen, es an ihrer Stelle zu tun.

Meine neue Freiheit

Das Streben nach Glück ist so alt wie die Menschheit. Schon Seneca stellte vor rund 2.000 Jahren fest: »Wir alle streben nach Glück und einem erfüllten Leben.« Das Streben nach Glück wurde sogar in der Unabhängigkeitserklärung der Vereinigten Staaten von Amerika als Grundrecht aller Menschen festgeschrieben. Dort wird es als *Pursuit of Happiness* bezeichnet – und in einem Atemzug mit Freiheit und unversehrtem Leben genannt.
Nun, auch mein neues Leben war ein Befreiungsschlag. Es begann mit 17 Jahren und der einzigartigen Chance, verfrüht ins österreichische Bundesheer einzutreten. Ohne auch nur eine Sekunde zu zögern, ergriff ich diese Möglichkeit. Ich kehrte der Kammer für immer den Rücken …
Das Militär. Was für ein Luxus! Für mich ein Gefühl unendlichen Glücks: Ich hatte ein sauberes Bett, keine verschlossenen Türen mehr, durfte mit den anderen gemeinsam essen, hatte eine eigene Zahnbürste und durfte am normalen Leben teilnehmen.
Mit 17 Jahren begann also mein zweites Leben. Doch dann geschah etwas Merkwürdiges: Die ersten Jahre meines Lebens war ich selbst »arm dran« ge-

wesen und jetzt waren fast alle Menschen, die mit mir zu tun hatten, »arm dran«. Warum das so war? Weil ich glaubte, man müsse sich nehmen, was man braucht, denn freiwillig gibt einem niemand etwas. Ich habe mir also genommen, was ich wollte, auch mit Tricks, Lügen und Manipulation. Ich besaß keinerlei soziale Kompetenz – woher auch? – und darunter litt nicht nur ich selbst, sondern auch die meisten Menschen, denen ich begegnete, mussten darunter leiden.

Ein Egoist ist ein Mensch, der sich selbst der Nächste ist – so ähnlich hat es Falco in seinem gleichnamigen Hit beschrieben –, und genau das war bei mir der Fall. Selbstvertrauen hatte man mir nicht vermittelt, zur Selbstreflexion war ich nicht fähig. Toleranz und Empathie waren Fremdworte für mich, leere Worthülsen, mehr nicht.

Es ist ein Phänomen, das ich auch heute noch mit Besorgnis beobachte, dass junge Menschen, die mit sich und ihrem Umfeld nicht zurechtkommen, sprich über wenig Sozialkompetenz verfügen, sich zu straff strukturierten Organisationen hingezogen fühlen. In meinem speziellen Fall war es das Militär und später die Polizei, die mich aufnahmen. Es hätte aber genauso gut eine kriminelle Bande, eine Sekte oder eine radikale Verbindung sein können – was wäre dann wohl aus mir geworden?

Beim Militär fand ich das, was einem Zuhause, einer Heimat – im allgemeinen Verständnis – am ehesten entsprach. Für mich war es das Paradies: Ich war genauso gekleidet wie die anderen, nicht besser und nicht schlechter. Ich war genauso gepflegt wie die anderen, wahrscheinlich sogar wesentlich mehr, weil es eine Erfahrung war, die ich zuvor nicht machen konnte. Und ich war ein Gleicher unter Gleichen!

Nach dem Wehrdienst ging ich – mit der festen Absicht, auch dort zu bleiben – zur Polizei. In der Polizeischule bekam ich alles, was ich zum Leben brauchte. Ich hatte ein Zimmer, eine schicke Uniform und ich erlebte ein tolles Gemeinschaftsgefühl.

Ich fügte mich ein, tat meinen Dienst und besuchte die Schule. Das alles war für mich »herrlich normal«.

Am 27. Dezember 1985, kurz vor 9.00 Uhr morgens, überfiel die Abu-Nidal-Gruppe den Schalter der israelischen Fluggesellschaft El Al am Flughafen Wien-Schwechat. Drei Terroristen stürmten mit Handgranaten und Sturmgewehren die Abflughalle im heutigen Terminal 2. Ihr Ziel: die beim El Al-Schalter warten-

den Passagiere. Die Handgranaten wurden gezündet und es gab ein regelrechtes Feuergefecht. Am Ende musste die Bilanz gezogen werden: 200 Schüsse, drei Handgranaten und eine Rauchgranate.
Ich war einer der ersten Polizisten vor Ort. Ich sah eine Frau, die mit zerrissenem Oberkörper am Boden lag, und ringsum die schreienden Kinder, überall Blut, all die Zerstörung und das menschliche Leid. Ich – nein, wir alle – waren völlig hilflos und geschockt. Darauf hatte uns niemand vorbereitet – und die Möglichkeit der Aufarbeitung danach bestand auch nicht.
Es gab damals kaum eine psychologische Betreuung für Polizisten nach solch einem Erlebnis. Die Devise lautete: »Harte Hunde reden nix«. Wir bekamen lediglich drei Tage Sonderurlaub.
Für mich war dieser Einsatz ein Erlebnis mit Signalwirkung. Plötzlich wurde mir klar, dass ich in meinem Leben etwas verändern wollte. Mein erster Schritt: Ich quittierte nach den Weihnachtsfeiertagen meinen Dienst.
Die größte Herausforderung war es nun, mein Leben ohne die straffen Strukturen von Militär und Polizei zu organisieren. Das war gar nicht so einfach und super-erfolgreich war ich damit auch nicht, um ehrlich zu sein.
Zunächst verschlug es mich nach Tirol, wo ich das erste »Privatfernsehen« in Österreich produzierte – und zwar weder terrestrisch noch per Kabel, sondern auf Video. Mit der Kamera dokumentierte ich jeweils einen Monat lang alle Ereignisse im Bezirk, führte Interviews, stieß Diskussionen an, machte »versteckte Kamera« und schnitt alles auf Videos zusammen, die man dann in allen möglichen Geschäften an der Kasse kaufen konnte.
Im Zuge meiner Dokumentationstätigkeit bekam ich auch Kontakt zu Politikern. Es war Wahlkampf in Österreich und zum ersten Mal war ich durch meinen Job so richtig nah dran. Die Szene faszinierte mich, die Reden und Veranstaltungen inspirierten mich – schlussendlich so sehr, dass ich selbst in eine Partei eintrat, um dort mitzumischen.
Meine Euphorie war jedoch nur von kurzer Dauer. Nachdem ich mich intensiv engagiert und auch viel für die Partei erreicht hatte, wurde ich in einer schmutzigen Intrige von einem Tag auf den anderen »fallen gelassen« und gab mein Parteibuch wieder zurück. Mir wurde damals ganz klar und deutlich vom Bundespartei-Obmann gesagt, dass es gar nicht um politische Ziele oder um mich persönlich ginge, sondern ausschließlich um Macht und das dafür nötige Menschenmaterial.

Im Nachhinein bin ich sehr froh, dass ich mich nicht tiefer in diese politische Szene verstrickt habe. Meine Erlebnisse sind ein Lehrbeispiel dafür, wie Jugendliche, die kein Zuhause haben, keine Familie, kein Wir-Gefühl kennen, sich leicht zu x-beliebigen Organisationen hingezogen fühlen können. Diese Gruppierungen geben ihnen eine Heimat, Gemeinschaft, Geborgenheit, ein Wir-Gefühl und bedienen ihren Hunger danach, gebraucht und gemocht zu werden – und das ist fatal. Für mich ist es noch mal gut ausgegangen, für viele andere tut es das nicht.

Doch trotz der vielen Erlebnisse und Erfahrungen in meinem Leben war ich immer noch nicht auf dem richtigen Weg. Die Zeit für den entscheidenden Cut war offenbar noch nicht gekommen. Immerhin geriet ich nicht auf die schiefe Bahn. Vielleicht, weil ich einfach nur intelligent genug war, um bestimmte Folgen abschätzen zu können. Und nachdem ich mir diese intensiv ausmalen konnte, war ich dann zum Glück zu feige, die Konsequenzen zu tragen und setzte mir dadurch eine gesunde Grenze, die ich nie überschritt. Doch innerhalb meiner eigenen Grenzen tobte ich mich richtig aus. Das heißt: Ich war völlig beziehungsunfähig, mein Privatleben bestand aus kurzen Affären. Ich machte Geschäfte, bei denen ich schon vorher wusste, dass nur ich davon profitieren würde. Meine Kurzsichtigkeit in geschäftlichen Handlungen ist natürlich in wirtschaftlichen Niederlagen geendet, bei denen nicht wenige Personen Geld verloren. Das Ergebnis meines Handelns: Keine Beziehung oder geschäftliche Partnerschaft dauerte länger als ein paar Monate, es gab viele tränenreiche Abschiede, wütende Vorwürfe – und viele enttäuschte Menschen.

Ich will Sie jetzt nicht länger mit Details meiner beruflichen Laufbahn langweilen. Das »Prinzip« ist klar. Es ging jedenfalls noch eine ganze Weile auf und ab.

Ich konnte einfach nicht verstehen, warum in meinem Leben Erfolg und Niederlage immer nur einen Wimpernschlag auseinanderlagen. Es wollte nicht funktionieren, obwohl ich doch so hart arbeitete.

1997 war es dann so weit: Ich wollte endlich den entscheidenden Schlüssel für mich finden und mein Leben dauerhaft in den Griff bekommen. Denn ich war überzeugt, dass es diesen Schlüssel geben musste.

Die Auszeit

Um den Schlüssel zu finden, musste ich aus meinem Alltag raus und entschied mich für die Dominikanische Republik. Doch auch dort musste ich natürlich irgendwie meinen Lebensunterhalt verdienen. Mir gelang es, einen Deal mit einem der Hotelmanager vor Ort zu schließen. Gegen freie Kost und Logis schulte ich täglich ein bis zwei Stunden sein Personal. In der Regel fand man mich am Strand im Liegestuhl und umgeben von Büchern. Den wöchentlichen Literatur-Nachschub lieferte mir die Lauda Air, deren Besatzungsmitglieder im gleichen Hotel ihre Stop-Over-Unterkunft hatten.

Ich blieb ein knappes Jahr dort und studierte alle vorhandene Literatur zum Thema Persönlichkeitsentwicklung – sowohl die fachlich-psychologischen Werke als auch die gängige Coaching-Literatur. Rund 800 Bücher und Studien waren es insgesamt – von Sigmund Freud über Carl Gustav Jung bis Alfred Adler, von Napoleon Hill über Andrew Carnegie bis Jack Canfield. Daraus zog ich die Quintessenz menschlichen Wissens in Bezug auf Persönlichkeitsentwicklung.

Es kam die Zeit der Erkenntnis: Endlich sah ich, was bislang in meinem Leben schief gelaufen war. Ich akzeptierte, dass ich meine entsetzliche Kindheit nicht würde ändern können. Und schlagartig wusste ich, was mir immer gefehlt hatte, um dauerhaft zufrieden und erfolgreich zu sein: soziale Kompetenz. Die Fähigkeit, mit mir selbst und mit meinem Umfeld optimal zurechtzukommen. Plötzlich war alles ganz klar! Ich eignete mir neue Sichtweisen an. Ich konzentrierte mich auf meine Stärken und arbeitete an meinen Schwächen. Dadurch gelang mir ein Perspektivwechsel, der mir den gewünschten Neustart ermöglichte: Meine eigene Haltung und meine Einstellungen, ja mein gesamter Blick auf die Welt und die Menschen in ihr veränderten sich – und ich entwickelte ganz neue Fähigkeiten (Selbstdisziplin, Selbstvertrauen, Selbstreflexion, Eigenmotivation, andere Menschen zu motivieren, Geduld und Gelassenheit, positive Ausstrahlung usw.) und Kompetenzen. Nach einem Jahr hatte ich mir schließlich all das Rüstzeug angeeignet, um einen Neustart zu wagen.

Die Rückkehr und der Aufbruch

Zurück in Wien sprach ich an der Universität vor. Ich suchte ein Fachgebiet, das meine entwickelten Theorien auf wissenschaftlich solide Füße stellen würde. Professor Spitzer von der Fakultät für Biologie und Zoologie fand mein Ansinnen interessant. Er machte sich mit Studenten daran, Zusammenhänge zwischen dem von mir zusammengefassten menschlichen Wissen im Bereich Persönlichkeitsentwicklung und den seit Jahrmillionen geltenden natürlichen Gesetzmäßigkeiten herauszufinden. Das Ergebnis waren »Die 12 NATURGESETZE zum ERFOLG«®.
Das war der gesuchte Schlüssel – und zugleich der Aufbruch in ein neues Leben. Ich habe viel gelernt und konnte mit Hilfe der »12 NATURGESETZE« meine Persönlichkeit nun bewusst in die von mir gewünschte Richtung entwickeln. So kamen Kontinuität, Stabilität und gleichbleibender Erfolg in mein Leben. Und dafür bin ich täglich dankbar.
Doch als ich den Schlüssel, den ich ursprünglich nur für mich selbst entwickelt hatte, in Händen hielt, erkannte ich, dass es viele Menschen gibt, die nach Glück streben, die hart arbeiten, sich jeden Tag aufs Neue anstrengen – und die trotzdem keinen wirklichen Erfolg haben. Einfach, weil ihnen der entscheidende »Werkzeugkoffer« fehlt. Sie alle sind auf der Suche nach dem Schlüssel, um dauerhaft private Zufriedenheit und beruflichen Erfolg zu erreichen – MEHR vom LEBEN eben.
Und da wurde mir klar: Wenn man besonderes Wissen erworben hat und auch über die Fähigkeit verfügt, dieses an andere Menschen zu vermitteln, dann hat man nicht die Wahl, sondern vielmehr die Pflicht, dies auch an andere weiterzugeben – an alle Menschen, die MEHR vom LEBEN wollen.

Und deshalb gibt es nun dieses Buch. Damit gebe ich den Schlüssel weiter. An Sie! Dass Sie immer ein Lächeln mehr bekommen, als Sie geben, und immer einen Cent mehr zur Verfügung haben, als Sie brauchen, das wünscht Ihnen

Ihr Eric Adler

MEHR vom LEBEN – Die Anleitung

Es gibt Menschen, die lesen prinzipiell keine Gebrauchsanweisungen und handeln stets nach dem Prinzip »learning by doing«. Andere wiederum studieren immer das Kleingedruckte, bevor sie in die Materie eintauchen.
Dem einen wie dem anderen möchte ich diese folgenden drei Seiten ans Herz legen, damit Sie so rasch wie möglich einsteigen und Erfolg haben. Denn darum geht es ja schließlich: MEHR vom LEBEN zu bekommen.
Es gibt für die »Arbeit« mit diesem Buch zwei Herangehensweisen:

- ➜ Die eine, die effektivste, Methode ist, die folgenden Kapitel von 1 bis 12 konsequent durchzuarbeiten – und dabei so wenig wie möglich zu überspringen oder auszulassen. Jedes Kapitel enthält fünf Übungen, die Sie sukzessive (eine Übung pro Tag) abarbeiten. Lassen Sie die Inhalte auf sich wirken und wiederholen Sie diese bei Bedarf, um eine Entwicklung in Gang zu setzen.
- ➜ Die andere Methode ist das situative Vorgehen, wobei Sie entscheiden, welche Kapitel Sie in welcher Reihenfolge bearbeiten. Mein persönlicher Hinweis dazu an Sie: Früher oder später werden Sie doch alle Kapitel durchgehen, weil eins aufs andere aufbaut.

In jedem Kapitel finden Sie einen Selbsttest. Bitte machen Sie diese Tests, um herauszufinden, wo Sie persönlich stehen. Die Ergebnisse tragen Sie in das Diagramm, den finalen Check-up, auf Seite 268/269 ein.
Am Ende eines jeden Kapitels finden Sie einen Check-up zu den Übungen des Kapitels. Auch diese Ergebnisse tragen Sie in das Diagramm auf Seite 268/269 ein. So können Sie Ihre Fortschritte visualisieren und die Motivation bleibt auf gleichbleibend hohem Niveau.
Die Kapitel selbst enthalten verschiedene Trainingselemente (beispielsweise *Trainingstipps to go* und *Business plus*), die zur Reflexion des Gelesenen oder zur sofortigen praktischen Umsetzung einladen. Zudem gibt es in jedem Kapitel TIPPS und LÖSUNGEN für unterschiedliche Lebensbereiche. Unter dem Stichwort »Mein Weg« wird jedes Gesetz mit einem Satz in einem Kasten zusammengefasst. Die 40 »Erkenntnisse« heben jeweils die entscheidenden Punkte über

Ursache und Wirkung eines bestimmten Verhaltens hervor. Sie sollen Ihnen auch helfen, Ihre persönliche Weiterentwicklung zu festigen.

Etwas ganz Besonderes, ein echtes PLUS für alle Leser, ist der Problem-LÖSUNGSFINDER auf Seite 262.

Er macht dieses Buch zu Ihrem ständigen Begleiter und unerschöpflichen Ratgeber. Dort finden Sie eine Vielzahl alltäglicher Probleme mit dem direkten Hinweis auf die Lösungen im Buch.

MEHR vom LEBEN ist zur leichteren Orientierung jeweils in fünf Bereiche gegliedert und jedes Gesetz ist diesen schwerpunktmäßig zugeordnet:

- ➜ Partnerschaft
- ➜ Erziehung
- ➜ Freunde und Bekannte
- ➜ Business und Beruf
- ➜ Gesundheit

Einen entsprechenden Hinweis finden Sie gleich auf der ersten Doppelseite jedes Kapitels. Die fünf Begriffe sind selbsterklärend und dass mal der eine und mal der andere in einem Kapiteltag fehlt, bedeutet nicht, dass das Gesetz nicht auch in den nicht-genannten Bereichen wirkt.
Die zielgerichtete Suche nach besonderen Fähigkeiten, die man sich selbst aneignen möchte, wird durch spezielle Icons visualisiert.

Die 12 Icons und Ihre Bedeutung

Menschen verstehen	Selbstdisziplin	Innere Stärke
Menschen überzeugen	Selbstvertrauen	Geduld und Gelassenheit
Menschen für sich gewinnen	Selbstreflexion	Positive Ausstrahlung
Menschen motivieren	Eigenmotivation	Entwicklungsbereitschaft

So – und das war auch schon alles, was Sie wissen müssen, um Ihr Erfolgsprogramm sofort zu starten.
In den einzelnen Check-ups, jeweils am Ende der Kapitel, finden Sie auch Raum für eigene Notizen. Das ist die explizite Aufforderung, dieses Buch zu benutzen, wie es gedacht ist – als Workbook nämlich.

1

DAS GESETZ DER VERANTWORTUNG

Nur die wenigsten Menschen sind mit ihrem Leben wirklich rundum glücklich und zufrieden. Da drängt sich doch die Frage auf: Warum ändern sie nichts daran? Ganz einfach: Sie wissen nicht, was sie ändern müssten, um zufriedener zu sein. Und dabei ist der Grund dafür ganz einfach: Ihr Denken ist falsch!

+ Partnerschaft
+ Freunde und Bekannte
+ Business und Beruf

SELBSTTEST

Geben Sie sich so, wie Sie sind?

Authentisch zu sein – immer und überall – bedeutet, sich stets so zu geben, wie man wirklich ist. Wie Sie sich selbst sehen und wie andere Sie einschätzen, erfahren Sie hier. Bitte machen Sie – bis auf die eigens angegebenen Ausnahmefälle – jeweils nur ein Kreuz.

1 Was glauben Sie, wie Sie auf Menschen wirken, denen Sie zum ersten Mal begegnen?

- ○ zurückhaltend & verständnisvoll
- ○ ruhig & vernünftig
- ○ lebhaft & spontan
- ⊘ freundlich & aufgeschlossen

2 Wie schätzen Sie sich selbst ein?

- ○ zurückhaltend & verständnisvoll
- ⊘ ruhig & vernünftig
- ○ lebhaft & spontan
- ○ freundlich & aufgeschlossen

3 Was glauben Sie, wofür Sie geschätzt werden?

- ○ dass ich spontan bin.
- ○ dass ich interessant bin.
- ○ dass ich mich selbst wertschätze.
- ⊘ dass ich etwas dafür tue.

4 Welche Eigenschaften sind bei Ihnen besonders ausgeprägt? Kreuzen Sie zwei an!

- ○ idealistisch
- ○ risikofreudig
- ⊘ praktisch
- ○ geduldig
- ○ realistisch
- ⊘ zuverlässig
- ○ kreativ
- ○ sensibel

5 Welche ist Ihre Lieblingsfarbe?

- ○ königsblau
- ○ knallrot
- ○ hellgelb
- ⊘ kleeblatt-grün

6 Schließen Sie die Augen und stellen Sie sich einen strahlend blauen Himmel vor. Die Sonne scheint Ihnen ins Gesicht und ein sanfter Wind kommt auf. Welche Landschaft passt zu diesem Szenario?

- ○ ein palmengesäumter Strand und türkisblaues Meer
- ⊘ eine grüne Wiese
- ○ ein Feld mit Sonnenblumen und Lavendel
- ○ eine verschneite Berglandschaft

7 Sie sind auf dem Weg zu einer wichtigen Besprechung und hören im Radio Ihr Tageshoroskop, das schwierige Verhandlungen prognostiziert. Was tun Sie?

- ○ Ich greife zum Handy und sage die Verabredung ab.
- ○ Ich glaube nicht an schlechte Horoskope.
- ○ Ich strenge mich doppelt an, um das Gespräch gut über die Bühne zu bringen.
- ⊘ Was passieren soll, passiert – mit oder ohne Horoskop.

8 Eine Fee offeriert Ihnen ein bisschen Lebenshilfe. Was wünschen Sie sich?

- ⊘ einen Coach
- ○ einen Stylisten
- ○ einen Wahrsager/Astrologen
- ○ einen Fitness-Trainer

9 Was kommt in Ihrem Leben zu kurz?

- ⊘ meine Bedürfnisse
- ○ meine Talente
- ○ meine Träume
- ○ meine Ziele

SELBSTTEST

Rot ///
gelb ///
grün //
blau //

Überwiegend Rot – Der ruhende Pol

Sie sind absolut authentisch und das strahlen Sie auch aus. Sie besitzen die wunderbare Gabe, Menschen und Situationen intuitiv richtig einzuschätzen, und geben jedem, was er braucht. Man wird Sie wahrscheinlich als warmherzig und großzügig beschreiben. Allerdings können Sie auch anders: Wenn man versucht, Sie auszunutzen, finden Sie überraschend klare Worte.

Überwiegend Grün – Der Power-Typ

Sie sind herzerfrischend spontan und voller Energie, im Zusammensein mit anderen treffen Sie immer den richtigen Ton. Sie sind selbstbewusst und mitfühlend – so scheint es, jedoch schwingt schnell ein Hauch Arroganz mit. Sie stehen gern im Mittelpunkt und dafür geben Sie alles. Ihre besondere Gabe ist die Motivation: Sie können sowohl andere als auch sich selbst zu Höchstleistungen anspornen.

Überwiegend Gelb – Stille Wasser gründen tief …

Erst nachdenken, dann handeln – das ist Ihre Devise, dabei kommt Spontanität manchmal ein bisschen zu kurz. Man muss Sie erst richtig kennenlernen, um Sie schätzen zu lernen – dann aber ist man zumeist hellauf begeistert. Sie strahlen Kompetenz und Sicherheit aus – und wenn Sie sich einer Sache annehmen, kann man sich 100-prozentig auf Sie verlassen. In Ihnen steckt mehr, als Sie selbst glauben – und genau hier liegt das Problem.

Überwiegend Blau – Klug & sensibel

Sie sind ein guter Zuhörer und gehen mit Geduld und Feingefühl auf Ihre Mitmenschen ein. Wenn Sie etwas sagen, dann ist es wohl überlegt und gut durchdacht. Dafür bewundert man Sie und dafür bekommen Sie auch Anerkennung. Das Problem ist allerdings: Sie können nicht einstecken. Werden Sie kritisiert oder sehen Sie sich mit Ironie konfrontiert, reagieren Sie schnell beleidigt. Für Menschen, die Ihnen am Herzen liegen, sind Sie hingegen bereit, alles zu tun.

Das Gesetz der Verantwortung

… besagt, dass jeder Mensch Verantwortung für sein Leben und sein Denken übernehmen sollte. »Neu« und bewusst zu denken fällt schwer, weil »die Macht der Gewohnheit« immer gleiche Denkweisen fördert. So glauben wir bestimmte Dinge, andere jedoch nicht. Das spiegelt sich in unserer inneren Haltung wider, die sich in unserer äußeren Haltung zeigt. Die Körpersprache, Haltung, Mimik und Gestik verrät unsere Gedanken. Und: Jede Aktion löst eine Reaktion unseres Umfelds aus und setzt einen Prozess in Gang. Somit ist man nicht nur für seine Gedanken verantwortlich, sondern auch dafür, wie das Umfeld reagiert.

Was bedeutet Verantwortung?

Beginnen wir am besten gleich damit, uns einmal anzusehen, wofür Sie die Verantwortung tragen und inwieweit Sie selbst für Ihr Leben verantwortlich sind. In der Regel gibt es zwei unterschiedliche Haltungen dazu.
Die einen versuchen, es Ihnen so zu erklären:

→ *Wenn Sie nur endlich die Verantwortung übernehmen, wenn Sie nur endlich Ihr Leben in den Griff bekommen, wenn Sie nur endlich daran glauben, dass Sie etwas können, dann werden Sie es auch schaffen!*

Die anderen, die vom Thema Verantwortung sprechen, argumentieren so:

→ *Das Leben ist ein breiter ruhiger Strom, da kann man nix machen! Es ist alles vorbestimmt. Verantwortung – hat niemand für irgendetwas …*

Wer hat recht? Was würden Sie sagen, welches der beiden Modelle der Schlüssel zum Erfolg ist? Überlegen Sie bitte, bevor Sie weiter lesen.
Wenn Sie sich nun für eine der beiden Varianten entschieden haben, muss ich Sie leider enttäuschen. So einfach ist es nicht. Wir können weder für alles Verantwortung übernehmen noch sind wir an allem völlig unbeteiligt.

Auf alle Fälle sollte man sich mit dem Thema Verantwortung sehr intensiv beschäftigen, denn Verantwortung ist die Grundlage von privatem und beruflichem Erfolg.
Wer die Dinge hinnimmt, statt seine Verantwortung zu suchen und sich mit ihr auseinanderzusetzen, weiß eines schon mal mit Sicherheit: dass sich für ihn niemals etwas ändern und er immer von den Umständen dominiert werden wird. Also lohnt es sich doch in jedem Fall, das Thema Verantwortung ganz gründlich zu betrachten und anzuwenden.

Du bringst mir kein Glück!

Wer sich nicht mit dem Thema Verantwortung beschäftigt, dem ergeht es wohlmöglich wie dem Bauer Sepp, der im Sterbebett seiner Frau Zenzi sagte: »Gell, Zenzi, immer wenn's mir schlecht gegangen ist, warst du bei mir! Damals nach dem Krieg, Zenzi, da warst du bei mir!« – »Ja, Sepp, ich war bei dir!« – *»Gell, Zenzi, und wie ich mir den Fuß gebrochen habe, da warst halt du bei mir!«* – »Ja, Sepp, ich war bei dir.« – *»Und wie das Haus abgebrannt ist, und wie ich Syphilis gehabt habe, und wie ich pleite gegangen bin, immer warst du bei mir, Zenzi!«* – »Ja, Sepp, ich war immer bei dir.« – *»Und jetzt, wo es mit mir zu Ende geht, jetzt bist auch bei mir!«* – »Ja, Sepp, jetzt bin ich auch bei dir.« – *»Weißt was, Zenzi, schleich dich, du bringst mir kein Glück!«*

Wollen auch Sie am Ende Ihres Weges allen anderen die Schuld geben?

Die Gedanken sind frei – oder etwa nicht?

Gehen wir doch einmal gemeinsam den inneren Prozess durch, der unser Leben beeinflusst: Zuerst sind es unsere Gedanken, die vorhanden sind, dadurch glauben wir an gewisse Dinge, an andere jedoch nicht. Dieser Glaube wiederum bestimmt gewisse Einstellungen. Darauf begründet sich unsere innere Haltung, die sich in unserer äußeren Haltung widerspiegelt: Nämlich in dem, was wir sagen, wie wir auftreten, was wir tun, in unserer Körpersprache, unserer Mimik, Gestik und darin, wie wir schauen, und, und, und …

Menschen verstehen	Positive Ausstrahlung	Selbstvertrauen
Selbstreflexion	Menschen überzeugen	Entwicklungsbereitschaft
Eigenmotivation	Innere Stärke	Selbstdisziplin

Private Zufriedenheit und beruflicher Erfolg haben ihre Wurzeln zu einem immens großen Teil im richtigen Denken. Sie landen aufgrund des richtigen Denkens keinen Sechser im Lotto und es liegt Ihnen, nur weil Sie positiv denken, auch kein Traumpartner zu Füßen – aber Ihr Leben wird ungleich besser, wenn Sie die Verantwortung für Ihr Denken und somit für Ihre Aktionen übernehmen. Denken und handeln Sie bewusst nach diesem Gesetz! Dieses Gesetz der Verantwortung ist die Basis für alles Weitere. Wenn Sie das verstehen und praktizieren, haben Sie bereits die halbe Miete.

Auch wenn es Ihnen jetzt vielleicht unglaublich erscheinen mag: Genügend Einkommen, Freude an der Arbeit, Harmonie in der Partnerschaft, Erfolg im Beruf und noch vieles mehr basieren zu einem Großteil auf der Verantwortung für das eigene Denken und somit das eigene Handeln. Für die einen mag das eine unbequeme Erkenntnis sein. Für die anderen ist es die große Chance. Entscheiden Sie selbst!

Mit der Energie unseres Denkens – wobei hier sowohl das bewusste Denken als auch das unbewusste Denken erfasst werden – starten und beeinflussen wir sämtliche Prozesse in und um uns.

Nice to know
Wie das Denken den Körper beeinflusst

Immer wieder können Sie die direkte Beeinflussung Ihres Körpers allein durch Ihr Denken beobachten.

→ Wenn Sie in einer unangenehmen Situation rot werden, liegt kein physischer Grund für die vermehrte Blutzufuhr vor. Diese körperliche Reaktion wird ausschließlich durch eine bestimmte Annahme Ihres Denkens ausgelöst.

→ Waren Sie schon einmal hungrig und dachten dabei an Ihre Lieblingsspeise? Lief Ihnen dabei das Wasser im Mund zusammen? Auch hier liegt kein physischer Grund für einen vermehrten Speichelzufluss vor, denn es wurde in Wirklichkeit ja gar keine Nahrung in den Mund gebracht.

Einzig Ihr Denken hat Ihren Körper beeinflusst!

Menschen verstehen	Positive Ausstrahlung	Selbstvertrauen
Selbstreflexion	Menschen überzeugen	Entwicklungsbereitschaft
Eigenmotivation	Innere Stärke	Selbstdisziplin

Wie Ihre Gedanken Ihr Umfeld beeinflussen

Versetzen Sie sich in die Zeit zurück, als Sie Teenager waren. Ein Abend mit Freunden in der Diskothek steht an. Sie haben nur alte Sachen zum Anziehen, die Ihnen nicht mehr gefallen. Ihre Haare – so meinen Sie – hätten schon lange wieder einen Friseurbesuch nötig. Sie haben einen Pickel, der Sie fürchterlich stört, und außerdem finden Sie, dass Sie vielleicht ein bis zwei Kilo zu viel haben. Und wie sind solche Abende verlaufen? Nicht gerade sensationell, oder?
Nun sehen wir uns einen anderen Abend an. Sie haben entweder neu gekaufte Klamotten oder Ihre Lieblingskleidung an, waren beim Friseur und auch Ihr Pickel ist weg. Die ein bis zwei Kilo sind zwar immer noch drauf, aber Sie schauen in den Spiegel und sind der Meinung, dass Sie eigentlich ganz gut aussehen – und freuen sich auf den Abend. Nun, wie sind solche Abende in der Regel verlaufen? Um einiges besser, oder?
Wo liegt aber der Unterschied zwischen den beiden Abenden? Ihre »alte Kleidung« gefiel doch nur Ihnen nicht mehr – es gab sicher genug Menschen, denen sie sogar besser gefiel als die neue. Der Unterschied im Haarschnitt

war – gehen wir von einem normalen Nachschnitt aus – für einen Außenstehenden in der Regel nicht einmal erkennbar. Ob Sie einen Pickel hatten oder nicht, war im Licht der Diskothek gar nicht zu sehen. Trotzdem besteht in diesen Beispielen ein starker Unterschied bezüglich Ihrer Wirkung auf andere.
Dieser Unterschied entstand und entsteht allein durch Ihre Gedanken, denn die Energie Ihres Denkens beeinflusst, wie Sie agieren und wie Ihr Umfeld auf Sie reagiert. Ihr Denken hat Einfluss auf Ihre Wortwahl, Ihren Blick, Ihre Gestik und Mimik, Ihr Auftreten. Und die Summe dieser Dinge, das Ergebnis davon, ist wiederum Ihre Ausstrahlung.
Wer trägt nun also für die Beeinflussung Ihres Umfeldes die Verantwortung? Ganz klar – Sie!
Nur Sie entscheiden über Ihre Gedanken und somit über die Energien, die Sie freisetzen – ob positiv oder negativ. Das ist eine große Verantwortung.
Diese Verantwortung wahrzunehmen ist die Basis, ohne die ein beruflicher und privater Erfolg, ein zufriedenes und harmonisches Leben sowie auch Gesundheit und Persönlichkeit nicht möglich sind.

Erkenntnis 1: Erkennen Sie die Verantwortung als die »große Chance«, die sie tatsächlich ist!

Beenden Sie ab sofort jegliches Jammern. Hören Sie auf, über die negativen Umstände in Ihrem Umfeld zu meckern. Werden Sie sich stattdessen – wertfrei und emotionslos – einfach darüber bewusst, inwieweit Sie sich von Ihrem Umfeld beeinflussen lassen und inwiefern Sie Ihr Umfeld beeinflussen. Nehmen Sie diese Verantwortung wahr – sie ist eine »große Chance«.

Wenn Sie Ihre eigene Verantwortung dafür erkennen, wann und wie Sie sich beeinflussen lassen und was Sie selbst in Ihrem Umfeld auslösen, dann wird Ihnen eines klar: dass Sie schlicht und einfach entscheiden können, wie weit Sie sich beeinflussen lassen und welche Prozesse Sie in Gang setzen wollen, um Ihre Ziele zu erreichen. Wer diese Möglichkeit als Chance begreift und nutzt, hat den Schlüssel für jeglichen Erfolg.

Menschen verstehen	Positive Ausstrahlung	Selbstvertrauen
Selbstreflexion	Menschen überzeugen	Entwicklungsbereitschaft
Eigenmotivation	Innere Stärke	Selbstdisziplin

Problem & Lösung: Bewusst denken lernen!

Sehen wir uns nun an, wie Sie dieses Gesetz der Verantwortung im Privatleben umsetzen können.

Der Umgang mit anderen

1 **SITUATION:** *Sie treffen zum ersten Mal auf eine Runde von Menschen, die Ihnen alle vollkommen fremd sind (eine Veranstaltung, ein Elternabend, in einem Verein, auf einem Vortrag oder ähnliches). Ganz automatisch stellen Sie Überlegungen an: »Was denken die wohl von mir? Was erwarten die sich von mir? Was wissen die schon von mir? Wie wirke ich auf sie?« Sie fühlen sich unsicher, weil Sie an Ihrem Auftreten, Ihrer Ausstrahlung zweifeln. Und deshalb wirken Sie auch unsicher.*

LÖSUNGSTIPP 1: Übernehmen Sie bewusst die Verantwortung für Ihre eigenen Gedanken und lenken Sie diese bewusst ins Positive.
»Diese Menschen freuen sich, dass ich ebenfalls hier bin. Sie möchten genauso Anerkennung erhalten und verstanden werden wie alle Menschen, und das werde ich berücksichtigen. Deshalb werden diese Menschen mich mögen. Ich bin offen, selbstsicher und habe eine angenehme, positive Ausstrahlung.«
Sie werden merken, dass Ihre innere Haltung und somit Ihre äußere Ausstrahlung sicherer, freundlicher und sympathischer werden. Ihre Aussagen, Ihre Mimik und Ihre Gestik verwandeln sich ebenso – und Sie werden positivere Reaktionen ernten.

2 **SITUATION:** *Wenn Sie einen Menschen kennenlernen möchten, überlegen Sie nicht lange, wie Sie vielleicht auf ihn oder sie wirken könnten. Das können Sie sowieso nicht beurteilen. Je länger Sie zweifeln, desto mehr werden Sie sich in negative Gedanken verstricken und den Mut verlieren.*

Menschen verstehen	Positive Ausstrahlung	Selbstvertrauen
Selbstreflexion	Menschen überzeugen	Entwicklungsbereitschaft
Eigenmotivation	Innere Stärke	Selbstdisziplin

LÖSUNGSTIPP 2: Übernehmen Sie die Verantwortung für Ihre Gedanken. »Dieser Mensch hört genauso gern nette Dinge über sich wie jeder andere. Und alles weitere kann ich erst erfahren, wenn ich ›Hallo‹ gesagt habe.« Umso positiver und offener Sie auf diesen Menschen zugehen, desto wahrscheinlicher werden Sie ihm sympathisch sein.

3 SITUATION: *Während einer Meinungsverschiedenheit mit einem Menschen, der uns nahe steht (Partner, Familienmitglied, Freund etc.), sind wir leicht dazu verleitet zu denken, »er/sie will mich bewusst verletzen, will mir schaden, weiß doch, dass mich diese Aussage schmerzt und tut es trotzdem, ist absichtlich bösartig zu mir, spielt mit mir …«*

LÖSUNGSTIPP 3: Übernehmen Sie die Verantwortung und denken Sie auch in diesen Situationen daran: »Ich mag sie/ihn und er/sie mag mich. Hier geht es nur um die Sache und nichts von eventuell negativen, persönlichen Aussagen ist wirklich so gemeint und tut ihm/ihr morgen schon wieder leid.« Sie werden merken, dass Sie viel souveräner und verständnisvoller sind – und plötzlich weniger streiten.

Erkenntnis 2: Übernehmen Sie Verantwortung für Ihre Gedanken!

Lassen Sie sich nicht einfach von irgendwelchen Gefühlen und schleichenden Zweifeln beherrschen, sondern übernehmen Sie die Verantwortung für Ihre Gedanken. Glauben Sie daran und seien Sie sich sicher, dass die Menschen in Ihrer Umgebung Sie mögen, respektieren und sympathisch finden. Seien Sie offen, selbstsicher und – lächeln Sie! Sie haben allen Grund dazu!

- Menschen verstehen
- Positive Ausstrahlung
- Selbstvertrauen
- Selbstreflexion
- Menschen überzeugen
- Entwicklungsbereitschaft
- Eigenmotivation
- Innere Stärke
- Selbstdisziplin

Denken Sie sich erfolgreich!

»1 Trainingstipp to go

Denken Sie nach: Wann fühlen Sie sich besser – wenn Sie den ganzen Tag herumgehangen und nichts weitergebracht haben oder wenn Sie ein großes Pensum Arbeit erledigt, etwas erreicht haben und todmüde ins Bett fallen? Sehen Sie, Sie dürfen arbeiten. Freuen Sie sich jeden Tag darauf! Und plötzlich werden Sie merken, dass Ihnen die Arbeit leichter fällt und es insgesamt besser im Beruf läuft. Auch wenn es unglaublich klingen mag – es ist so einfach. Probieren Sie es einmal 30 Tage lang. Sie werden den Unterschied deutlich erkennen.

Und nun sehen wir uns an, wie Sie diese Erkenntnisse so umsetzen, dass Sie davon im Beruf profitieren.

→ **TIPP 1:** Streichen Sie zuallererst die Phrase »arbeiten müssen« aus Ihrem Wortschatz. Denn mit »müssen« verbinden wir all jene Dinge, die uns keine Freude bereiten. Und das stimmt ja nicht. Wenn wir es genau betrachten, »dürfen« Sie Geld verdienen, sie »dürfen« ständig etwas dazulernen und sich dadurch weiterentwickeln. Arbeit vermittelt das Gefühl und das Wissen, gebraucht zu werden. Sie sind mit anderen Menschen zusammen, können etwas schaffen und aufbauen, auf das Sie stolz sein können. Für diese Leistung erwarten Sie – zu Recht – Anerkennung und werden diese auch bekommen, weil Sie ein Teil der Gemeinschaft sind. Der Mensch ist nicht zum Faulenzen geschaffen, auch wenn es uns manchmal so vorkommen mag.

→ **TIPP 2:** Wenn Sie ein Projekt durchführen, zweifeln Sie nicht ständig am Erfolg. Haben Sie nicht laufend Angst, dass irgendwann irgendetwas dabei schiefgehen könnte. Übernehmen Sie bewusst die Verantwortung für Ihre Gedanken und glauben Sie daran. Seien Sie sich sicher, dass dieses Projekt ein Erfolg wird. Vertrauen Sie darauf, dass Sie zur richtigen Zeit das Richtige tun werden und freuen Sie sich schon im Voraus auf den Erfolg. Automatisch werden sich dann das nötige Selbstvertrauen, die nötige Ruhe und die nötige Ausstrahlung einstellen, die Sie brauchen, um erfolgreich zu sein.

→ **TIPP 3:** Gerade für den beruflichen Erfolg ist es immens wichtig, zur richtigen Zeit die richtigen Menschen zu kennen. Dazu muss man diese aber natürlich

Menschen verstehen	Positive Ausstrahlung	Selbstvertrauen
Selbstreflexion	Menschen überzeugen	Entwicklungsbereitschaft
Eigenmotivation	Innere Stärke	Selbstdisziplin

erst einmal kennenlernen. Wenn Sie nun an das Beispiel in der Diskothek zurückdenken (siehe Seite 32f.), so verstehen Sie sicher, nach welchem Prinzip die Kontaktaufnahme mit für Sie wichtigen Menschen abläuft. Haben Sie die Ausstrahlung und die Haltung eines Zweiflers, eines ängstlichen Menschen, eines nicht Erfolgreichen – nun, dann wird man Ihre Kontaktanbahnung als Belästigung empfinden. Strahlen Sie jedoch Selbstvertrauen, Sicherheit, Offenheit, Freundlichkeit und Erfolg aus, werden sich auch die größten Promis und Multis freuen, Sie kennenzulernen. Denn glauben Sie mir: Von der Sorte der (zukünftigen) Sieger gibt es so wenige Menschen, dass sich jeder freut, wenn er einen solchen kennenlernt.

Business plus 1

Im Beruf gilt der Grundsatz, dass Vertrauen und Sicherheit für alle Beteiligten die Basis erfolgreichen Handelns sind. Und dieses Gefühl kann nur jemand vermitteln, der es ausstrahlt und sich selbst so gebärdet. Und das wiederum kann nur jemand, der die Verantwortung für seine Gedanken übernimmt und bewusst »richtig« denkt.

Alt raus, neu rein – eine kleine Gedankenschule

Sie sehen, das Denken, IHR Denken, und wie weit Sie die Verantwortung dafür übernehmen, entscheidet sehr wesentlich darüber, ob jemand privat zufrieden und beruflich erfolgreich ist. Dabei genügt es jedoch nicht – wie fälschlicherweise oft angenommen –, sich täglich ein paar positive Sätze aufzusagen. Sie müssen sich diese neuen positiven Gedankenmuster wirklich aneignen, ja antrainieren. Und Sie müssen sich von den alten negativen und ängstlichen Gedankenmustern trennen. Denn wo kommen denn sonst all die neuen positiven Gedanken hin? In die Kloake der letzten 20 Jahre! Und das wäre dasselbe, als wenn Sie versuchen würden, ein volles Ölfass mit ein paar Wassertropfen kristallklar zu machen. Was ist also zu tun? Sich sowohl von den alten Gedankenmustern trennen als auch ständig die neuen bewussten Gedankenmuster antrainieren.

Menschen verstehen	Positive Ausstrahlung	Selbstvertrauen
Selbstreflexion	Menschen überzeugen	Entwicklungsbereitschaft
Eigenmotivation	Innere Stärke	Selbstdisziplin

Sie werden sicherlich auch einige Niederlagen erleiden, in denen Ihnen Ihr Unterbewusstsein sofort sagen wird: »Siehst du, ich hab's ja gleich gewusst, der ganze Schmarrn bringt doch nichts.« Geben Sie in diesen Momenten nicht die Herrschaft über Ihre Gedanken ab. Behalten Sie gerade dann die Kontrolle über Ihr Denken, nehmen Sie Ihre Verantwortung wahr, trainieren Sie sich die neuen Gedankenmuster an, so wie ein Spitzensportler trotz Niederlagen weitertrainiert. Erst mit der Zeit werden Sie merken, dass auf einmal vieles leichter fällt. Und plötzlich werden Sie mehr Freude und mehr Erfolg haben. Glauben Sie mir – es lohnt sich.

MEIN WEG

»Bei allem, was ich getan habe, tue und vorhabe, übernehme ich bewusst die Verantwortung für meine Gedanken sowie meine innere Einstellung und dadurch für jede meiner Aktionen und die daraus resultierenden Prozesse. Vom täglichen Lächeln bis zur Lebensentscheidung.«

Menschen verstehen	Positive Ausstrahlung	Selbstvertrauen
Selbstreflexion	Menschen überzeugen	Entwicklungsbereitschaft
Eigenmotivation	Innere Stärke	Selbstdisziplin

Trainieren Sie das Gesetz der Verantwortung

Mit den folgenden fünf Übungen können Sie das Gesetz der Verantwortung trainieren und so bewusst Verantwortung für Ihr Denken übernehmen. Tragen Sie Ihre Erkenntnisse und Ergebnisse in die Check-up-Liste auf Seite 42 ein.

➔ Übung 1 | Schau genau hin! 1

Haben Sie als Kind ab und zu Detektiv gespielt? Oder würden Sie es vielleicht auch heute noch ab und zu gern tun? Wenn ja, prima. Wenn nein – dann versuchen Sie es trotzdem einmal einen Tag lang.
Beobachten Sie einen ganzen Tag lang – vom Aufwachen bis zum Schlafengehen – alle Menschen in Ihrer Umgebung ganz genau. Und versuchen Sie herauszufinden, wer auf welche Aktion von Ihnen wie reagiert. Und wenn Sie noch einen Schritt weitergehen wollen: Versuchen Sie herauszufinden, warum Ihre Umgebung so reagiert, wie sie reagiert.
Fragen Sie sich danach, was Sie hätten tun können, um eine andere Reaktion zu bekommen. Wenn Sie dieses Spiel konzentriert spielen und Sie ein guter Detektiv sind, werden Sie sehr schnell feststellen, wie sehr Ihr Umfeld von Ihren eigenen Aktionen beeinflusst wird. Ja, und dann fragen Sie sich einfach, wofür davon Sie allein die Verantwortung tragen.

➔ Übung 2 | Eigenverantwortung trainieren! 2

Ein Mann fragt eines Tages am Mittagstisch seine Frau, warum sie denn eigentlich immer beide Enden des Rollbratens abschneide. Seine Frau antwortet: »Ich weiß nicht, das hat meine Mutter auch immer so getan.« Mit dieser Antwort nicht zufrieden, wartet der Mann, bis er wieder einmal seine Schwiegermutter trifft, und fragt dann auch sie, warum sie denn immer beide Enden beim Rollbraten abschneide. Die Schwiegermutter gibt jedoch ebenfalls die Antwort, die er schon gehört hat: »Ich weiß nicht, das hat meine Mutter auch immer so getan.« Da die Großmutter seiner Frau noch lebt, fragt der Mann bei einer Familienfeier auch diese, warum sie denn immer beide Enden des Rollbratens abgeschnitten hätte, sodass es ihre Tochter und ihre Enkelin heute auch so tun. Die Antwort ist verblüffend einfach: »Ich musste das tun. Unsere Pfanne war zu klein.«

Halten Sie es für möglich, dass Sie Dinge nur deshalb tun, weil Sie diese Dinge schon immer so getan haben, weil »man« das einfach so macht, weil es alle so tun ...? Wenn Sie beginnen möchten, Verantwortung für sich selbst, für Ihr Leben zu übernehmen – dann beginnen Sie heute damit, dass Sie sich einen ganzen Tag lang bei allem, was Sie tun, fragen: »Warum tue ich das? Was bringt mir das?« Und wenn Sie keine zufriedenstellende Antwort darauf geben können, sollten Sie vielleicht hinterfragen, ob Sie das so weitermachen möchten.

Und schon sind Sie dabei, Eigenverantwortung zu übernehmen.

Gratulation!

3

→ Übung 3 | Gedanken neu programmieren

Begeben Sie sich an einen Ort, an dem mehrere Menschen sind, zum Beispiel in ein Lokal, in das Büro oder auf eine Veranstaltung. Suchen Sie sich eine Person aus und besetzen Sie diese in Ihren Gedanken ausschließlich mit positiven Eigenschaften. Also denken Sie zum Beispiel: wie sympathisch, wie nett, wie klug und so weiter diese Person ist. Und denken Sie vor allem auch die ganze Zeit daran, dass diese Person Sie ebenfalls sympathisch, nett, klug und so weiter findet.

Erwarten Sie sich von dieser Person während der Übung (von der Sie natürlich niemandem und schon gar nicht der betreffenden Person etwas sagen sollten) nur positive Aktionen und Reaktionen.

Und beobachten Sie, was passiert. Wie verhält sich diese Person und wie verhalten Sie sich selbst dieser Person gegenüber? Erforschen Sie ganz genau, wie Sie »nur« mit Ihrer Einstellung, Ihrem Denken, das Verhalten Ihres Umfeldes und Ihr eigenes beeinflussen. Nehmen Sie ganz deutlich wahr, welche Möglichkeiten Sie haben, wenn Sie die Verantwortung über Ihr Denken und Ihre Einstellungen übernehmen.

Sollten Sie bei dieser Übung zu keiner klaren Erkenntnis kommen – so wiederholen Sie diese in den nächsten Tagen so oft, bis Sie diese klaren Erkenntnisse gewonnen haben.
Denn zu wissen, was Eigenverantwortung für Einstellungen und Gedanken bedeutet und welche große Chance sie beinhaltet, wie sehr Sie damit sogar die Reaktionen Ihres Umfeldes beeinflussen können, ist der Schlüssel zu allen anderen Gesetzen der Zufriedenheit und des Erfolges.

➔ Übung 4 | Highlights setzen

Führen Sie eine Liste, in die Sie täglich drei Dinge eintragen, die Ihnen an diesem Tag an Ihrem Arbeitsplatz beziehungsweise an Ihrer Arbeit selbst besonders gut gefallen haben. Es ist nicht erlaubt, nichts einzutragen. Tragen Sie einfach immer jene drei Dinge ein, die Ihnen am besten gefallen haben. Führen Sie die Liste, solange es Ihnen Spaß macht.

➔ Übung 5 | Eigensteuerung vs. Fremdsteuerung – Erkennen Sie den Unterschied!

Notieren Sie schwierige Situationen, in denen Sie sich befinden beziehungsweise vor denen Sie stehen. Schreiben Sie auch dazu, ob diese Situationen nur von Ihnen gesteuert, hauptsächlich von Ihnen gesteuert oder fremdgesteuert werden – und wenn dies der Fall ist, von wem.
Und dann stellen Sie sich folgende Fragen: Wie können Sie nun agieren? Würden Sie es für wichtig erachten, die Steuerung dieser Situationen zu übernehmen? Was können Sie tun, damit dies der Fall ist? Und was würden Sie tun, wenn Sie ganz allein die Situationen steuern könnten?

Das Gesetz der Verantwortung

CHECK UP

→ ÜBUNG 1: SCHAUEN SIE GENAU HIN!

Haben Sie die Übung gemacht? ○ Ja ○ Nein

Hat Ihnen die Übung einen Erfolg gebracht? ○ Ja ○ Nein

Wie oft haben Sie die Übung wiederholt? ___ mal.

IHR PERSÖNLICHES FAZIT:

....

....

→ ÜBUNG 2: EIGENVERANTWORTUNG TRAINIEREN!

Haben Sie die Übung gemacht? ○ Ja ○ Nein

Hat Ihnen die Übung einen Erfolg gebracht? ○ Ja ○ Nein

Wie oft haben Sie die Übung wiederholt? ___ mal.

IHR PERSÖNLICHES FAZIT:

....

....

→ ÜBUNG 3: GEDANKEN NEU PROGRAMMIEREN

Haben Sie die Übung gemacht? ○ Ja ○ Nein

Hat Ihnen die Übung einen Erfolg gebracht? ○ Ja ○ Nein

Wie oft haben Sie die Übung wiederholt? ___ mal.

IHR PERSÖNLICHES FAZIT:

....

....

➜ ÜBUNG 4: HIGHLIGHTS SETZEN

Haben Sie die Übung gemacht? ○ Ja ○ Nein

Hat Ihnen die Übung einen Erfolg gebracht? ○ Ja ○ Nein

Wie oft haben Sie die Übung wiederholt? ___ mal.

IHR PERSÖNLICHES FAZIT:

....

....

➜ ÜBUNG 5: EIGENSTEUERUNG VS. FREMDSTEUERUNG – ERKENNEN SIE DEN UNTERSCHIED!

Haben Sie die Übung gemacht? ○ Ja ○ Nein

Hat Ihnen die Übung einen Erfolg gebracht? ○ Ja ○ Nein

Wie oft haben Sie die Übung wiederholt? ___ mal.

IHR PERSÖNLICHES FAZIT:

....

....

2

DAS GESETZ DES LERNENS

Aus Fehlern kann man lernen – so sagt man. Deshalb gibt es auch so viele Besserwisser, die einem gern sagen, was richtig oder falsch ist. Aber: Aus Fehlern kann man nur etwas lernen, wenn man sie selbst erkennt und aus dieser Erfahrung die richtigen Schlüsse zieht.

+ Partnerschaft
+ Erziehung
+ Freunde und Bekannte

SELBSTTEST

Trauen Sie sich selbst etwas zu?

Wer auf sich selbst vertraut, der ist fein raus. Haben Sie die perfekte Balance zwischen Selbstbewusstsein und Selbstüberschätzung? Dieser Test zeigt, wo Sie stehen.

Wehren Sie sich, wenn man Sie ungerecht behandelt?

1
- O Ich wehre mich immer, wenn ich mich ungerecht behandelt fühle. (C)
- O Ich wehre mich nur, wenn es unbedingt notwendig ist. (B)
- O Ich neige dazu, Ungerechtigkeit einfach hinzunehmen. (A)

Mit vielen Menschen zusammen auf engem Raum – Fühlen Sie sich da unwohl?

2
- O Ich bekomme Angstzustände. (C)
- O Kurze Zeit kann ich das schon aushalten. (B)
- O Damit habe ich gar kein Problem. (A)

Können Sie sich leicht damit abfinden, wenn Ihnen einmal etwas misslingt?

3
- O Kommt drauf an, was schiefgegangen ist. (B)
- O Normalerweise nicht. (A)
- O Ja, kein Problem. (C)

Gehen Sie Konflikten aus dem Weg?

4
- O Nein, warum sollte ich? (C)
- O Ich vermeide Konflikte, wo immer es geht. (A)
- O Es kommt darauf an, was auf dem Spiel steht. (B)

Können Sie spontan fünf positive Eigenschaften von sich aufzählen?

5
- O Ähm – nein. (A)
- O Na klar! (C)
- O Wie viel Zeit habe ich, um drüber nachzudenken? (B)

6 Glauben Sie, dass andere Menschen wissen, woran sie bei Ihnen sind?
- O Nein – und das ist Absicht. (C)
- O Ja – auf jeden Fall. (A)
- O Meine Gefühle kann ich ganz gut verbergen. (B)

7 Haben Sie Probleme, Termine einzuhalten?
- O Hin und wieder schon. (B)
- O Nein, auf mich kann man sich verlassen. (A)
- O Immer! (C)

8 Stürzen Sie sich sprichwörtlich gern »ins kalte Wasser«?
- O Wenn's nötig ist, schon. (B)
- O Immer öfter. (C)
- O Nein, das ist nicht mein Ding. (A)

9 Beharren Sie auf Ihrem Standpunkt?
- O Nicht, wenn die Tatsachen gegen mich sprechen. (B)
- O Meistens schon. (C)
- O Warum sollte ich? (A)

10 Finden Sie es unterhaltsam und/oder spannend, neuen Menschen zu begegnen?
- O Ich bin zurückhaltend. (A)
- O Ja, immer. (C)
- O Meistens schon. (B)

11 Wenn Sie Fotos von sich sehen, sind Sie mit sich und Ihrem Aussehen zufrieden?
- O Eher selten. (B)
- O Auf Fotos sehe ich schrecklich aus. (A)
- O Ich bin meist gut getroffen. (C)

AUSWERTUNG

Addieren Sie die Buchstabenwerte!

A = ____ mal

B = ____ mal

C = ____ mal

Lesen Sie die Interpretation mit Ihrem höchsten Buchstabenwert, um zu erfahren, wo Sie stehen.

SIE TRAUEN SICH NICHTS ZU

A

Sie trauen sich so gut wie gar nichts zu. Konflikten und Problemen gehen Sie schon im Vorfeld aus dem Weg, ohne überhaupt versucht zu haben, sie zu lösen. Überlegen Sie, ob Sie so im Leben weiterkommen. Suchen Sie sich ein überschaubares Trainingsfeld und sichern Sie sich so eine Basis.

ZWEIFELHAFT

B

Manchmal trauen Sie sich weniger zu, als Sie eigentlich erreichen könnten. Wenn Sie einmal einen Erfolg verbuchen konnten, stärkt das Ihr Selbstvertrauen ganz extrem. Jetzt müssten Sie dranbleiben, bevor die Zweifel wieder überhandnehmen. Diese gesunde Form des Selbstbewusstseins wird Ihnen im Leben sehr hilfreich sein.

HERAUSFORDERUNGEN SIND DAS SALZ IN DER SUPPE

C

Sie trauen sich wirklich sehr viel zu. Und wo die meisten Menschen aufgeben, fängt für Sie erst die Herausforderung an. Durch Ihre diversen Erlebnisse und die damit verbundenen Erfolge ist das auch nur zu natürlich. Doch achten Sie darauf, sich nicht in etwas zu verrennen, das vielleicht wirklich unerreichbar oder unlösbar ist …

Das Gesetz des Lernens

Menschen lernen ein Leben lang. Lernen bedeutet, Informationen aus dem Umfeld aufzunehmen und diese, wenn sie wichtig sind, abzuspeichern. Auf dieses Wissen kann man jederzeit zugreifen, wenn es darum geht, Probleme zu lösen. Erfolge und Misserfolge dienen dazu, die eigenen Verhaltensweisen anzupassen. Doch was bedeutet es dann, einen Fehler zu machen? Sind Fehler wirklich falsch? Oder sind sie nur eine Kurskorrektur auf dem persönlichen Lebensweg?
Fakt ist, Fehler haben einen viel zu schlechten Ruf, nicht zuletzt deshalb, weil es so viele Besserwisser gibt, die mit dem »Fehlerspiel« ihr Unwesen treiben.

Was ist denn eigentlich Lernen?

Nachdem Sie die Verantwortung für sich selbst übernommen haben, ist die Basis für jede Weiterentwicklung zweifellos das Lernen.
Betrachten wir einmal unser Gehirn als eine Art Festplatte, auf der alles, was wir können und wissen, gespeichert ist. Für jede unserer Aktionen brauchen wir Informationen von dieser Festplatte und können sie dort auch jederzeit abrufen. Nun ist aber klar, dass wir nur diejenigen Informationen abrufen können, die auch gespeichert sind. Und ebenso klar ist, dass wir nur so handeln können, wie es uns das gespeicherte Können und Wissen erlaubt.
Das bedeutet, dass wir jedes Mal, wenn wir eine schlechte Gewohnheit durch eine bessere ersetzen, uns neues Wissen aneignen oder unsere Persönlichkeit nach unseren Wünschen verändern möchten, zuerst die entsprechenden Informationen auf unserer Festplatte hinterlegen müssen. Und zwar so, dass sie dauerhaft gespeichert sind. Das gilt für alles, was wir in unserem Leben ändern oder wenn wir uns auf irgendeine Art und Weise weiterentwickeln wollen.
Dieses Lernen erfordert die Bereitschaft, Erfahrungen, die man selbst in vergleichbaren Situationen früher gemacht hat, ebenso wie das von Dritten vermittelte Wissen, bei künftigen Entscheidungen einzubringen und zu berücksichtigen. Und das ist ein lebenslanger Prozess und beschränkt sich nicht nur auf bestimmte Lebensabschnitte.

Selbstdisziplin	Geduld und Gelassenheit	Menschen motivieren
Innere Stärke	Entwicklungsbereitschaft	Selbstvertrauen
Eigenmotivation	Selbstreflexion	Positive Ausstrahlung

Erkenntnis 3: Nicht lernen bedeutet Stillstand!

Wenn Sie aufhören zu lernen, hören Sie auch auf, neue Informationen auf Ihrer Festplatte zu speichern. Haben Sie keine neuen Informationen auf Ihrer Festplatte, so können Sie sich nicht weiterentwickeln. Aber: Wo keine Weiterentwicklung, da ist Stillstand. Und genau dieser Stillstand ist es, der die meisten Menschen frustriert und sie daran hindert, erfolgreich und zufrieden zu sein.

Abgesehen davon, dass wir ständig Wissen aufnehmen, das wir direkt oder indirekt von anderen Personen erhalten, und ständig Informationen über unsere Umwelt sammeln, betrifft Lernen auch den ganz wesentlichen Teil der Verarbeitung der eigenen Erfahrungen. Hier lernen wir entweder aus den positiven Erlebnissen oder eben durch unsere »Fehler«. Letztere sind besonders interessant, deswegen werden wir sie nun genauer betrachten.

Fehler sind nicht falsch!

Fehler lassen sich unterschiedlich definieren. In der üblichen Sichtweise werden Fehler gesellschaftlich mit Misserfolgen gleichgesetzt. Dabei ist ein Fehler in Wahrheit nichts anderes als ein nicht gewünschtes Ereignis auf dem persönlichen Weg. Nicht mehr und nicht weniger.

Was bedeutet das?

Das bedeutet zunächst einmal, dass nur Sie für sich alleine beurteilen können, ob Sie einen Fehler gemacht haben oder nicht – nämlich, ob ein für Sie nicht gewünschtes Ereignis auf Ihrem persönlichen Weg eingetreten ist. Die Analyse eigener Fehler durch fremde Personen ist meist sehr vermessen, da diese Menschen Ihren persönlichen Weg nicht abschätzen können. Und deshalb können sie auch nicht beurteilen, ob das, was da so salopp als »Fehler« bezeichnet wird, auch wirklich einer ist.

Selbstdisziplin	Geduld und Gelassenheit	Menschen motivieren
Innere Stärke	Entwicklungsbereitschaft	Selbstvertrauen
Eigenmotivation	Selbstreflexion	Positive Ausstrahlung

Natürlich gelten allgemeingültige Maßstäbe für das Beurteilen von Fähigkeiten. Es ist jedoch wichtig, diese allgemeingültigen Maßstäbe im Auge zu behalten und entsprechende Hinweise auf Fehler anzunehmen, aber keinesfalls etwas automatisch als falsch zu akzeptieren, nur weil ein anderer es sagt.

Erkenntnis 4:
Entscheiden Sie eigenverantwortlich über Ihre Fehler!

NUR weil Ihnen jemand sagt, Sie hätten einen Fehler begangen, muss das nicht unbedingt stimmen. Sie entscheiden für sich selbst, ob ein von Ihnen nicht gewünschtes Ereignis auf Ihrem persönlichen Weg vorliegt. Denn Sie allein tragen auch die Verantwortung dafür.

Besserwisser auf dem Vormarsch!

In unserem Leben ist jedoch mittlerweile das Gegenteil der Fall. Nicht wir selbst beleuchten unser Handeln und stellen dann für uns fest, wo wir Korrekturen vornehmen müssen. Stattdessen erledigen dies fast ausschließlich unsere Mitmenschen. Wir haben uns schon so sehr daran gewöhnt, dass unsere Mitmenschen sagen möchten und dürfen, wo es lang gehen soll, dass wir es als ganz selbstverständlich hinnehmen. Wir haben sogar bereits Angst vor diesen Urteilen unserer Mitmenschen. Angst, die uns blockiert.
Nicht richtig ist nur, dass andere sich erlauben, über uns zu urteilen. Sie müssen *Ihren* Weg gehen. Also können auch nur Sie einschätzen, ob etwas für diesen Weg richtig oder falsch ist. Ihre Mitmenschen können Ihnen nur ihre jeweils persönliche Meinung sagen – aber nicht mehr. Urteilen können nur Sie selbst!
Jedes nicht gewünschte Ereignis auf Ihrem persönlichen Weg ist ein individueller Indikator, um eine Kurskorrektur vornehmen zu können. So wie jede Rakete, die ins All geschossen wird, ständig Korrekturen vornehmen muss, um zu ihrem Ziel zu gelangen, muss auch jeder Mensch auf seinem persönlichen Weg zu seinem Ziel laufend Kurskorrekturen vornehmen. Diese Korrekturen können je-

Selbstdisziplin	Geduld und Gelassenheit	Menschen motivieren
Innere Stärke	Entwicklungsbereitschaft	Selbstvertrauen
Eigenmotivation	Selbstreflexion	Positive Ausstrahlung

Nice to know
Bedenkenträger

Versuchen Sie bitte, sich folgende Situation vorzustellen: Sie möchten gern einen fremden Menschen ansprechen. Vielleicht können Sie sich sogar an eine Situation erinnern, als Sie in einem Lokal waren und gerne jemanden angesprochen hätten oder sich gedacht haben, wäre schön, wenn der oder die mich anspricht. Erinnern Sie sich noch, was sich in dem Moment in Ihrem Kopf abspielte?

Auge an Kleinhirn: »Menschen gesichtet – könnte interessant sein!« Rechte Hand an Kleinhirn: »Soll ich schütteln?« Füße an Kleinhirn: »Idiot, zuerst müssen wir hingehen – sollen wir hingehen?« Kleinhirn an alle: »Warten. Müssen erst Sitzung einberufen.«

Jetzt werden, wie in einem Unternehmen, die verschiedenen Vorstandsdirektoren zu Rate gezogen.

Vorstandsdirektor *Neugier* sagt: »Ja!«

Vorstandsdirektorin *Spieltrieb* sagt: »Ja!« (Denn wer weiß, vielleicht kann man was Nettes miteinander spielen.)

Vorstandsdirektor *Freude* sagt: »Ja!«

Vorstandsdirektor *Ehrgeiz* sagt: »Keine Frage!«

Vorstandsdirektorin *Gefühl* sagt: »Ja klar! Menschen kennenzulernen ist immer schön.«

Sehr gut. Also sind alle für ein JA. Unser Kleinhirn will schon den Befehl zur Kontaktaufnahme geben, da ertönt plötzlich ein lautes »NEIN!« Wer war das? Vorstandsdirektor *Angst*. Und Vorstandsdirektor *Angst* ist eben immer lauter als die anderen Vorstandsdirektoren, er ist doppelt so groß und noch dazu gewalttätig. Und was passiert jetzt? Wir sagen: »Na, dann halt doch nicht.« Und damit war's das wieder.

Kommt Ihnen das bekannt vor?

doch nur erfolgen, wenn entsprechende Indikatoren auf ein Abweichen vom Weg hinweisen. Würde es solche Hinweise nicht geben, würden Sie einen falschen Weg gehen, ohne es zu merken. Diese »nicht gewünschten Ereignisse« sind also ein sehr wichtiges Instrument zur Erreichung des persönlichen Zieles.

Selbstdisziplin	Geduld und Gelassenheit	Menschen motivieren
Innere Stärke	Entwicklungsbereitschaft	Selbstvertrauen
Eigenmotivation	Selbstreflexion	Positive Ausstrahlung

Nun haben aber die meisten Menschen Angst davor, »Fehler« zu machen. Dies ist auch nicht verwunderlich, wenn man bedenkt, dass Kinder heute meist damit aufwachsen, Fehler möglichst zu vermeiden. Dabei ist es für ein Kind ungemein wichtig, Fehler zu begehen, da es nur auf diese Weise bestimmte Dinge erlernen kann. Anstatt also dem kindlichen Bedürfnis, durch seine Fehler zu lernen, nachzugeben, wird auch dem Kind schon eingeprägt, dass Fehler negativ sind, dass es wegen Fehlern weniger geliebt wird und weniger Anerkennung bekommen könnte. Das bedeutet, dass Kindern in unserer Gesellschaft vermittelt wird, dass sie, wenn sie keine Fehler machen, besser sind, mehr geliebt werden, mehr Anerkennung erhalten und somit stärker gewürdigt werden. In Mitteleuropa erfährt ein Kind – das ist meine persönliche Einschätzung – bis zu seinem 18. Lebensjahr durchschnittlich 150.000 Verneinungen und Geringschätzungen. Und so konditioniert und programmiert, wird der Mensch in unserer Gesellschaft dann in die Selbstständigkeit entlassen. Da verwundert es nicht, dass die Angst vor sogenannten »Fehlern« groß ist. Doch darin besteht ein Grundübel unserer Zeit. Die Angst vor Fehlern hemmt die Entwicklung sowohl des Einzelnen als auch der Allgemeinheit.

Lernen vs. Angst

Das Lernen wird wie gesagt sehr stark durch unsere Angst beeinflusst. Dabei spielen viele Faktoren eine Rolle. Die Angst, gewohntes Terrain zu verlassen, die Angst vor Zurückweisung, die Angst, etwas falsch zu machen, die Angst vor negativer Resonanz. Angst ist prinzipiell gut, nicht dass mich jetzt jemand falsch versteht. Angst ist ein guter Wegbegleiter, Angst ist ein Schutz vor vielem. Denn so ganz ohne Angst hätten wir auch ein Problem. Schließlich übernimmt evolutionsbedingt die Furcht eine wichtige Alarmfunktion. Wir erkennen dadurch bestimmte Gefahren und werden uns unserer Grenzen bewusst. Das ist in gewissen Gefahrensituationen durchaus sinnvoll. In anderen wiederum hemmt es uns, den nächsten, wichtigen Schritt zu gehen. Wir müssen also lernen, den Mut zu haben, durch die Angst zu gehen. Über diese Grenze zu gehen, auch wenn wir dabei einen Fehler machen könnten. Werden Sie selbst zum »Vorstandsvorsitzenden« und sorgen Sie dafür, dass Ihre Angst zu einer gleichwertigen Emotion wie alle übrigen Ihrer Gefühle wird. Horchen Sie in sich hinein, wägen Sie

Ihre Erfahrungen ab und entscheiden Sie selbst. Leider ist bei vielen Menschen der »Vorstandsvorsitzende« permanent auf Urlaub …
Trifft das auf Sie zu? Lassen Sie sich zu sehr von Ihrer Angst – oder auch von anderen Gefühlen – beherrschen? Entscheiden Sie nicht aufgrund Ihrer Erfahrungen und Abwägungen, sondern gehorchen automatisch den Befehlen Ihrer Angst oder anderer Gefühle? Dann kommen Sie nach diesem kurzen »Exkurs« bitte wieder als »Vorstandsvorsitzender« Ihrer Persönlichkeit zurück – und beginnen Sie bewusst und eigenverantwortlich, Ihre Persönlichkeit zu führen.

Erkenntnis 5: Habe ich Angst oder hat die Angst mich?

Seien Sie sich immer des großen Unterschiedes bewusst: Wenn ich Angst habe, ist das okay – hat aber die Angst mich und beherrscht mich, so ist das nicht okay. Das Gleiche gilt übrigens bei allen Gefühlen (denken Sie nur an Wut oder Eifersucht). Fragen Sie sich in Zukunft, wenn Sie vor etwas Angst verspüren: Habe ich Angst oder hat die Angst mich?

Statt Fehler als Lernindikator zu betrachten und sich bewusst für gewisse Dinge zu entscheiden, neigen viele Menschen dazu, Fehler zu verheimlichen oder abzustreiten. Einige Menschen packen neue Aufgaben oder Wünsche erst gar nicht an, einfach aus der Angst heraus, einen Fehler machen zu können.
Dass in diesem Fall keine Weiterentwicklung und erst recht keine Zielerreichung stattfinden können, liegt auf der Hand. Diese Menschen sind ständig unzufrieden und versuchen immer alles Mögliche, um ihr Leben zu verbessern. Doch sie werden nie etwas ändern können, solange sie bei jeder Herausforderung kneifen, weil die Angst sie beherrscht und abhält.
Aber wer sich ganz bewusst für einen bestimmten Weg entscheidet, der hat die möglichen Risiken und Fehlschläge berücksichtigt, dem fällt es leichter, Fehler auf seinem Lernweg zu akzeptieren.

Selbstdisziplin
Geduld und Gelassenheit
Menschen motivieren
Innere Stärke
Entwicklungsbereitschaft
Selbstvertrauen
Eigenmotivation
Selbstreflexion
Positive Ausstrahlung

Die Angst ist also oftmals ein Hemmschuh beim Lernen. Einer der größten Negativfaktoren im Zusammenleben unserer Gesellschaft ist, dass sich manche Menschen immer wieder auf Kosten vermeintlicher Fehler eines anderen profilieren. Ich nenne dieses Phänomen das »Fehlerspiel«.

Finger weg vom Fehlerspiel!

Es lohnt sich, die Grundlagen des »Fehlerspiels« genauer zu betrachten. Der Mensch hat von Natur aus zwei Eigenschaften, die ihm immer nützlich waren:

1. Das Mini-Max-Prinzip – mit minimalem Aufwand das Maximale erreichen. Hätten wir das nicht, wären wir heute nicht da, wo wir sind. Nur durch dieses Prinzip konnten wir uns so schnell entwickeln.
2. Die Sucht nach Anerkennung. Sie ist das Wichtigste – nach Essen und Trinken. Nur deswegen tun wir all die Dinge, die wir tun, weil wir in der »Herde« – von anderen Menschen – anerkannt werden wollen.

Das Mini-Max-Prinzip und die Sucht nach Anerkennung waren und sind gut für die Evolution, denn diese zwei Prinzipien haben es uns überhaupt erst ermöglicht, gemeinsam zu leben und uns zu entwickeln. Doch in Bezug auf das individuelle Lernen bewirken diese beiden Eigenschaften zusammen etwas sehr Unangenehmes und Hemmendes.
Ein Mensch möchte Anerkennung – und er kann dies auf zwei Arten erreichen:

1. Er kann entweder mehr leisten, mehr arbeiten, sich mehr anstrengen, dann wird er besser sein und bekommt seine Anerkennung.
2. Es gibt aber auch die andere Möglichkeit und das ist nun das Teuflische: Er kann den anderen schlecht machen und ihn herabwürdigen. Auf diese Weise scheint es so, als sei er bessergestellt, und bekommt daher »falsche« Anerkennung.

Kennen Sie das? Diese Negativ-Suche beim anderen, die Fehlersuche beim Gegenüber? Dem Mitmenschen überlegen sein, indem man ihm klar macht, dass er es etwas nicht kann und wieder einmal etwas falsch gemacht hat.

Selbstdisziplin	Geduld und Gelassenheit	Menschen motivieren
Innere Stärke	Entwicklungsbereitschaft	Selbstvertrauen
Eigenmotivation	Selbstreflexion	Positive Ausstrahlung

DAS ist das Fehlerspiel. Ständig beim anderen einen Fehler suchen. Damit bedient man auch das Mini-Max-Prinzip und befriedigt seine eigene Sucht nach Anerkennung. Denn wenn man ganz ehrlich mit sich selbst ist: Jedes Mal, wenn man über die Fehler anderer spricht, hat man das Gefühl, man selbst kann und weiß es besser. Damit steht man selbst besser da und erhebt sich quasi über den anderen. Niemand ist ganz davor gefeit, nach den Fehlern anderer zu schielen. Und dieses Fehlerspiel bewirkt Folgendes: Dass die Menschen immer mehr Angst davor haben, Dinge zu tun, aus Sorge, sie könnten etwas falsch machen. Es könnte dann ja wieder jemand kommen und sie »runtermachen«. Aus diesem Grund gilt für Sie: Steigen Sie bewusst aus diesem allgemeinen »Fehlerspiel« aus! Spielen Sie nicht mehr mit!

Selbstdisziplin	Geduld und Gelassenheit	Menschen motivieren
Innere Stärke	Entwicklungsbereitschaft	Selbstvertrauen
Eigenmotivation	Selbstreflexion	Positive Ausstrahlung

Erkenntnis 6:
Eigenverantwortlich über vermeintliche Fehler entscheiden – und nie andere wegen Fehlern niedermachen!

Nehmen Sie in Zukunft bewusst die Informationen der anderen auf, wenn man Ihnen mitteilt, dass Sie einen Fehler gemacht hätten, aber entscheiden Sie selbst, ob es für sie ein »nicht gewünschtes Ereignis« auf Ihrem persönlichen Weg war, und vor allem: Machen Sie ab sofort niemals wieder einen Menschen auf einen vermeintlichen Fehler aufmerksam – außer er wünscht sich Ihr Feedback dazu ausdrücklich. Sollte es eine Situation sein, in der es eindeutig ist, dass Sie helfen könnten, dann tun Sie es einfach oder bieten Sie Ihre Hilfe an. Aber sagen Sie niemals wieder einem anderen Menschen – wenn er Sie nicht ausdrücklich um Ihre Meinung gebeten hat –, dass er einen Fehler macht oder gemacht hat. Und vor allem: Machen Sie niemanden wegen Fehlern nieder!

Besser leben – ohne Fehlerspiel

Die Kontrolle der Tätigkeit, bei der einer anderen Person ein Fehler unterlaufen ist, liegt in Ihrer Aufgabe (als Elternteil, wegen Aufgabenteilung etc.)? Dann weisen Sie auf folgende Art und Weise darauf hin: »So ginge/wäre es aus diesem und jenem Grund besser«. Sie werden merken, der andere wird offener für Ihre »Verbesserung« sein, mit Ihnen sprechen und sich mehr von Ihnen sagen lassen. Im Privatleben lassen sich die Erkenntnisse aus dem Gesetz des Lernens wie folgt umsetzen:

→ TIPP 4: Wenn Sie Kinder haben, so vermeiden Sie bitte so viele Ablehnungen, Verneinungen und Geringschätzungen wie möglich. Beginnen Sie bei Ihren eigenen Kindern damit, den europäischen Schnitt von 150.000 Verneinungen bis zum 18. Lebensjahr zu senken.

Ihre Kinder werden Ihnen dieses Umdenken danken, indem sie sich besser – weil positiver, angstfreier – entwickeln, über mehr Selbstvertrauen und Sicherheit ver-

Selbstdisziplin
Geduld und Gelassenheit
Menschen motivieren
Innere Stärke
Entwicklungsbereitschaft
Selbstvertrauen
Eigenmotivation
Selbstreflexion
Positive Ausstrahlung

»2 Trainingstipp to go

Sagen Sie statt »Nein« einfach einmal »Ja, gerne. Nur später« oder »Ja, wenn ...«. Oder fragen Sie »Glaubst du, dass das in Ordnung wäre?« oder ähnlich. Versuchen Sie, positiv zu formulieren. Anfangs werden Sie nach den richtigen Worten suchen, denn all die Negativformulierungen und knappen »Neins« sind wir eben (leider) seit unserer Kindheit gewöhnt. Doch nach einiger Übung werden Sie feststellen, dass eine positive Formulierung gar nicht so schwer ist und vieles wesentlich leichter macht.

fügen, dadurch eine wesentlich gewinnendere Ausstrahlung haben – und sie werden Ihnen mit mehr Zuneigung begegnen, weil Sie mit positiven Formulierungen automatisch mehr Freund als Kommandeur sind.

➜ TIPP 5: Sagen Sie Ihrem Partner nicht mehr, dass er etwas falsch gemacht hat. Sagen Sie ihm, dass Sie etwas stört und warum es Sie stört. Und bieten Sie ihm gleichzeitig einen Lösungsvorschlag an. Sie können ihm auch ohne weiteres Konsequenzen ankündigen (die Sie dann allerdings auch einhalten müssen). Aber geben Sie ihm das Gefühl, dass er frei entscheidet, ob er das, was er tut, für richtig hält oder nicht – und ob er es tun will oder nicht. Sie werden sich auf Dauer mit Ihrem Partner besser verstehen, es wird weniger Konflikte geben und die Partnerschaft wird harmonischer sein.

Und im Berufsleben? Wie lässt sich das Gesetz des Lernens hier umsetzen? Wenn Sie Mitarbeiter haben, bei denen Sie in der Entwicklung keine Bewegung feststellen können, dann prüfen Sie einmal nach, wie selbstbewusst diese Mitarbeiter sind und wie sie miteinander umgehen. Untersuchen Sie, wie stark das Fehlerspiel verbreitet ist. Viele Jahre Unternehmenscoaching haben mir gezeigt: Wenn ich in ein Unternehmen gekommen bin, in dem Stillstand, Unzufriedenheit und Demotivation vorherrschten, dann war einer der Hauptgründe dafür die gestörte Kommunikation und diese wiederum beruhte meistens auf dem sehr weit verbreiteten Fehlerspiel.

➜ TIPP 6: Sagen Sie einem Mitarbeiter niemals, dass er einen Fehler gemacht hat. Teilen Sie ihm mit, dass er etwas getan hat, von dem Sie nicht glauben, dass es zielführend ist. Sagen Sie ihm auch, warum Sie dies glauben und fragen Sie ihn unbedingt nach seiner Meinung dazu. Lassen Sie den Mitarbeiter einen Lösungsvorschlag erarbeiten und präsentieren. Schreiben Sie ihm nichts vor. Geben Sie ihm das Gefühl, dass er selbst seinen Weg bestimmt. Er wird es Ihnen danken, indem er sich dem selbsterstellten Weg wesentlich mehr verpflichtet fühlt, dadurch weit mehr Einsatz zeigen wird und Sie nicht als »Sklaventreiber«, sondern als »Teampartner« sieht.

→ **TIPP 7:** Wenn Ihnen einer Ihrer Kollegen oder ein Vorgesetzter einen Fehler vorwirft, so blocken Sie nicht automatisch ab, sondern fragen Sie entweder nach seinem Lösungsvorschlag (»Wie, glauben Sie, könnte man es besser machen, damit es zu unser aller Zufriedenheit ist?«) oder bestätigen Sie ihm, dass Sie die Sache genauso sehen (»Sie haben recht. So oder so wäre es für uns beide/alle besser. Daher werde ich es ab sofort so machen. Danke für den Hinweis.«) Nach einiger Zeit werden Sie merken, dass man Sie immer mehr als Teamplayer akzeptiert und Sie werden an Vertrauen und Respekt gewinnen.

»3 Trainingstipp to go

Wenn Ihnen jemand sagt, Sie hätten einen Fehler gemacht, blocken Sie nicht stur ab und verwerfen Sie diese Meinung nicht gleich. Danken Sie ihm für seine Rückmeldung und teilen Sie ihm mit, dass Sie diese sehr wohl in Ihre Überlegungen mit einbeziehen werden. Machen Sie aber auch unmissverständlich klar, dass nur Sie es sind, der darüber entscheidet, ob es tatsächlich einer Korrektur bedarf oder eben nicht. Sie werden somit auf Dauer Selbstbewusstsein und Führungsstärke vermitteln und dadurch entsprechend respektiert werden.

☎ Business plus 2

Sagen Sie niemals einem Kunden, dass er etwas falsch gemacht hat. Auch wenn es ganz klar auf der Hand liegt. Die Ablehnung gegen dieses »Fehler aufgezeigt bekommen« ist in unserem Unterbewusstsein so stark, dass sich jeder vehement dagegen wehrt, wenn er kann. Und wie sich ein Kunde am effizientesten wehren kann, wissen wir ja – indem er kein Kunde mehr ist. Bieten Sie einem Kunden immer mehrere (dies ist ganz wichtig, sonst engen Sie ihn wieder ein) Lösungsvorschläge an und lassen Sie ihn auswählen, welchen davon er gemeinsam mit Ihnen in die Praxis umsetzen will. Sie werden auf diese Art sein Vertrauen gewinnen und ihn als Kunden behalten.

Selbstdisziplin	Geduld und Gelassenheit	Menschen motivieren
Innere Stärke	Entwicklungsbereitschaft	Selbstvertrauen
Eigenmotivation	Selbstreflexion	Positive Ausstrahlung

Lernen will gelernt sein!

Machen Sie – wenn es nicht Ihrem Aufgabengebiet zwingend entspricht – niemals jemanden ungefragt auf einen – Ihrer Meinung nach – »Fehler« aufmerksam. Hier gilt dasselbe wie im Privatbereich:

→ Wenn Sie sich aus dem »Fehlerspiel« heraushalten, werden Sie nicht nur bewusster Ihre persönlichen Indikatoren nutzen können, sondern Sie werden auch feststellen, wie Menschen in Ihrer Umgebung plötzlich einen äußerst angenehmen Gesprächspartner in Ihnen entdecken und offener auf Sie zugehen.

→ Lassen Sie sich aber auch nicht von irgendwelchen Gefühlen leiten, wenn Sie Entscheidungen treffen, wenn Sie lernen, sich entwickeln. Hören Sie auf Ihre Gefühle, auf Ihre innere Stimme – das ist ganz wichtig. Aber lassen Sie diese nicht entscheiden. Entscheidungen über Ihren persönlichen Weg treffen Sie ganz bewusst und eigenverantwortlich – als Vorstandsvorsitzender Ihres Unternehmens »Persönlichkeit«.

→ Und wenn Sie auf Ihrem persönlichen Weg Angst haben, dann fragen Sie sich immer: »Habe ich Angst oder hat die Angst mich?« Wenn Sie sich auf diese Frage in jeder Situation eine ehrliche Antwort geben, werden Sie feststellen, dass Sie zwar richtigerweise weiterhin auf Ihre Angst hören, aber immer mehr angstfrei Entscheidungen treffen. Und ich versichere Ihnen: Das ist ein gutes Gefühl!

MEIN WEG

»Nur ich allein entscheide, ob ich einen Fehler gemacht habe oder nicht. Wenn ein von mir nicht gewünschtes Ereignis auf meinem persönlichen Weg eintritt, akzeptiere ich das eigenverantwortlich, stelle die Gründe dafür fest und lerne daraus, indem ich bewusst meine entsprechenden Aktionen ändere. Zudem weise ich – ungefragt – nicht auf Fehler bei anderen hin.«

Selbstdisziplin	Geduld und Gelassenheit	Menschen motivieren
Innere Stärke	Entwicklungsbereitschaft	Selbstvertrauen
Eigenmotivation	Selbstreflexion	Positive Ausstrahlung

Trainieren Sie das Gesetz des Lernens

Mit den folgenden fünf Übungen können Sie das Gesetz des Lernens trainieren und so erkennen, wie das Fehlerspiel auf Sie gewirkt hat. Tragen Sie Ihre Erkenntnisse und Ergebnisse in die Check-up-Liste auf Seite 64 ein.

→ Übung 6 | Was möchten Sie lernen?

6

Legen Sie eine kleine Liste mit Dingen an, die Sie noch lernen möchten. Notieren Sie nichts, von dem Sie glauben, dass Sie es lernen müssen, weil jemand anderer das möchte. Zählen Sie nur Dinge auf, die Sie lernen möchten. Ohne Rücksicht darauf, ob Sie genügend Zeit, finanzielle Mittel oder alle notwendigen Voraussetzungen dafür haben. Betrachten Sie diese Liste wie eine Wunschliste: Was wollen Sie lernen?

7

→ Übung 7 | Von guten Vorsätzen und deren Umsetzung

Notieren Sie jene Dinge, welche Sie in letzter Zeit tun wollten, aber dann doch nicht getan haben. Anschließend kennzeichnen Sie diese mit einem »A« für »Aus Angst nicht getan«, einem »B« für »Aus Bequemlichkeit nicht getan« und einem »V« für »Wurde von anderen verhindert«. Versuchen Sie, mindestens neun Punkte zusammen zu bekommen (es dürfen auch Kleinigkeiten sein!).
Und dann markieren Sie bitte jene drei Dinge, die Sie unverzüglich nachholen möchten!

8

→ Übung 8 | Initiativ werden!

Notieren Sie ganz ehrlich für sich selbst, wer welchen Fehler ständig bei Ihnen feststellt.
Und danach fragen Sie sich, ob Sie diesen »Fehler« ablegen oder der betreffenden Person klar machen möchten, dass sie diesen angeblichen »Fehler« akzeptieren muss. Eines von beiden sollten Sie unbedingt in diesen Fällen tun.

9

→ Übung 9 | Entscheidungstraining

Eine kleine Mentalübung:
→ Nehmen Sie sich bitte zehn Minuten Zeit und machen Sie es sich bequem. Atmen Sie ruhig und tief ein. Entspannen Sie sich. Genießen Sie eine Weile diesen Zustand der Ruhe und Entspannung.
→ Nun stellen Sie sich bitte eine Situation vor, in der Sie eine Entscheidung treffen müssen. Vor dieser Entscheidung aber haben Sie Angst oder Sie versetzt Sie in Stress. Sie müssen eine für Sie unangenehme Entscheidung treffen. Unangenehm, weil die Folgen dieser Entscheidung für Sie möglicherweise unangenehm sein könnten.

→ Beobachten Sie an sich selbst: Welche Empfindungen haben Sie? Was fühlen Sie? Wovor haben Sie konkret Angst? Versuchen Sie, nichts zu beeinflussen. Beobachten, prüfen und hinterfragen Sie einfach nur ganz genau.

→ Nun stellen Sie sich bitte vor, wie Sie Ihre Entscheidung treffen und alle Folgen dieser Entscheidung äußerst positiv sind. Alle sind einverstanden. Sie ernten nur Zustimmung und Sympathie. Sie fühlen sich wohl. Ihre Entscheidung war genau richtig. Besser hätte es gar nicht kommen können. Sie sind glücklich, dass Sie sich so entschieden haben. Es läuft alles genau so, wie Sie es sich nicht besser wünschen könnten.

→ Nun kommen Sie bitte wieder langsam aus Ihrer Entspannung, Ihren Vorstellungen zurück … und entscheiden Sie ganz bewusst: Was werden Sie in dieser Situation das nächste Mal tun?

→ Wiederholen Sie diese Übung in nächster Zeit einige Male. So oft, bis Sie ganz deutlich spüren, wie Sie an Sicherheit gewinnen. Bis es Ihnen ganz leicht fällt, die für Sie richtige Entscheidung zu treffen.

→ Übung 10 | Positiv formulieren

10

Beginnen Sie ab heute, die Worte »Fehler« und »falsch« zu vermeiden. Finden Sie stattdessen eigene positive Formulierungen. Es wird Ihnen anfangs schwerfallen, doch mit der Zeit werden Sie feststellen, dass es sehr einfach ist (man muss sich nur einmal daran gewöhnen). Sie werden auch bemerken, dass Diskussionen sachlicher ablaufen, Sie sich besser fühlen und man Ihnen mehr zuhört.

Werfen Sie ab jetzt für jedes Mal, wenn Sie eines der beiden Wörter sagen, einen Euro in eine eigene Sammelbüchse. Diese leeren Sie erst, wenn Sie 30 Tage durchgehend keines der beiden Wörter mehr verwendet haben. Mit dem Geld können Sie sich dann selbst eine kleine Belohnung gönnen!

Das Gesetz des Lernens

CHECK UP

→ ÜBUNG 6: WAS MÖCHTEN SIE LERNEN?

Haben Sie diese Übung gemacht? ○ Ja ○ Nein

Hat Ihnen diese Übung einen Erfolg gebracht? ○ Ja ○ Nein

Wie oft haben Sie die Übung wiederholt? ___ mal.

IHR PERSÖNLICHES FAZIT:

....

....

→ ÜBUNG 7: VON GUTEN VORSÄTZEN UND DEREN UMSETZUNG

Haben Sie diese Übung gemacht? ○ Ja ○ Nein

Hat Ihnen diese Übung einen Erfolg gebracht? ○ Ja ○ Nein

Wie oft haben Sie die Übung wiederholt? ___ mal.

IHR PERSÖNLICHES FAZIT:

....

....

→ ÜBUNG 8: INITIATIV WERDEN!

Haben Sie diese Übung gemacht? ○ Ja ○ Nein

Hat Ihnen diese Übung einen Erfolg gebracht? ○ Ja ○ Nein

Wie oft haben Sie die Übung wiederholt? ___ mal.

IHR PERSÖNLICHES FAZIT:

....

....

→ ÜBUNG 9: ENTSCHEIDUNGSTRAINING

Haben Sie diese Übung gemacht? ○ Ja ○ Nein

Hat Ihnen diese Übung einen Erfolg gebracht? ○ Ja ○ Nein

Wie oft haben Sie die Übung wiederholt? ___ mal.

IHR PERSÖNLICHES FAZIT:

....

....

→ ÜBUNG 10: POSITIV FORMULIEREN

Haben Sie diese Übung gemacht? ○ Ja ○ Nein

Hat Ihnen diese Übung einen Erfolg gebracht? ○ Ja ○ Nein

Wie oft haben Sie die Übung wiederholt? ___ mal.

IHR PERSÖNLICHES FAZIT:

....

....

3

DAS GESETZ DES WILLENS

Zwischen Wunsch und Wirklichkeit klafft oft eine große Lücke. Theoretisch wissen die meisten Menschen schon in etwa, wohin sie wollen, doch praktisch treten sie ihr Leben lang auf der Stelle. Das Problem: Viele wissen nicht genau, was sie eigentlich wollen. Die Anleitung zur Wunscherfüllung finden Sie in diesem Kapitel.

+ Partnerschaft
+ Freunde und Bekannte
+ Business und Beruf

SELBSTTEST

Wissen Sie eigentlich, was Sie wollen?

Wir könnten alles im Leben erreichen – zumindest theoretisch. Praktisch legen wir uns auf dem Weg zu großen Veränderungen meist selbst die größten Steine in den Weg. Ist das bei Ihnen auch so? Finden Sie es heraus!

Ein verregneter Sonntag ... Was fangen Sie damit an?

1

- Ein Buch lesen und auf der Couch liegen. (A)
- Die Steuererklärung machen oder staubwischen. (C)
- Ich weiß nicht, was ich mit mir anfangen soll. (B)
- Nichts wie raus ... in die Natur, ins Kino, mit Freunden treffen. (D)

Was assoziieren Sie mit dem Wort Veränderung?

2

- Das Leben ist ein einziger Wandel, dem man sich anpassen muss. (C)
- Mir fällt es schwer, von mir aus Dinge zu verändern. (A)
- Veränderungen bringen Ungewissheit mit sich. (B)
- Spannung, Abenteuer, Risiko. (D)

Welchen dieser drei Sätze bekommen Sie häufiger zu hören?

3

- »Nur du verstehst mich wirklich.« (A)
- »Auf dich kann man sich verlassen.« (C)
- »Du tust so unglaublich viel für mich.« (B)
- »Du bringst mich immer auf andere Gedanken.« (D)

Stellen Sie sich vor, Sie sind in einem Irrgarten und sollen den Ausgang finden. Welche Gefühle assoziieren Sie damit?

4

- Ich habe Angst, mich zu verlaufen. (A)
- Ich finde das spannend. (C)
- Es ist anstrengend. Ständig muss man sich entscheiden. (D)
- In der Ruhe liegt die Kraft – und in diesem Fall die Orientierung. (B)

Haben Sie (im Rückblick) das Gefühl, oftmals falsche Entscheidungen getroffen haben?

5
- O Nein, so wichtig waren die falschen Entscheidungen nun doch nicht. (C)
- O Manchmal frage ich mich schon, was gewesen wäre, wenn … (B)
- O Ich bin, wie ich bin und kann nicht aus meiner Haut. (A)
- O Es gibt keine falschen Entscheidungen, nur Kurskorrekturen auf dem richtigen Weg. (D)

Was bedeutet Glück für Sie?

6
- O Glücklich zu sein bedeutet unheimliche Anstrengung. (C)
- O Ich hatte und habe viele glückliche Momente. (A)
- O Oft muss man nur genau hinschauen, um das Glück zu erkennen. (B)
- O Ein Lächeln auf das Gesicht meines Gegenübers zu zaubern. (D)

Welche der folgenden Aussagen trifft auf Sie zu?

7
- O Ich verlasse mich in meinen Leben auf Bewährtes. (A)
- O Ich kann mich in etwas so vertiefen, so dass ich gar nicht mehr weiß, wo ich bin. (C)
- O Es fällt mir schwer, mich abzugrenzen. (B)
- O Ich suche ständig neue Herausforderungen. (D)

Nach anfänglicher Euphorie werde ich oft durch meine Mitmenschen gebremst.

8
- O Ja, das passiert mir oft. (C)
- O Nein, das passiert mir nur selten. (A)
- O Ja, das kenne ich, hoffe aber stets, dass es beim nächsten Mal besser wird. (B)
- O Ich lasse mich nicht bremsen. (D)

AUSWERTUNG

Addieren Sie die Buchstabenwerte!

A = ____ mal B = ____ mal C = ____ mal D = ____ mal

Lesen Sie die Interpretation mit Ihrem höchsten Buchstabenwert, um zu erfahren, wo Sie stehen.

IN BALANCE BLEIBEN

A Ihr Leben ist in vielen Bereichen ausgeglichen und entspannt. Ihre Freunde schätzen Ihr Einfühlungsvermögen – und doch stehen Sie ebenso fest zu sich und Ihren Bedürfnissen. Sie haben das nötige Selbstbewusstsein, Ihre Wünsche zu äußern, und keine Angst vor Veränderungen, denn Sie wissen in jeder Lebenslage, wo Sie eigentlich hinmöchten. Das alles klingt perfekt, wenn da nicht der leichte Hang zur Impulsivität wäre.

DER INTUITION FOLGEN

B Eigentlich wissen Sie ganz genau, was Sie wollen und sich wünschen, denn Ihr Bauchgefühl ist unverbesserlich. Allerdings fehlt es Ihnen häufig an Mut, um der Intuition auch zu folgen. Sie trauen sich oft selbst nicht und stellen bei Anforderungen von außen Ihre eigenen Bedürfnisse zu häufig hintenan. So verlieren Sie Ihre ureigenen Ziele schnell aus den Augen.

ZIELSTREBIG VORANGEHEN

C Disziplin und Selbstbeherrschung sind Ihre Stärken. Sie machen Sie zu einem verlässlichen Partner. Leider zeigen Sie sich gegenüber den eigenen Träumen und Wünschen dadurch oft immun und manövrieren sich in Situationen, in denen Sie eigentlich nicht sein wollen. Und anstatt eine Kehrtwende zu machen, agieren Sie zu allem Überfluss nach dem Prinzip »Augen zu und durch«.

STÄNDIG AUF HOCHTOUREN

D Sie wissen nicht richtig, was Sie wollen … Sie versuchen, allem und jedem und auch noch sich selbst gerecht zu werden. Man nimmt Sie zwar als schillernde Persönlichkeit war, aber so richtig verlässlich wirken Sie nicht. Sie sind ein Vorbild, was Fantasie und Energie angeht – doch auf Dauer ist das anstrengend und ineffektiv.

Das Gesetz des Willens

Wenn wir nicht wissen, was wir wollen, wie sollen wir dann wissen, wie wir dort hinkommen? Deshalb ist »ein Ziel zu haben« die Grundvoraussetzung für alles Weitere, sonst bleiben es immer nur Träume. Ist der Wille aber einmal vorhanden, ist jeder Weg offen. Ja, mehr noch: Die eigene Zielbestimmung ist die Basis, um überhaupt einen Willen entwickeln zu können und die nötige Kraft für den Weg zum Ziel aufzubringen. Dann gilt es, den nötigen Aufwand zu eruieren. Ein Einsatz, der sich lohnt, macht den Unterschied zwischen Träumern und Siegern.

Wissen Sie, was Sie wirklich wollen?

Vielleicht hat Ihnen ja der Selbsttest in diesem Kapitel schon eine Idee davon vermittelt. Wenn nicht, dann bekommen Sie hier eine zweite Chance, die Antwort auf diese Frage zu finden.

Stellen Sie sich vor, Sie treffen eine gute Fee im Wald, die zu Ihnen sagt: »Sie haben drei Wünsche frei!« Die Wünsche müssen ganz konkret sein und Sie haben 10 Sekunden Zeit. Los! Schreiben Sie die drei Wünsche jetzt auf: 1, 2, 3, 4, 5, 6, 7, 8, 9, 10 – Zeit vorbei.

Drei Dinge aufgeschrieben? Die meisten Menschen wüssten in so einem Fall gar nicht, was sie überhaupt sagen sollen. Aber die Fee ist nach 10 Sekunden weg, da kann man nicht sagen: »Warte noch ein bisschen, ich muss erst mal überlegen«.

Und wenn jetzt jemand *Glück, Zufriedenheit* und *Wohlstand* geschrieben hat, dann können Sie das wieder durchstreichen. Denn wenn Sie zur Fee »Wohlstand« sagen, dann sagt sie: »Ja toll, zehn Euro habe ich dabei. Das genügt für Essen und Getränke«. Wenn Sie zur Fee sagen »Zufriedenheit«, dann sagt sie: »Na, da brauch' ich ja nichts tun, es ist eh so schön im Wald, in der Natur«. In beiden Fällen hätten Sie sich aber wahrscheinlich etwas anderes darunter vorgestellt. Damit Ihre Wünsche erfüllt werden können, müssen Sie diese ganz konkret benennen. So klar und konkret, dass die Fee ganz genau weiß, was sie zu tun hat. Konnten Sie drei ganz konkrete Dinge aufschreiben? Die wenigsten Menschen können das.

Selbstreflexion	Entwicklungsbereitschaft	Eigenmotivation
Innere Stärke	Selbstvertrauen	Geduld und Gelassenheit
Menschen verstehen	Menschen motivieren	Positive Ausstrahlung

Nur, wenn Sie nicht einmal wissen, was Sie wollen, wie sollen Sie dann wissen, wie Sie dort hinkommen?! Die Grundvoraussetzung für alles Weitere ist also, einen Willen zu entwickeln.

Erkenntnis 7: Der Wille macht den Unterschied zwischen Traum und Wirklichkeit!

Wenn ich keinen Willen entwickle, wenn ich keinen festen Willen habe, werde ich auch nicht das erreichen, was ich mir wünsche. Ohne einen eisernen Willen wird alles nur ein Traum bleiben. Wir träumen und wünschen uns viel. Aber wir müssen aktiv werden, damit wir unsere Träume und Wünsche auch verwirklichen können! Und dafür müssen wir ganz konkret wissen, was wir uns genau wünschen.

Sonst geht es Ihnen so, wie dem Menschen, der jeden Abend betet: »Lieber Gott, lass mich einen Sechser im Lotto haben.« Und jeden Sonntag und Mittwoch schimpft dieser Mensch am Abend, weil es wieder nicht funktioniert hat. Eines Tages, als er gerade wieder am Abend sagt: »Lieber Gott, lass mich einen Lotto-Sechser haben«, verdunkelt sich der Himmel, es donnert und von oben hört man eine Stimme: »Gib mir doch wenigstens eine Chance und füll einmal einen Lottoschein aus!« Wenn ich nicht weiß, was ich konkret will, dann kann ich auch nicht wissen, wie ich dorthin komme.

Selbstreflexion | Entwicklungsbereitschaft | Eigenmotivation
Innere Stärke | Selbstvertrauen | Geduld und Gelassenheit
Menschen verstehen | Menschen motivieren | Positive Ausstrahlung

Eigene Ziele formulieren

Bei jeder Phase der Persönlichkeits- und Erfolgsentwicklung ist es äußerst wichtig, sich selbst Ziele vorzugeben und konsequent darauf hinzuarbeiten. Das Wort »selbst« ist in diesem Satz das Wichtigste.

→ **TIPP 8:** Lassen Sie sich niemals Ziele von Umständen oder anderen Menschen vorgeben, sondern legen Sie Ihre Vorhaben selbst fest. Nur dadurch wird die nötige Identifikation geschaffen, die genügend starken Willen hervorrufen kann, um das Ziel auch tatsächlich zu erreichen.

→ **TIPP 9:** Sämtliche Zielsetzungen werden und müssen sich im Laufe des Lebens ändern. Denn logischerweise ergeben sich im Laufe der Entwicklung immer wieder neue Umstände und aus diesen neuen Gegebenheiten entspringen laufend neue Zielsetzungen. Um gesteckte Ziele zu erreichen, genügt es

»4 Trainingstipp to go

Zuerst sollten Sie prüfen, ob die notwendigen Kenntnisse und Mittel zur Erreichung dieses Zieles verfügbar sind. Haben Sie diese oder kann Ihnen jemand dieses Wissen vermitteln? Stehen Ihnen die erforderlichen (finanziellen, apparativen und personellen) Mittel über den erforderlichen Zeitraum zur Verfügung? Ist das Vorhaben im gegebenen gesellschaftlichen Umfeld umsetzbar? Sind Sie aus Ihrer persönlichen Situation heraus, von Ihrer Konstitution her, tatsächlich in der Lage, das angestrebte Ziel zu erreichen?
Sollten Sie eine dieser Fragen mit »Nein« beantworten müssen, so beginnt die nächste Fragerunde zur Beschaffung der »fehlenden Elemente«.

- → Woher kann ich die fehlenden Kenntnisse erhalten?
- → Wie bekomme ich die finanziellen, apparativen und personellen Mittel?
- → Wie kann ich mein gesellschaftliches Umfeld verändern?
- → Wie kann ich meine persönliche Situation und meine Konstitution der Notwendigkeit für diese Zielerreichung anpassen?

Selbstreflexion
Entwicklungsbereitschaft
Eigenmotivation
Innere Stärke
Selbstvertrauen
Geduld und Gelassenheit
Menschen verstehen
Menschen motivieren
Positive Ausstrahlung

jedoch nicht, diese zu erkennen und davon zu träumen. Bedenken Sie, wie viele Menschen Sie kennen, die ständig von ihren Zielen träumen, sie aber nie erreichen. Entscheidend ist der Wille, den Weg zu diesem Ziel zu gehen.

→ **TIPP 10:** Man muss sein Handeln auf ein Projekt fokussieren und bereit sein, andere Wünsche und Vorstellungen diesem Vorhaben unterzuordnen.
Auch der Entschluss, ein bestimmtes Ziel zu erreichen, muss genau überprüft werden. Denn es ist zwar theoretisch möglich, jedes Ziel zu erreichen. Es muss aber einerseits Klarheit über den nötigen Aufwand herrschen und andererseits muss die Bereitschaft bestehen, die nötige Leistung zu erbringen, um das Ziel zu erreichen.
Entscheidend ist also: Sind Sie bereit, alles Notwendige zu tun, um Ihr Ziel zu erreichen? Nur die bewusste Entscheidung, den vollen Einsatz zu erbringen und alles geben zu wollen, kann die Basis für den absoluten Willen zum Erreichen Ihres Zieles sein.

Erkenntnis 8:
Zwischen Wunsch und Wille steht der Aufwand.

Je größer das Ziel ist, desto größer ist in der Regel auch der Aufwand und der benötigte Einsatz – und umso größer muss auch der Wille zur Durchsetzung dieses Zieles sein. Und genau hier liegt der Unterschied zwischen Wunsch und Wille. Wünsche zerplatzen leider nur zu oft wie Seifenblasen und erfüllen sich nie, der Wille hingegen führt zu konkreten Handlungen und dann auch zu Ergebnissen in der Realität. Denn Wünsche allein sind Träume, die Durchsetzungskraft, sie zu realisieren, liegt jedoch im eigenen Willen.

Zwischen Wunsch & Wille

Der Wunsch gibt an, was man gerne hätte, ohne dass man bereit ist, etwas dafür zu tun. Sie kennen sicherlich viele Menschen, die sich etwas sehnlichst wünschen, aber statt etwas zu tun, ständig nur jammern.

Selbstreflexion	Entwicklungsbereitschaft	Eigenmotivation
Innere Stärke	Selbstvertrauen	Geduld und Gelassenheit
Menschen verstehen	Menschen motivieren	Positive Ausstrahlung

Nice-to-know
Energiegewinn vs. Energieaufwand

Um ein Beispiel aus der Natur zu nehmen: Ein Löwe lässt von der Jagd auf ein bestimmtes Beutetier ab, sobald er erkennt, dass das Erbeuten einen übermäßig hohen energetischen und zeitlichen Aufwand erfordert. Der Löwe will Energie in Form eines erbeuteten Tieres gewinnen. Der Energiegewinn muss für ihn deutlich höher sein, als der erforderliche Energieaufwand. Er wird daher nach einer Beute suchen, die er schneller und mit geringerem Energieeinsatz (weil jünger, unerfahrener oder krank) erlegen kann.

Der Wille aber verlangt die Bereitschaft, den nötigen Einsatz zu bringen. Deswegen sollten Sie sich einerseits über das Ziel klar sein, das Sie erreichen möchten, andererseits aber auch immer über den nötigen Aufwand Bescheid wissen, den Sie zu erbringen haben. Und Sie sollten für sich wissen, ob Sie bereit sind, diesen »Preis« zu zahlen. Wägen Sie ab, ob es Ihnen die Sache wert ist.

Ein Beispiel: Jemand hat sich das Ziel gesetzt, der erfolgreichste Vertreter seiner Firma zu sein. Zu dem dafür nötigen Aufwand gehört unter anderem auch, dass er sehr viel reisen muss und fast nicht zu Hause ist. Diesen Aufwand ist er bereit zu erbringen, da er ohne Familie und ansonsten ungebunden ist. Nach einiger Zeit jedoch lernt er eine Frau kennen und geht eine Lebensgemeinschaft ein. Nun ist ihm der Aufwand – nie zu Hause zu sein – ein zu großer, den er nicht mehr bereit ist aufzubringen, und es erfolgt dementsprechend eine neue Zielsetzung.
Wenn Sie nicht nur einen Wunsch, sondern bereits eine konkrete Zielsetzung ausgearbeitet haben, wird es immer wieder erforderlich sein, aufgrund gewonnener Erfahrungen und Kenntnisse oder eben auch aufgrund von Veränderungen durch äußere Umstände oder durch die eigene Weiterentwicklung, den Weg zum angestrebten Ziel um- oder neu zu planen. Dazu gehört manchmal auch, die Erkenntnis zu akzeptieren, dass ein Ziel nicht erreichbar ist, weil Sie nicht bereit sind, den nötigen Aufwand zu erbringen.

Selbstreflexion	Entwicklungsbereitschaft	Eigenmotivation
Innere Stärke	Selbstvertrauen	Geduld und Gelassenheit
Menschen verstehen	Menschen motivieren	Positive Ausstrahlung

Erkenntnis 9: Von Nichts kommt Nichts!

Die Stärke des Willens, der Sie jedes Ziel erreichen lässt, liegt darin, dass Sie nicht nur wissen, was Sie wollen, sondern dass Sie auch akzeptieren, dass Sie etwas dafür tun müssen und Sie sich auch immer im Klaren darüber sind, ob Sie bereit sind, die erforderliche Leistung dafür zu erbringen – oder nicht.

Wenn Sie nun Ihr Ziel kennen und bereit sind, die nötige Investition zu leisten, dann ist es – um dem Willen die nötige Durchsetzungsstärke zu verleihen – unbedingt notwenig, den richtigen Fokus zu setzen.

Selbstreflexion
Entwicklungsbereitschaft
Eigenmotivation
Innere Stärke
Selbstvertrauen
Geduld und Gelassenheit
Menschen verstehen
Menschen motivieren
Positive Ausstrahlung

Den richtigen Fokus setzen

Haben Sie schon einmal in der Formel-1 beobachtet, wie schnell und präzise beim Boxenstopp Reifen gewechselt werden? In 4 bis 6 Sekunden vier Reifen zu wechseln, ist für den Laien eine unvorstellbare Leistung. Erreichbar wird dieses Ergebnis nur durch entsprechende Fokussierung. Die hoch bezahlten Mechaniker in der Formel-1 tun tage- und nächtelang nichts anderes, als ständig immer und immer wieder das richtige Werkzeug zur richtigen Zeit an den exakt richtigen Punkt zu setzen. Und nur durch diese präzise Vorbereitung und Konzentration wird eine solche Leistung ermöglicht.

Genau dasselbe gilt auch für das Erreichen Ihres Zieles! Wenn Sie nun den Willen haben, ein bestimmtes Ziel zu erreichen, und bereit sind, den nötigen Aufwand zu erbringen, dann müssen Sie Ihre gesamte Tätigkeit, Ihr gesamtes Denken auf das Erreichen dieses Zieles und das Erbringen des nötigen Aufwandes konzentrieren.

Erkenntnis 10:
Konzentration auf das Ziel – Fokussierung!

Die Fokussierung wird umso intensiver nötig sein, je größer das Ziel ist. Das heißt, alle Kräfte müssen auf die Zielerreichung konzentriert sein.

Sie haben es sicher schon bemerkt: Das Konzentrieren auf Ihr Ziel – je nach Größe des Zieles – bis hin zur pausenlosen Ausrichtung Ihres gesamten Denkens und Handelns auf dieses eine Ziel ist der größte Aufwand, den zu erbringen Sie bereit sein müssen. Ansonsten wird Ihr Wille nie die nötige Stärke und Durchsetzungskraft haben, damit aus Ihren Wünschen und Träumen echte Ergebnisse in Ihrem Leben werden.

Selbstreflexion	Entwicklungsbereitschaft	Eigenmotivation
Innere Stärke	Selbstvertrauen	Geduld und Gelassenheit
Menschen verstehen	Menschen motivieren	Positive Ausstrahlung

Innere Spannung aufbauen

»5 Trainingstipp to go

Wenn Sie sich vorstellen, Sie haben Ihr Ziel erreicht, wo befinden Sie sich? Wie fühlen Sie sich? Was sehen Sie? Was hören Sie? Visualisieren Sie diesen Moment so oft wie möglich. In der Früh gleich nach dem Aufwachen, zwischendurch am Schreibtisch im Büro und abends vor dem Schlafengehen – am besten immer wieder zwischendurch, wenn Sie Zeit haben. Dadurch richtet sich Ihr Unterbewusstsein auf dieses Ziel aus und die nötige Fokussierung wird Ihnen immer leichter fallen.

Der Wille wird nun auch noch durch eine dritte Sache gestärkt: Die innere Spannung. Das bedeutet, dass Sie eine enorm große innere Vorfreude auf den Moment aufbauen, wenn Sie Ihr Ziel erreicht haben. Und dies wiederum tun Sie durch zwei Dinge: Einerseits durch die ständige Visualisierung und andererseits durch Schweigen.

Ständige Visualisierung heißt ganz einfach, dass Sie – wann immer Sie können – sich das Bild vor Augen führen, wie sich Ihre persönliche Situation darstellt, wenn Sie Ihr Ziel erreicht haben. Wenn Sie das tun, empfinden Sie eine Flut von Glücksgefühlen, die euphorisierend wirken.

Schweigen bedeutet, dass Sie mit niemanden über Ihr Ziel sprechen – außer mit jenen, die über die Zielsetzung informiert sein müssen, weil sie bei der Umsetzung mitwirken.

Viele Menschen machen den Fehler, dass Sie Ihre Ziele ankündigen und dadurch

a) Skepsis ernten und in ihrem Willen geschwächt werden,
   oder …
b) Vorschusslorbeeren erhalten und damit die innere Spannung schwächen, weil Ihnen Ihr Unterbewusstsein sagt, dass es gar nicht mehr nötig ist, sich anzustrengen, weil sie ja durch die Ankündigung allein schon Anerkennung erhalten haben, …
   oder …
c) sich selbst unter Druck setzen, indem Sie Angst haben, Ihre Ankündigungen nicht wahr werden lassen zu können und damit die Freude an der Tätigkeit verloren geht.

Selbstreflexion	Entwicklungsbereitschaft	Eigenmotivation
Innere Stärke	Selbstvertrauen	Geduld und Gelassenheit
Menschen verstehen	Menschen motivieren	Positive Ausstrahlung

Erkenntnis 11:
Schweigen + Visualisieren = Ziele erreichen

Behalten Sie Ihre Ziele für sich und bauen Sie eine stille Vorfreude auf, indem Sie visualisieren, wie Ihr Umfeld reagiert, wenn Sie Ihr Ziel erreicht haben.

Das Gesetz des Willens im täglichen Leben

Wenn Sie sich irgendwann denken: »Jetzt will ich aber Gas geben. Jetzt muss etwas geschehen in meiner Karriere, mit meiner Persönlichkeit, mit meinen Finanzen ...«, dann suchen Sie sich erst einmal nur einen Bereich heraus. Konzentrieren Sie sich ganz und gar darauf. Erst wenn Sie hier ihr Ziel erreicht haben, gehen Sie zum nächsten über. So verzetteln und überfordern Sie sich nicht – und Sie werden feststellen, dass Ihre Entwicklung auf diese Art viel schneller und leichter vorankommt.

Gehen wir nun davon aus, Sie haben sich einen Punkt herausgesucht (Gewicht reduzieren, einen Weiterbildungskurs absolvieren, mit dem Jogging beginnen, auf ein Auto sparen ...) und starten voll durch. Dann erinnern Sie sich: Erzählen Sie niemandem davon, solange Sie Ihr Ziel nicht erreicht haben! Kündigen Sie nichts an (ich werden abnehmen, mich zu einem Kurs einschreiben, mit dem Joggen anfangen, mir nächstes Jahr ein neues Auto kaufen ...), sondern tun Sie es einfach. Wenn Sie Ihr Ziel erreicht haben – oder während Sie es tun –, bemerkt es ohnehin jeder. Und dann werden Sie auch die entsprechende Anerkennung ganz von allein bekommen. Sie brauchen nicht bereits im Vorfeld nach Anerkennung heischen. Das haben Sie gar nicht nötig. Tun Sie einfach, was Sie sich vorgenommen haben, und Sie werden mit der Zeit merken, dass die Menschen in Ihrer Umgebung Sie als eine/n Frau/ Mann der Tat sehen. Im Gegensatz zu den vielen »Ankündigern« und »Plaudertaschen«, die massenweise herumlaufen. Gleichzeitig werden Sie eine wesentlich stärkere Vorfreude auf die Zielerreichung verspüren, womit auch Ihr Wille immer stärker wird. Und Sie werden mehr Spaß daran haben, die Lorbeeren zu ernten, wenn Sie Ihr Ziel erreicht haben.

Selbstreflexion
Entwicklungsbereitschaft
Eigenmotivation
Innere Stärke
Selbstvertrauen
Geduld und Gelassenheit
Menschen verstehen
Menschen motivieren
Positive Ausstrahlung

➜ TIPP 11: PARTNERSCHAFT

Wenn Sie eine Beziehung mit einem Menschen eingehen möchten, so seien Sie sich im Vorfeld darüber klar, dass jede Partnerschaft auch einen gewissen Aufwand erfordert. Einen Aufwand, den man vor einer festen Partnerschaft eruieren sollte und den man auch bereit sein muss zu erbringen. Wenn Sie den zu erwartenden Aufwand nicht erbringen können oder möchten – dann sollten Sie sich und dem anderen Menschen die Versprechungen und trügerischen Hoffnungen am Anfang der Beziehung ersparen. Denn dann ist eben einfach nicht der richtige Zeitpunkt.

➜ TIPP 12: ERZIEHUNG

Sie sprechen mit Ihrem Kind, um ihm klar zu machen, wie wichtig Hausaufgaben sind, oder möchten sonstige erzieherische Maßnahmen durchsetzen? Tun Sie folgendes: Erarbeiten Sie mit dem Kind all jene Dinge, die ihm selbst gefallen und die umgesetzt werden, wenn es sich an die vereinbarten Spielregeln hält.

»6 Trainingstipp to go

Auf die Anforderungen der Eltern antworten Kinder – je nach Alter – gern mit Floskeln. Oft geben sich Eltern damit zufrieden, anstatt nachzuhaken. Das sollten Sie aber tun! Fordern Sie in der Auseinandersetzung mit Ihrem Kind statt der Floskeln ehrliche Gründe (cool sein vor Freunden, gut da stehen vor Lehrern, Lob durch Eltern …). Dann lassen Sie das Kind sich ein Ziel setzen und besprechen Sie gemeinsam, wie sich dieses Ziel erreichen lässt. Ein Beispiel: Ihr Kind wünscht sich, von den Klassenkameraden anerkannt zu werden. Besprechen Sie diesen Wunsch ernsthaft mit Ihrem Kind, machen Sie Vorschläge, wie es gehen könnte, und was an den bisherigen Bemühung nicht so gut war. Begleiten Sie diesen Prozess mit einem »spielerischen Wettbewerb«: Geben Sie extra Anerkennung, wenn das Kind seine Ziele erreicht. Es ist für Erwachsene eine kleine Herausforderung, weil Kinder andere Denkmuster haben. So versuchen sie beispielsweise Anerkennung häufig über Nachahmung zu erreichen oder über das Fehlerspiel (siehe Seite 55ff.). Sie im Bezug darauf ein wenig zu »lenken«, kann schon viel in Gang setzen. Eine Verbesserung erreichen Sie auf alle Fälle.

Selbstreflexion	Entwicklungsbereitschaft	Eigenmotivation
Innere Stärke	Selbstvertrauen	Geduld und Gelassenheit
Menschen verstehen	Menschen motivieren	Positive Ausstrahlung

»7 Trainingstipp to go

Versuchen Sie das nächste Mal, wenn Sie Unterstützung benötigen, zuerst den Kollegen (Nachbarn, Bekannten) zu fragen, wie er über das anvisierte Ziel denkt. Holen Sie seine ungeteilte Zustimmung diesbezüglich ein und vor allem: Lassen Sie ihn ganz eindeutig und klar erkennen, was sein Profit wäre, wenn Sie gemeinsam das Ziel erreichen. Denn nur wenn für den anderen ausreichend Profit gegeben ist – und nur dann –, wird er das von Ihnen gewünschte Ergebnis auch als sein ganz persönliches Ziel ansehen, für das er selbst auch den entsprechenden Willen und Einsatz aufbringen möchte. Auf diese Art können Sie sich, wenn Sie geschickt vorgehen, eine »Hausmacht« (also einen Kreis von Unterstützern) aufbauen und Sie werden immer über die nötige Unterstützung für die Erreichung Ihrer Ziele verfügen. Und das müssen Sie – denn allein werden Sie auf Dauer nicht viel erreichen.

→ TIPP 13: FREUNDE UND BEKANNTE

Immer wieder gibt es Situationen, welche die Unterstützung eines Kollegen, Nachbarn oder Bekannten erfordern. Üblicherweise bittet man in einem solchen Fall um Hilfestellung. Wenn der Angesprochene gut aufgelegt ist, sich mit der Zielsetzung identifizieren kann, Sie sympathisch findet und keine Angst haben muss, dass er einen Nachteil dadurch hat, dass er Ihnen hilft, dann wird er Sie auch unterstützen. Weil jedoch sehr oft eine der zuvor genannten Voraussetzungen nicht zutrifft, bleibt es meistens bei der verbalen Unterstützung, also dem Zuhören und gut zureden statt aktiver Hilfe durch Taten. Und wenn es wirklich darauf ankommt, dann ist weit und breit plötzlich keine Spur von diesem Kollegen, Nachbarn oder Bekannten.

→ TIPP 14: BUSINESS UND BERUF

Sie möchten einen Mitarbeiter für ein gewisses Projekt oder ein bestimmtes Verhalten motivieren? Dazu ist zuerst notwendig, dass Sie mit ihm gemeinsam eine Zielsetzung finden, die er vertreten kann und die ihm persönlichen Profit bringt (das Unternehmen mit dem freundlichsten Telefonempfang zu sein, wofür er die Verantwortung hat, was ihm zum Beispiel entsprechende Anerkennung

Selbstreflexion	Entwicklungsbereitschaft	Eigenmotivation
Innere Stärke	Selbstvertrauen	Geduld und Gelassenheit
Menschen verstehen	Menschen motivieren	Positive Ausstrahlung

und positive Job-Description bringt). Danach lassen Sie den Mitarbeiter die Richtlinien für das richtige Verhalten ausarbeiten (Sie führen dezent) und sich diesen Richtlinien verpflichten. Denn seine eigene Zielsetzung und seine eigenen Richtlinien hält man in der Regel leichter ein.

→ TIPP 15: BUSINESS UND BERUF

Wenn Sie ein Projekt im Betrieb starten, dann tun Sie es einfach und reden Sie im Vorfeld nicht viel darüber, sofern es in Ihrer Kompetenz liegt. Ansonsten reden Sie nur mit demjenigen, der Ihnen die Genehmigung erteilen muss. Erst wenn Sie positive Ergebnisse vorweisen können, erzählen Sie an geeigneter Stelle von Ihrem erfolgreichen Einsatz. Glauben Sie mir, alle anderen erfahren früh genug davon.

☎ Business plus 3

Achten Sie darauf, dass Sie immer dokumentieren können, dass Sie es waren, der dieses Projekt begonnen und durchgeführt hat. Sonst ist die Gefahr gegeben, dass jemand in Versuchung kommt, sich mit fremden Federn zu schmücken. Mit dieser vorausschauenden Vorgehensweise haben Sie: erstens mehr Variationsmöglichkeiten im Projektverlauf, Sie sammeln zweitens Ihre Vorfreude auf die Lorbeeren bei erfolgreichem Abschluss des Projektes und drittens werden Sie firmenintern als jemand bekannt, der handelt, statt nur zu schwätzen. Aber was das Wichtigste ist: Sie werden merken, dass Sie unter diesen Voraussetzungen über einen wesentlich stärkeren Willen und damit über mehr Kraft für die Durchführung des Projektes verfügen.

Fünf Schritte zum Ziel

Betrachten wir nun noch einmal das Gesetz des Willens und seine fünf Hauptpunkte etwas genauer:

1. Eigene Zielsetzung. Diese ist die Basis, um überhaupt einen Willen entwickeln zu können.

Selbstreflexion	Entwicklungsbereitschaft	Eigenmotivation
Innere Stärke	Selbstvertrauen	Geduld und Gelassenheit
Menschen verstehen	Menschen motivieren	Positive Ausstrahlung

2. Aufwand eruieren. Nachdem Sie wissen, wo Sie hin wollen, prüfen Sie gewissenhaft, welcher Aufwand dafür nötig ist.
3. Feststellen, ob Sie den dafür nötigen Aufwand erbringen wollen und auch können.
4. Fokussierung. Jeder Mensch verfügt nur über ein bestimmtes Kraftvolumen. Dieses kann er auf unzählige Träume aufteilen oder so viel wie möglich davon für ein bestimmtes Ziel verwenden.
5. Innere Spannung durch Visualisierung und Schweigen.

MEIN WEG

”Ich habe ständig ein Ziel vor Augen, für das ich mich bewusst entschieden habe und dessen Erreichung einen mir bekannten Aufwand erfordert, den zu erbringen ich bereit bin. Ich richte mein Denken und meine Handlungen konzentriert auf dieses Ziel aus und erzähle nur denjenigen Personen von diesem Ziel, die mit der Erreichung unmittelbar zu tun haben. Täglich visualisiere ich mir die Zielerreichung und freue mich auf den Erfolg.“

Selbstreflexion	Entwicklungsbereitschaft	Eigenmotivation
Innere Stärke	Selbstvertrauen	Geduld und Gelassenheit
Menschen verstehen	Menschen motivieren	Positive Ausstrahlung

Trainieren Sie das Gesetz des Willens

Mit den folgenden fünf Übungen können Sie das Gesetz des Willens trainieren und so bewusst Wünsche in Ziele verwandeln. Tragen Sie Ihre Erkenntnisse und Ergebnisse in die Check-up-Liste auf Seite 86 ein.

11

→ Übung 11 | Ursachenforschung

Notieren Sie, welche Ziele Ihnen bisher in Ihrem Leben von anderen Menschen vorgegeben wurden. Schreiben Sie jeweils das Ziel und die Person auf, die Ihnen dieses Ziel vorgegeben hat. Welche Ziele wurden Ihnen vorgegeben durch Vater, Mutter, Geschwister, Kinder, Freunde, Lebenspartner, Lehrer, Vorgesetzte, Kollegen, Nachbarn …?

Notieren Sie *alle* »fremden« Ziele, ganz gleich, ob Sie diese erreicht haben oder nicht. Fragen Sie sich danach: Welche der »fremden« Ziele, die ich notiert habe, habe ich nicht erreicht und warum?

12

→ Übung 12 | Willensknäuel

Nehmen Sie ein Blatt Papier zur Hand und notieren Sie sich bitte darauf ein relativ kleines und leicht erreichbares Ziel. Dann machen Sie Folgendes: Nehmen Sie dieses Blatt zur Hand und knüllen Sie es zusammen, nicht schön zusammenlegen – zerknüllen Sie es!

Das ist nun Ihr »Willensknäuel«. Jetzt stecken Sie es ein, am besten in Ihre Hosen- oder Jackentasche, sodass es eng an Ihrem Körper ist. Sie werden eines feststellen: Das scheuert bei jedem Schritt. Sie werden ständig spüren, welches Ziel Sie sich gesetzt haben. Sie werden daran erinnert und fokussieren sich darauf. Und dann tragen Sie in diesen »Spürmomenten« auch jedes Mal etwas dazu bei, Ihr Ziel zu erreichen.

➜ Übung 13 | Kosten-Nutzen-Plan

13

Listen Sie Ihre Ziele auf und bestimmen Sie den dafür notwendigen Aufwand an Kreativität, Zeit, Geld, Unterstützung, Material und so weiter.

➜ Übung 14 | Visualisierung

14

Erstellen Sie eine ZIEL-COLLAGE, indem Sie Bilder aus Zeitungen, Magazinen, Illustrierten oder selbstgeschossene Fotos ausschneiden, die Ihre Ziele darstellen, oder eigene Zeichnungen anfertigen. Besser, weil flexibler in der Gestaltung, wäre eine Zeichnung. Beginnen Sie in der rechten unteren Ecke – das ist Ihr Ausgangspunkt. Das Ziel wird in der linken oberen Ecke gekennzeichnet. Füllen Sie das Blatt im Laufe der Zeit mit Bergen, Tälern, Brücken und so weiter aus, die Etappen und Schwierigkeiten auf dem Weg zum Ziel kennzeichnen könnten.

➜ Übung 15 | Positive Programmierung

15

Formulieren Sie Ihre Ziele genau aus und nehmen Sie dann ein Audiofile mit Ihren Zielformulierungen auf.
Sie sollten Ihre Ziele unbedingt von Anfang an in der Gegenwart formulieren und »auf vollkommene Art und Weise« – damit ist gemeint, in Übereinstimmung mit Ihrer eigenen Wahrheit, den eigenen Wertvorstellungen und ohne, dass jemand anderes zu Schaden kommt. Zum Beispiel: »Auf vollkommene Art und Weise bin ich in allem, was ich sage, tue oder denke, erfolgreich.«
Spielen Sie dieses Audiofile im Auto oder zu Hause, wo immer und sooft es geht, ab.

Das Gesetz des Willens

CHECK UP

→ ÜBUNG 11: URSACHENFORSCHUNG

Haben Sie diese Übung gemacht? ○ Ja ○ Nein

Hat Ihnen diese Übung einen Erfolg gebracht? ○ Ja ○ Nein

Wie oft haben Sie die Übung wiederholt? ___ mal.

IHR PERSÖNLICHES FAZIT:

....

....

→ ÜBUNG 12: WILLENSKNÄUEL

Haben Sie diese Übung gemacht? ○ Ja ○ Nein

Hat Ihnen diese Übung einen Erfolg gebracht? ○ Ja ○ Nein

Wie oft haben Sie die Übung wiederholt? ___ mal.

IHR PERSÖNLICHES FAZIT:

....

....

→ ÜBUNG 13: KOSTEN-NUTZEN-PLAN

Haben Sie diese Übung gemacht? ○ Ja ○ Nein

Hat Ihnen diese Übung einen Erfolg gebracht? ○ Ja ○ Nein

Wie oft haben Sie die Übung wiederholt? ___ mal.

IHR PERSÖNLICHES FAZIT:

....

....

→ ÜBUNG 14: VISUALISIERUNG

Haben Sie diese Übung gemacht? O Ja O Nein

Hat Ihnen diese Übung einen Erfolg gebracht? O Ja O Nein

Wie oft haben Sie die Übung wiederholt? ___ mal.

IHR PERSÖNLICHES FAZIT:

....

....

→ ÜBUNG 15: POSITIVE PROGRAMMIERUNG

Haben Sie diese Übung gemacht? O Ja O Nein

Hat Ihnen diese Übung einen Erfolg gebracht? O Ja O Nein

Wie oft haben Sie die Übung wiederholt? ___ mal.

IHR PERSÖNLICHES FAZIT:

....

....

SPEED
LIMIT
UNLIMITED

4

DAS GESETZ DES ANGRIFFS

Der Weg zum Erfolg ist mit guten Vorsätzen gepflastert. Das Problem: Die meisten Ziele werden nie in Angriff genommen. Stattdessen wird gezaudert und gezweifelt, bis sich die anfängliche Motivation in Nichts auflöst. Aber: Wer nicht beginnt, wird nie etwas vollenden. Fangen Sie deshalb am besten JETZT gleich damit an.

+ Freunde und Bekannte
+ Business und Beruf
+ Gesundheit

SELBSTTEST

Können Sie den »inneren Schweinehund« besiegen?

Der innere Schweinehund ist ein Phlegma, das jede Initiative im Keim erstickt. Kennen Sie das – die vielen Ausreden, all die Gründe, die dagegen sprechen? Können Sie dem etwas entgegensetzen?

1 Was ist aus Ihren letzten drei Vorsätzen, die Sie gefasst haben, geworden?

- O Ich habe doch tatsächlich zwei verwirklicht. (A)
- O Ich konnte nur einen in die Tat umsetzen. (B)
- O Ich halte nie etwas durch, auch wenn ich es mir fest vornehme. (C)

2 Sind Sie mit sich und Ihrem Lebensstil zufrieden?

- O Im Großen und Ganzen ja. (A)
- O Ein paar Kleinigkeiten sollte ich ändern. (B)
- O Ich weiß nicht, wo ich anfangen soll. (C)

3 Wenn Sie etwas verändern wollen, erzählen Sie anderen davon?

- O Ja, ich erzähle es Freunden und Kollegen. (C)
- O Nein, ich behalte meine Pläne für mich. (A)
- O Ich weihe maximal meinen besten Freund/meine beste Freundin ein. (B)

4 Wie würde Ihr Umfeld reagieren, wenn Sie Ihr Leben komplett umkrempeln?

- O Ob die es überhaupt bemerken würden??? (C)
- O Ich denke, man würde mich unterstützen. (B)
- O Sie würden versuchen, es mir auszureden. (A)

Wie wichtig ist es, dass sich Ihr Leben verändert?

5
- O Sehr wichtig. (B)
- O Nicht so wichtig. (A)
- O Schön wäre es schon. (C)

Welche Attribute, die hier aufgezählt werden, treffen am ehesten auf Sie zu?

6
- O freundlich, rücksichtsvoll und zuverlässig (A)
- O selbstständig, aktiv und spontan (B)
- O optimistisch, aufgeschlossen und begeisterungsfähig (C)

Wenn Sie sich etwas vorgenommen haben, wie gehen Sie üblicherweise vor?

7
- O Ich mache einen Plan, an den ich mich halte. (A)
- O Ich mache keine Pläne, sondern verlasse mich auf meine hohe Motivation. (B)
- O Ich nehme mir nichts vor, weil ich sowieso nicht durchhalte. (C)

Wie oft sagen Sie Sätze wie »Ich müsste mal ein paar Kilo abnehmen«, »Ich müsste mit dem Rauchen aufhören« oder »Ich müsste weniger arbeiten und mehr für meine Fitness tun«?

8
- O Ziemlich oft. (A)
- O Eigentlich nie. (B)
- O Ab und zu kommt das schon vor. (C)

AUSWERTUNG

Addieren Sie die Buchstabenwerte!

A = ____ mal B = ____ mal C = ____ mal

Lesen Sie die Interpretation mit Ihrem höchsten Buchstabenwert, um zu erfahren, wo Sie stehen.

DEN SCHWEINEHUND IM GRIFF

A Kontinuierliche Weiterentwicklung ist bereits Teil Ihres Lebens. Im Großen und Ganzen kann es so bleiben, wie es ist. Zwischen Zielsetzung und Umsetzung beweisen Sie Geduld und können sich gut motivieren, wenn das Vorhaben auf der Stelle tritt. Den Erfolg haben Sie einer maßvollen Zielauswahl zu verdanken, der Politik der kleinen Schritte. Dass Sie Ihren »inneren Schweinehund« so gut im Griff haben, zeugt von Vernunft – was Ihnen dabei fehlt, ist jedoch der Mut, auch größere Veränderungen anzugehen.

ANGREIFEN – LOSLASSEN – ANGREIFEN …

B Sie würden ja gerne einiges verändern, wenn es bloß ein bisschen einfacher wäre, den richtigen Startzeitpunkt zu finden. Wahrscheinlich konzentrieren Sie sich ein bisschen zu sehr darauf, Ihre Projekte zum Erfolg zu bringen. Der Anfangskick, das Plus an Motivation und Energie reicht leider nicht besonders lang und Sie lassen sich gern von anderen von Ihren Plänen abbringen. Deshalb starten Sie immer wieder voll durch, nur um dann auf halber Strecke aufzugeben … Sie glauben, die Unterstützung des Umfelds zu brauchen, um überhaupt Veränderungen in Gang zu bringen.

NICHT GENUG POWER

C Wenn das kleine Wörtchen »wenn« nicht wäre … Es ist in Ihrem Wortschatz eine fatale Konstante, die Ihnen bereits im Vorfeld der Zielsetzung den Mut zur Umsetzung raubt. Was also tun? Am besten treten Sie noch mal einen Schritt zurück und suchen sich ein leicht erreichbares Ziel, das Sie mit konsequenter Planung umsetzen. Die Meinung der anderen kann Ihnen egal sein, machen Sie sich frei von den Bedenkenträgern in Ihrer Umgebung. Ein kleiner Erfolg kann die Initialzündung sein, schon bald größere Veränderungen anzustoßen.

Das Gesetz des Angriffs

Das Gesetz des Angriffs lässt sich schnell auf den Punkt bringen: Weniger reden – mehr handeln! Die meisten Menschen verbringen Ihr Leben mit guten Vorsätzen, kommen aber nie in Aktion. Sich bewusst zu entscheiden, ist die Grundlage für einen erfolgreichen »Angriff«. Während andere noch zaudern und zweifeln, sollten Sie bereits wissen, was zu tun ist. Und am besten beginnen Sie gleich jetzt damit. Der unbedingte Wille steht als »Kraftspender« zur Verfügung und wird Sie auch in schwierigen Situationen mit Energie versorgen. Denn: Der Mensch wächst mit seinen Aufgaben und dabei sind Herausforderungen nur die notwendigen Meilensteine auf dem Weg zum Ziel. Das Geheimnis liegt schlicht und einfach darin, eine Sache ins Laufen zu bringen. Ziele beginnen immer mit der Aufforderung: »Jetzt handeln!«

Warum ist »angreifen« eigentlich so schwierig?

Fahren Sie gern Ski? Oder sehen Sie sich zumindest manchmal die Übertragungen von Skirennen im Fernsehen an? Nun stellen Sie sich bitte folgende Situation vor: Sie sind ein Skirennläufer. Sie haben bewusst die Verantwortung für Ihre Karriere übernommen. Sie haben die Techniken des Skirennlaufs mit all seinen Feinheiten gelernt und Sie haben einen unbändigen Siegeswillen entwickelt. Nun stehen Sie im Starthaus und nehmen die Sache aber nicht in Angriff. Sie starten einfach nicht. Denn plötzlich überlegen Sie, was bei diesen Geschwindigkeiten alles passieren könnte. Ja, auf einmal zweifeln Sie sogar daran, ob Skirennlauf wirklich das ist, was Sie wollen. Und während Sie noch überlegen, ist der Start-Countdown vorbei. Sie sind disqualifiziert und eine der vielleicht größten Chancen Ihres Lebens ist ungenützt verstrichen.
Wenn Sie nun der Meinung sind, dass eine solche Situation unvorstellbar sei, dann frage ich Sie, warum eine solch »unwahrscheinliche Situation« im Leben so vieler Menschen fast schon zum Alltag gehört? Viel zu viele Menschen verbringen Ihr Leben mit guten Vorsätzen, kommen aber nie ins Handeln. Auch nach diesem Buch wird so mancher Leser sich denken: »Recht hat er, der Autor, mit dem, was er hier schreibt – nun werde ich einiges ändern!« Damit es

Entwicklungsbereitschaft	Geduld und Gelassenheit	Menschen verstehen
Menschen motivieren	Positive Ausstrahlung	Eigenmotivation
Selbstreflexion	Menschen für sich gewinnen	Selbstvertrauen

nicht nur bei dieser Feststellung bleibt, sondern sich wirklich etwas tut, soll dieses »Arbeitsbuch« Sie motivieren.
Wie viele Menschen kennen Sie, die eine Sache wirklich wollen, sich darauf vorbereiten und dann doch nie starten? Und das nicht nur ein- oder zweimal in ihrem Leben, sondern fast laufend. Menschen, die Ihnen immer wieder von neuen Projekten erzählen, aber keines dieser Projekte wirklich in Angriff nehmen. Die ständig einen Neubeginn suchen, ihn dann aber nicht wagen. Die sich für ein Projekt begeistern und es doch nicht in Angriff nehmen. Dabei liegen nur bei einem kleinen Teil dieser Vorhaben triftige Gründe vor, sie nicht auf den Weg zu bringen. Der Großteil der Neustarts im Leben erfolgt nie, weil wir schlicht zu faul oder zu feige sind.
Das Wissen um die eigene Unentschlossenheit und Faulheit oder was es sonst sein mag, das einen daran hindert, Wünsche in die Realität umzusetzen, in Angriff zu nehmen, lässt einen immer unzufriedener mit sich selbst werden. Und diese »Negativspirale« dreht sich kontinuierlich weiter, bis man sich eines Tages selbst nicht mehr ausstehen kann, nicht mehr an sich glaubt und sich damit abgefunden hat, seine Ziele eben nicht verwirklichen zu können.
Viele Menschen möchten Dinge tun, die sie trotzdem ein Leben lang bleiben lassen. Die meisten davon nehmen es als Schicksal hin, dass manches in ihrem Leben nicht verwirklicht wurde, weil äußere Umstände dies verhindert haben. Sie machen ihr Umfeld, ihre Voraussetzungen, ja teilweise sogar ihre Kindheit, ihre Eltern dafür verantwortlich, dass ihr Leben nicht so verläuft, wie sie es sich wünschen. Dabei müssten sie ihre Träume nur in Angriff nehmen!
Wenn man erkennt, das man selbst verantwortlich ist, wenn man bereit ist zu lernen und sich selbst sowie seinem Umfeld Vertrauen schenkt, dann gibt es nur einen Weg aus dieser Negativspirale: Die ersten Schritte in Richtung Ziel umzusetzen und nach und nach alle kleinen Zwischenschritte zu gehen.
Erst meine Entscheidung, ein Vorhaben tatsächlich umzusetzen, bringt die Wirkung nach außen. Solange ich meinen Willen nur bekunde, aber mit dem Handeln zaudere, überlasse ich die Möglichkeiten der Umsetzung oder Nichtumsetzung meines Vorhabens anderen. Nur wer ins Handeln kommt, schafft »Tatsachen«, gewinnt neue Erkenntnisse und Fähigkeiten, die seine Position stärken. Wer nicht handelt, gibt den Zweiflern und Miesmachern recht. Dadurch verschlechtert sich beispielsweise die Startposition eines Projekts.

Entwicklungsbereitschaft	Geduld und Gelassenheit	Menschen verstehen
Menschen motivieren	Positive Ausstrahlung	Eigenmotivation
Selbstreflexion	Menschen für sich gewinnen	Selbstvertrauen

Erkenntnis 12:
Nur wer Entscheidungen trifft, kann seinen persönlichen Weg aktiv bestimmen.

Erst wenn ich aktiv bei einer Sache bin, dann wirke ich in meine Umwelt hinein – bleibe ich in der Sache passiv, wirken ständig Kräfte gegen mich und meinen Weg. Nur wer Entscheidungen trifft, kann seinen persönlichen Weg aktiv bestimmen. Denn hier gilt das Kräfte-Parallelogramm: Immer wenn ich mich aktiv entscheide und zu handeln beginne, wirken meine Kräfte von innen nach außen. Bei jedem Fehlen dieser Entscheidung und wenn ich passiv bleibe, werde ich von außen bestimmt.

Das Problem: Sich nicht entscheiden können

Viele leiden darunter, sich nicht entscheiden zu können. Sie geben dann oft anderen Menschen oder vermeintlich widrigen Umständen die Schuld, wenn sich etwas nicht nach Ihren Vorstellungen entwickelt. Diese Angst vor einer Entscheidung entsteht meist aus der Angst heraus, Fehler zu machen.

Erkenntnis 13:
Faul oder feige? So kommt man nicht voran.

Es klingt verrückt, aber es ist die Regel: Die meisten Menschen sind entweder zu bequem oder zu ängstlich, um sich zu entscheiden, eine Sache in Angriff zu nehmen. Sie bleiben daher lieber ein Leben lang dort, von wo sie unbedingt weg möchten, anstatt endlich die ersten Schritte zur Veränderung einzuleiten.

Es wird niemand kommen, um Sie zu Ihrem Ziel zu tragen. Sie müssen selbst aktiv werden. Indem Sie eine Sache in Angriff nehmen, legen Sie den Grundstein für Ihren Erfolg. Sie kennen ja sicher den Spruch: »Von nichts kommt nichts«.

Entwicklungsbereitschaft	Geduld und Gelassenheit	Menschen verstehen
Menschen motivieren	Positive Ausstrahlung	Eigenmotivation
Selbstreflexion	Menschen für sich gewinnen	Selbstvertrauen

Um erfolgreich zu sein, ist es unerlässlich, nicht nur eine Entscheidung zu treffen, sondern sich auch rasch zu entscheiden. Eine Chance, die sich plötzlich auftut, zu erkennen, eine Entscheidung darüber zu treffen und unverzüglich mit dem Handeln zu beginnen, das ist eine hohe Kunst und gleichzeitig der Schlüssel zum Erfolg.

In der Zeitspanne, in der Sie sich nicht aktiv entscheiden und unverzüglich bewusst zu handeln beginnen, ändert sich nichts. In diesem Sinne kann es auf einem erfolgreichen Weg also nur so sein, dass die Entwicklung ausschließlich von selbst getroffenen Entscheidungen und darauf folgenden unverzüglichen Handlungen gesteuert wird. Durch überlegtes, rasches Entscheiden mit sofort darauf folgenden Aktionen halten Sie das Gesetz des Handelns bei sich. Jedes

»8 Trainingstipp to go

Schreiben Sie auf ein Blatt Papier, was Sie tun müssen, um Ihr Ziel zu erreichen. Nun falten Sie das Blatt Papier und schreiben Sie außen das Wort »MORGEN« darauf. Dieses Blatt Papier legen Sie nun in eine Schublade und entschließen sich, gleich morgen früh zu starten. Morgen gehen Sie zu dieser Schublade hin, öffnen sie, sehen das Blatt Papier, auf dem Ihr Weg zu Ihrem Ziel festgehalten ist, und was lesen Sie? Das Wort »MORGEN«! Also schließen Sie die Schublade wieder und denken sich – gut, morgen beginne ich. Am nächsten Tag gehen Sie wieder zu der Schublade und öffnen sie. Sie möchten mit den Aufgaben starten – und was lesen Sie? Richtig, das Wort »MORGEN«! Also schließen Sie die Schublade wieder und beschließen, morgen zu starten.

Sie werden jeden Tag das Wort MORGEN lesen. Und weil sich unser Gehirn, je öfter es etwas tut, sich dies umso besser einprägt, wird Ihnen das Wort MORGEN immer vertrauter sein und eines Tages werden Sie feststellen, dass es gestern höchste Zeit gewesen wäre und es heute zu spät ist.

Was Sie bei dieser Übung sicherlich bemerkt haben ist, dass, wenn Sie bestimmte Themen immer nur »wegsperren« und ignorieren, diese sich eben nicht von selbst erledigen, sondern sie im Gegenteil immer wieder auftauchen und Ihnen ein schlechtes Gewissen bereiten. So lange, bis Sie sie angehen und ein für alle Mal – für immer – erledigen.

Entwicklungsbereitschaft	Geduld und Gelassenheit	Menschen verstehen
Menschen motivieren	Positive Ausstrahlung	Eigenmotivation
Selbstreflexion	Menschen für sich gewinnen	Selbstvertrauen

Zögern jedoch schafft Raum für Zweifel und Bedenken, dadurch minimieren sich Kraft, Wille und Entschlossenheit.
Wenn Sie Angst davor haben, Fehler zu machen, halten Sie sich vor Augen, dass es genau diese Fehler sind, die Sie reif für Ihr Ziel machen (siehe Gesetz des Lernens). Fehler sind Ihre persönlichen Indikatoren für Kurskorrekturen auf dem eigenen Weg.

Die Lösung: Aktiv werden und handeln

Wenn Sie einfach nur zu bequem und zu faul sind, um sich aktiv zu entscheiden und um damit zu beginnen, bewusst zu handeln, dann denken Sie daran, dass die Zeitspanne, in der Sie »schlafen« können, noch lange genug sein wird. Machen Sie sich bewusst, dass Sie jetzt etwas aus Ihrem Leben machen können, denn dazu wurde es Ihnen gegeben.

Erkenntnis 14:
Aktiv entscheiden heißt, sich bewusst zu entscheiden.

Aktiv zu entscheiden heißt jedoch nicht, immer nur nach vorne zu preschen. Manchmal kann es auch wesentlich klüger sein, etwas nicht zu tun. Aber auch in diesem Fall sollten Sie sich bewusst entscheiden, diese Sache nicht in Angriff zu nehmen – und Sie sollten dabei unbedingt genau wissen, warum Sie dieses oder jenes nicht tun.

Erfolgreiche Menschen entscheiden sich immer bewusst für etwas oder bewusst gegen etwas. Sie handeln nicht nicht, nur weil Sie sich nicht entscheiden konnten, sondern weil Sie sich bewusst gegen etwas entschieden haben. Der große Unterschied liegt darin, dass erfolgreiche Menschen ihre Handlungen immer erklären können, Sie kennen ihren Weg genau, bleiben sich selbst treu und gewinnen dadurch eine immense Ausstrahlung und Persönlichkeit.
Wenn Sie das wollen, dann sollten Sie in Zukunft bewusster entscheiden und aktiver handeln! Sie werden es nie ganz vermeiden können, aus Gewohnheit

- Entwicklungsbereitschaft
- Geduld und Gelassenheit
- Menschen verstehen
- Menschen motivieren
- Positive Ausstrahlung
- Eigenmotivation
- Selbstreflexion
- Menschen für sich gewinnen
- Selbstvertrauen

zu handeln (und das ist prinzipiell auch in Ordnung so, wie Sie beim »Gesetz des Führens« sehen werden), aber Sie sollten wissen, warum Sie welche Gewohnheiten haben und vor allem, warum Sie welche haben möchten!
Wenn Sie das erreicht haben, haben Sie schon ein gutes Stück gewonnen. Nachdem Sie sich entschieden haben, in Aktion zu treten und Ihr Handeln bewusst zu steuern, ist das zweite Element des aktiven Handelns vonnöten: das Durchsetzen Ihres Handlungszieles.

Die nächsten Schritte: Setzen Sie sich durch!

Durchsetzen wird sich auf Dauer nur derjenige, der von seinen Ideen und Vorstellungen so überzeugt ist, dass er die Verwirklichung als logische Konsequenz seiner kontinuierlichen Handlungen sieht. Nur dadurch wird er selbst genügend

Entwicklungsbereitschaft | Geduld und Gelassenheit | Menschen verstehen
Menschen motivieren | Positive Ausstrahlung | Eigenmotivation
Selbstreflexion | Menschen für sich gewinnen | Selbstvertrauen

emotionalisiert, begeistert und motiviert sein, um sich auch gegen andere Meinungen und gegenläufige gesellschaftliche Positionen durchsetzen zu können. Wie bereits das Gesetz des Willens gezeigt hat, ist der feste Wille zur Umsetzung des eigenen Zieles die Voraussetzung, um einen Angriff erfolgreich zu beenden. Diesen Willen aufzubringen ist nur am Anfang mühevoll. Hat man aber die ersten Schritte getan und sich gegen die ersten Widerstände behauptet, so lässt sich ein erstaunliches Phänomen beobachten.
Durch die kontinuierliche Durchsetzung aller getroffenen Entscheidungen wächst erstens die Kraft, Widerständen zu begegnen, und zweitens das Vertrauen in die Richtigkeit des eigenen Weges. Getroffene Entscheidungen auch gegen Widerstände durchzusetzen und den entsprechenden Willen zur Durchsetzung aufrechtzuerhalten, bringt auf Dauer Fokussierung, Energie, Stabilität und Sensibilität für die innere Führung. Und dies bedeutet, dass Ihnen Ihr Weg immer leichter fallen wird.

Erkenntnis 15:
Konsequenz fördert Persönlichkeit!

Je länger Sie Ihren eigenen Weg gehen, desto mehr gewinnen Sie an Persönlichkeit und Ausstrahlung – und dadurch werden immer mehr Menschen Ihnen, Ihrem Weg und Ihrem Ziel vertrauen.

Nicht umsonst sagen die meisten Menschen, nachdem sie ihr Ziel erreicht haben, dass es am Anfang sehr schwierig aussah. Jetzt aber, da Sie am Ziel sind, wundern Sie sich darüber, dass es doch einfacher war, als sie zu Beginn gefürchtet hatten. Dies ist darauf zurückzuführen, dass man innerlich wächst, wenn man sich einmal entschieden hat, neue Wege zu gehen. Das geschieht gänzlich von allein. Sie müssen nur die ersten Schritte tun: Sich entscheiden und unverzüglich zu handeln beginnen.

Entwicklungsbereitschaft
Geduld und Gelassenheit
Menschen verstehen
Menschen motivieren
Positive Ausstrahlung
Eigenmotivation
Selbstreflexion
Menschen für sich gewinnen
Selbstvertrauen

Der Mensch wächst mit seinen Aufgaben

Das Geheimnis liegt schlicht und einfach darin, eine Sache ins Laufen zu bringen. Ansonsten ergeht es Ihnen wie dem Skirennfahrer, der jahrelang trainiert hat und einen festen Siegeswillen hat – aber im entscheidenden Moment nicht zum Start kommt, weil er einfach zu viel Zeit damit vertrödelt hat, sich geistig auf die Strecke einzustellen.

→ **TIPP 16:** Wenn Sie das nächste Mal eine fremde Person treffen, bei der Sie das Gefühl haben, sie gerne kennenlernen zu wollen – sei es, weil Sie annehmen, dass berufliche Synergien entstehen könnten oder sei es aus rein privaten Gründen – so definieren Sie Ihre Absicht und handeln Sie einfach. Jede Überlegung, wie die angesprochene Person reagieren könnte, ist vollkommen sinnlos, weil Sie das erst wissen können, nachdem Sie gehandelt haben. Wenn Sie jedoch nicht handeln, werden Sie nur eines wissen: dass Sie eine Chance nicht genutzt haben.

»9 Trainingstipp to go

Streichen sie den Begriff »morgen« aus Ihrem Wortschatz. Formulieren Sie stattdessen genau definierte Zeiträume und Termine. Für sämtliche Tätigkeiten, die Sie zu verrichten haben, verwenden Sie den Zeitbegriff der Gegenwart. Sagen Sie niemals: »Ich werde es tun«, sondern immer nur »Ich tue es.« Auch wenn Sie die Tätigkeit gerade nicht ausführen, sind Sie doch bei der Formulierung »Ich tue es« zumindest in Gedanken dabei und haben so die Sache bereits in Angriff genommen, anstatt sie auf die lange Bank zu schieben.

→ **TIPP 17:** Wenn Sie Gespräche führen müssen, die Ihnen unangenehm sind, haben Sie prinzipiell zwei Möglichkeiten: Sie schieben den Zeitpunkt immer weiter hinaus und hoffen, dass sich die Sache von selbst erledigt, oder sie suchen die nächstmögliche Gelegenheit, um das klärende Gespräch zu führen. Sie werden sehr rasch feststellen, dass die Lösung für ein zwischenmenschliches Problem immer erst ab jenem Zeitpunkt in Sicht ist, an dem man die Sache angeht.

Das wichtigste Gut für Ihre private Zufriedenheit (und natürlich auch den beruflichen Erfolg) ist Ihre eigene persönliche Entwicklung. Diese kann jedoch nur dann erfolgen, wenn Sie Herausforderungen annehmen und die

Entwicklungsbereitschaft | Geduld und Gelassenheit | Menschen verstehen
Menschen motivieren | Positive Ausstrahlung | Eigenmotivation
Selbstreflexion | Menschen für sich gewinnen | Selbstvertrauen

Dinge in Angriff nehmen. Daher verschieben Sie keine der Herausforderungen Ihres Lebens auf später, denn damit würden Sie auch Ihre Entwicklung und Ihr Wachstum auf später verschieben. Handeln beginnt immer »jetzt«.

→ **TIPP 18:** Bei einer Aufgabenverteilung innerhalb eines Teams achten Sie darauf, dass nur eine kurze Projektzeit für die Vorbereitung und Analyse der Aufgaben und deren Machbarkeit angesetzt wird. Beschließen Sie von Anfang an einen fest definierten Zeitpunkt, um das Projekt zu beginnen. Zu viele Unternehmen und Manager von Teams verschwenden viel zu viel Zeit dafür, die Machbarkeit von Projekten zu analysieren, Unterlagen vorzubereiten sowie minutiös die Vor- und Nachteile abzuwägen. Wenn sie dann starten möchten, ist es oft zu spät oder die Motivation innerhalb des Teams ist durch die umständliche Vorbereitung bereits stark beeinträchtigt. So werden Projekte in Unternehmen oft schon von Beginn an torpediert – indem man sich viel zu lange Zeit lässt, um einen Beschluss zu fassen, statt die Dinge einfach in Angriff zu nehmen.

»10 Trainingstipp to go

Sicherlich waren auch Sie schon in Situationen, in denen Ihnen Ihre Gefühle eine andere Vorgangsweise empfohlen haben als Ihr Verstand. In solchen Momenten empfiehlt uns meist unser Gefühl eine Handlung, die wir intuitiv als richtig empfinden, von der uns jedoch unser Verstand mit allen möglichen Zweifeln abhält. In diesen Fällen definieren Sie Ihre Absicht, treffen die Entscheidung und nehmen die Sache in Angriff. Sie werden sich auf Dauer – auch wenn das eine oder andere nicht gewünschte Ereignis dabei eintreten sollte – mit Sicherheit besser fühlen und Ihre persönliche Entwicklung stärker forcieren, wenn Sie mehr handeln als zweifeln.

Business plus 4

Erstellen Sie – am besten schriftlich – Richtlinien und feste Werte (Zuverlässigkeit, Loyalität, Qualitätsbewusstsein, Ehrlichkeit, Pünktlichkeit usw.), nach denen Sie Ihre Karriere vorantreiben oder Ihr Unternehmen führen möchten. Prägen Sie sich die Parameter so fest ein, dass Sie diese jederzeit abfragen können. Kommt nun eine Frage oder Herausforderung auf Sie zu und Sie müssen eine Entscheidung treffen, können Sie – mit Ihren Werten und Parametern fest im Blick – zu

Entwicklungsbereitschaft	Geduld und Gelassenheit	Menschen verstehen
Menschen motivieren	Positive Ausstrahlung	Eigenmotivation
Selbstreflexion	Menschen für sich gewinnen	Selbstvertrauen

einem Entschluss kommen, zu dem Sie auch später stehen können. Sie ersparen sich damit viel Zeit und viele Momente der Unsicherheit. Stattdessen gehen Sie anhand Ihrer vorhandenen Richtlinien einen sicheren Weg. Das erzeugt Vertrauen und Sie sind in der Lage, alles wesentlich ruhiger und schneller in Angriff zu nehmen. Es ist nicht nur für Sie selbst, sondern auch für Ihre Mitspieler eine Orientierungshilfe.

→ **TIPP 19:** Haben Sie eine Entscheidung getroffen und etwas in Angriff genommen, so legen Sie sich und Ihre Kollegen/Mitarbeiter ebenfalls auf diesen Weg fest. Fragen Sie sich bei Schwierigkeiten während der Umsetzung niemals, ob der gewählte Weg überhaupt gehbar ist, sondern ausschließlich, wie die Umsetzung machbar ist. Zeigen Sie Ihren »Mitstreitern« auch ganz deutlich, dass alles, was man in Angriff genommen hat, nicht mehr in Frage zu stellen ist, das vergeudet wertvolle Ressourcen, stattdessen ist Kreativität beim Suchen des besten Weges für das Erreichen des Zieles gefragt.

→ **TIPP 20:** Lassen Sie es Ihre Kollegen/Mitarbeiter wissen, wenn Sie bewusst etwas nicht in Angriff nehmen, und geben Sie eine Begründung dafür. Dann weiß Ihr Umfeld, dass Sie bewusst handeln und die Handlung nicht aus Angst, Vergesslichkeit, Bequemlichkeit oder Ähnlichem unterlassen. Vergessen sie dabei nicht, dass etwas nicht in Angriff zu nehmen ganz genauso wertvoll ist, wie etwas in Angriff zu nehmen. Das Entscheidende dabei ist einzig und allein, dass Sie bewusst handeln, rasch eine Entscheidung treffen und, wenn Sie etwas beginnen möchten, das so schnell wie möglich tun. Denn es geht im Berufsleben nicht darum, möglichst viel zu tun, es geht darum, mit möglichst wenig Aufwand das Maximum zu erreichen (siehe Seite 75).

- Entwicklungsbereitschaft
- Geduld und Gelassenheit
- Menschen verstehen
- Menschen motivieren
- Positive Ausstrahlung
- Eigenmotivation
- Selbstreflexion
- Menschen für sich gewinnen
- Selbstvertrauen

Erkenntnis 16: Werden Sie zum »Macher«!

Zeigen Sie immer und überall auf, dass Sie klar und schnell entscheiden. Liefern Sie für all Ihre Entscheidungen Begründungen. Dann werden Sie bald als »Macher« gelten. Ihr Umfeld wird wissen: Was Sie sagen, machen Sie auch und was Sie angehen, wird auch etwas. Das unterscheidet Sie positiv vom »Unterlasser«, auf den man sich nicht verlassen kann.

Eine kleine Zusammenfassung

→ Entscheiden Sie bewusst. Die bewusste Entscheidung steht am Anfang des Prozesses und ist der Startschuss für einen erfolgreichen »Angriff« auf Ihr Ziel.
→ Entscheiden Sie rasch. Eine schnelle Entscheidung ist, welche Sie von Zauderern und Zweiflern unterscheidet.
→ Beginnen Sie sofort. Auch wenn die Vorbereitung noch nicht ganz abgeschlossen ist. Legen Sie los, sobald der Weg klar ist und die ersten Ressourcen (beispielsweise Zeit, Geld, Fähigkeiten) vorhanden sind.
→ Zeigen Sie Wille zur Durchsetzung. Schon mit der Entscheidung, eine Sache in Angriff zu nehmen, muss der eindeutige Wille zur Durchsetzung der Handlung vorhanden sein.

MEIN WEG

»Zu allen Zeiten und in allen Bereichen meines Lebens treffe allein ich bewusst die Entscheidung, ob ich etwas in Angriff nehme oder nicht. Habe ich mich für ein Ziel entschieden, beginne ich unverzüglich mit dem Handeln und setze es kontinuierlich mit aller Kraft und gegen alle Widerstände durch.«

Entwicklungsbereitschaft
Geduld und Gelassenheit
Menschen verstehen
Menschen motivieren
Positive Ausstrahlung
Eigenmotivation
Selbstreflexion
Menschen für sich gewinnen
Selbstvertrauen

Trainieren Sie das Gesetz des Angriffs

Mit den folgenden fünf Übungen können Sie das Gesetz des Angriffs trainieren und so üben, bewusst und aktiv zu handeln. Tragen Sie Ihre Erkenntnisse und Ergebnisse in die Check-up-Liste auf Seite 106 ein.

16

→ Übung 16 | Verschiebetaktik

Nehmen Sie sich ein leeres Blatt Papier und einen Stift. Notieren Sie etwas, das Sie kurzfristig morgen machen möchten (zum Beispiel, das Auto waschen, Verwandte besuchen, ausmisten …). Schreiben Sie oben groß als Überschrift hin: »MORGEN« – und legen Sie den Zettel in eine Schublade.

Schauen Sie ab jetzt täglich in die Schublade, lesen Sie, was auf Ihrem Blatt steht und befolgen Sie brav die Anweisung (nämlich, es MORGEN zu machen). Wenn Sie ein Gefühl von Sinnlosigkeit bekommen, machen Sie sich klar, dass Sie es genauso jahrelang mit verschiedensten Dingen praktiziert haben. Und dann fragen Sie sich, ob Sie das wirklich weiterhin so handhaben möchten.

17

→ Übung 17 | To-Do-Liste I

Fertigen Sie eine Liste mit jenen Dingen an, die Sie, rein privat, schon länger tun wollten, zu denen Sie aber noch nicht gekommen sind.

Suchen Sie sich einen Punkt der privat unerledigten Sachen auf der Liste aus und nehmen Sie das HEUTE in Angriff.

Notieren Sie dann, wie Sie diese Sache erledigt und wie Sie sich dabei gefühlt haben.

18

➔ Übung 18 | To-Do-Liste II

Fertigen Sie eine Liste mit jenen Dingen an, die Sie sich rein beruflich schon länger vorgenommen, die Sie aber bislang noch nicht in Angriff genommen haben.
Suchen Sie sich einen Punkt aus der Liste der privat unerledigten Sachen und nehmen Sie diesen HEUTE in Angriff.
Notieren Sie dann, wie Sie diese Sache erledigt und wie Sie sich dabei gefühlt haben.

19

➔ Übung 19 | Talk, talk, talk

Sprechen Sie eine Ihnen völlig fremde Person an. Einfach so. Ohne nachzudenken und ohne die Person gezielt auszuwählen. Nehmen Sie sich einen bestimmten Ort vor (Bushaltestelle, Parkplatz, Büroeingang …) und sprechen Sie die erste (!) Person an, die Sie dort treffen. Egal wer das ist. Einfach loslegen. Verwickeln Sie diese in ein Gespräch, das zumindest zwei Minuten dauern sollte (nicht nur nach der Uhrzeit fragen).

20

➔ Übung 20 | Quickie

Nehmen Sie eine ungeliebte Arbeit oder Tätigkeit im Beruf in Angriff und erledigen Sie diese so schnell wie möglich. Belohnen Sie sich am Abend oder nach der Erledigung mit einer Kleinigkeit (zum Beispiel mit einem Stück Torte in Ihrem Lieblingscafé, beim Tanzen oder Ausgehen mit Freunden …).

Das Gesetz des Angriffs

CHECK UP

→ ÜBUNG 16: VERSCHIEBETAKTIK

Haben Sie diese Übung gemacht? ○ Ja ○ Nein

Hat Ihnen diese Übung einen Erfolg gebracht? ○ Ja ○ Nein

Wie oft haben Sie die Übung wiederholt? ___ mal.

IHR PERSÖNLICHES FAZIT:

....

....

→ ÜBUNG 17: TO-DO-LISTE I

Haben Sie diese Übung gemacht? ○ Ja ○ Nein

Hat Ihnen diese Übung einen Erfolg gebracht? ○ Ja ○ Nein

Wie oft haben Sie die Übung wiederholt? ___ mal.

IHR PERSÖNLICHES FAZIT:

....

....

→ ÜBUNG 18: TO-DO-LISTE II

Haben Sie diese Übung gemacht? ○ Ja ○ Nein

Hat Ihnen diese Übung einen Erfolg gebracht? ○ Ja ○ Nein

Wie oft haben Sie die Übung wiederholt? ___ mal.

IHR PERSÖNLICHES FAZIT:

....

....

→ ÜBUNG 19: TALK, TALK, TALK

Haben Sie diese Übung gemacht? ○ Ja ○ Nein

Hat Ihnen diese Übung einen Erfolg gebracht? ○ Ja ○ Nein

Wie oft haben Sie die Übung wiederholt? ___ mal.

IHR PERSÖNLICHES FAZIT:

....

....

→ ÜBUNG 20: QUICKIE

Haben Sie diese Übung gemacht? ○ Ja ○ Nein

Hat Ihnen diese Übung einen Erfolg gebracht? ○ Ja ○ Nein

Wie oft haben Sie die Übung wiederholt? ___ mal.

IHR PERSÖNLICHES FAZIT:

....

....

5

DAS GESETZ DES VERTRAUENS

Vertrauen ist ein großes Wort und zugleich auch eine echte Herausforderung. Wer ein gesundes Selbstvertrauen hat, der wirkt authentisch und kommt definitiv leichter durchs Leben. Anderen Menschen Vertrauen zu schenken ist noch einmal ein anderes Kapitel. Denn Erfahrungen und Enttäuschungen fördern Misstrauen. Die richtige Balance zwischen beiden Aspekten zu finden, zeigt Ihnen dieses Kapitel.

+ Partnerschaft
+ Freunde und Bekannte
+ Business und Beruf

SELBSTTEST

Wie viel Selbstvertrauen haben Sie?

Mit dem Selbstbewusstsein ist es so eine Sache – die einen haben zu wenig, die anderen zu viel davon! Finden Sie heraus, ob es für Sie Handlungsbedarf gibt …

Haben Sie das Gefühl, dass es Menschen gibt, mit denen Sie »noch eine Rechnung offen haben«?

1
- O Ja, die gibt es.
- O Nein, ich bin nicht nachtragend.

Stellen Sie sich vor, Sie wären noch mal 18 Jahre alt. Würden Sie Ihr Leben komplett anders angehen?

2
- O Ja, ich denke oft darüber nach.
- O Nein, warum sollte ich?

Ist es Ihnen unangenehm, auf eine Party zu gehen, wo Sie außer dem Gastgeber niemanden kennen?

3
- O Ja, da fühle ich mich unwohl.
- O Nein, das ist doch spannend.

Hätten Sie gern einen Doktortitel?

4
- O Ja O Nein

Finden Sie es ärgerlich, wenn jemand zu Ihnen sagt: »Du bist ja wie deine Mutter/dein Vater!«?

5
- O Ja, das finde ich ärgerlich.
- O Nein, das sehe ich als Kompliment.

Sie sind im Ausland und beherrschen die Landessprache nicht. Haben Sie Bedenken, dass man Sie übers Ohr haut?

6
- O Ja, das kann schon vorkommen.
- O Nein, davon gehe ich nicht aus.

SELBSTTEST

7 **Wenn in größerer Runde plötzlich Gelächter ausbricht, haben Sie dann oft das Gefühl, dass es dabei um Sie geht?**

- O Ja, manchmal beschleicht mich dieses Gefühl.
- O Nein, die können mich nicht meinen.

8 **Die Sterne stehen schlecht. Lassen Sie sich von Horoskopen beeinflussen?**

- O Ja, auch wenn ich mir vornehme, nichts darauf zu geben.
- O Nein, dadurch lass' ich mir die Laune nicht verderben.

9 **Jedem Trend hinterher oder ganz Individualist? Orientieren Sie sich persönlich an In- und Out-Listen, Bestseller-Versprechen und ähnlichen Rankings?**

- O Ja, da schaue ich schon genauer hin.
- O Nein, ich bilde mir meine eigene Meinung.

10 **Mal angenommen, Sie werden mit einem Projekt betraut, das viel Kreativität und Diskretion verlangt. Tauschen Sie sich trotzdem mit einer Person Ihres Vertrauens aus?**

- O Ja, aber ohne Details zu nennen.
- O Nein, ich halte mich strikt an die Spielregeln.

11 **Nehmen Sie es mit Terminabsprachen nicht so genau?**

- O Ja, ich gelobe Besserung.
- O Nein, ich bin immer fünf Minuten früher da.

12 **Ertappen Sie sich öfter dabei, dass Sie mehr versprechen als Sie halten können?**

- O Ja, das kann vorkommen.
- O Nein, ich bin mit Versprechungen eher zurückhaltend.

13 **Haben Sie schon mal heimlich die SMS Ihrer Freundin/Ihres Freundes gelesen?**

- O Ja, ich gestehe, das habe ich.
- O Nein, das würde ich nie tun.

AUSWERTUNG

Wie oft haben Sie mit »Ja« geantwortet?

0 BIS 1-MAL JA (A)

Sie verfügen über ein ausgezeichnetes Selbstvertrauen und machen auf andere den Eindruck einer authentischen Persönlichkeit. Sie kennen Ihre Stärken und nutzen Sie, um Ihre Schwächen auszugleichen. Sich selbst zu vertrauen ist eine Gabe, die häufig mit gewisser Disziplin und Eigenverantwortung einhergeht. Wer sich selbst vertraut, der kann auch anderen Vertrauen schenken.

2 BIS 4-MAL JA (B)

Ja, Sie kennen Ihre Schwächen und arbeiten daran. Ihr Selbstvertrauen trägt Sie über viele Stolperfallen hinweg, aber hin und wieder steht doch ein Fettnäpfchen parat. Wahrscheinlich sind sie nicht ganz frei von Neid und Selbstzweifel, aber die seltenen Attacken kriegen Sie durch Selbsterkenntnis ganz gut in den Griff. Und weil Sie selbst am besten wissen, woran es hapert, arbeiten Sie daran.

5 BIS 7-MAL JA (C)

Ihr Selbstvertrauen musste in der Vergangenheit wahrscheinlich schon einige herbe Enttäuschungen verkraften – und diese Erfahrungen wirken nach. Es wäre allerdings fatal, wenn Sie in der daraus resultierenden Schockstarre noch länger verharren – denn Sie können es doch, also rein theoretisch. Versuchen Sie, vergangene Erlebnisse aufzuarbeiten und legen Sie dadurch den Grundstein für künftiges Selbstvertrauen.

8 BIS 13-MAL JA (D)

Sie vertrauen weder sich selbst noch anderen. Das ist keine glückliche Ausgangsposition für ein zufriedenes Leben. Sie agieren noch allzu oft gegen Ihre Intuition und fühlen sich von so vielen Zwängen und Verpflichtungen gefangen, dass es Ihnen schier die Luft zum Atmen nimmt. Da hilft nur ein RESET. Finden Sie heraus, wer oder was diese Unsicherheit bedingt oder fördert. Unter Umständen ist es nötig, sich von bestimmten Dingen oder Menschen zu trennen, um eine Entwicklung zu mehr Selbstvertrauen in Gang zu bringen.

Das Gesetz des Vertrauens

Vertrauen ist der Anfang von allem. Und doch scheitern viele Menschen genau daran – an mangelndem Vertrauen. Sie haben kein Vertrauen in die anderen, kein Vertrauen in die Gesellschaft und – was am schlimmsten ist – kein Vertrauen zu sich selbst. Vertrauen ist jedoch die Grundlage für jedes erfolgreiche Handeln und die Basis für Zufriedenheit. Anstatt zu vertrauen, wählen die meisten Menschen eine andere Strategie: Sie gehen Problemen aus dem Weg und versuchen so, ihr Ziel zu erreichen. Stellen Sie sich also lieber vor: Es ist möglich! Denn was Sie sich vorstellen können, ist viel leichter umsetzbar.
Vertrauen funktioniert aber auch anders herum: Vertraut man Ihnen? Ein Gradmesser für Vertrauen ist Verlässlichkeit. Wer sich selbst vertraut und für andere verlässlich ist, hat den Schlüssel in der Hand, alles zu erreichen, was er möchte.

Vertrauen vs. Zweifel

Es gibt Menschen, die sich bewusst sind, dass sie für sich selbst die Verantwortung zu übernehmen haben, die bereit sind, auf die richtige Art zu lernen, die den festen Willen haben, ihr Ziel zu erreichen; die sich aktiv entscheiden und sofort handeln – und die trotzdem scheitern. Was läuft da nicht richtig?
Kennen Sie Menschen, die allem und jedem ständig misstrauen? Die ständig davon ausgehen, dass sowieso alles schief geht? Diese Menschen sind sich zumeist selbst im Weg und können, auch wenn sie die vorangegangenen vier Gesetze beherzigen, niemals erfolgreich werden.
Menschen haben hin und wieder Zweifel, das ist vollkommen normal. Am meisten zweifeln Sie an sich selbst und trauen sich gewagte Dinge nicht zu. Statt sich selbst das Gegenteil zu beweisen, nämlich dass Sie es mit vollem Einsatz schaffen könnten, geben Sie lieber auf und vermeiden jegliches Risiko. Damit versäumen Sie auch, was Sie auf dem Weg zum Ziel alles gelernt hätten, Sie verpassen eine große Chance, sich weiterzuentwickeln. Zweifel sind gesund, ebenso wie die Angst, solange Sie uns nicht beherrschen. Und Zweifel oder Bedenken sind noch lange kein Grund, ein Ziel nicht trotzdem einfach anzugehen! Natürlich kann immer etwas schief gehen, muss es aber nicht.

Eigenmotivation	Innere Stärke	Selbstvertrauen
Selbstdisziplin	Selbstreflexion	Menschen verstehen
Positive Ausstrahlung	Menschen für sich gewinnen	Geduld und Gelassenheit

Erkenntnis 17: Voller Zweifel ist kein erfolgreicher Weg möglich.

Wer im ständigen Zweifel, mit quälenden Gedanken und dem Misstrauen gegenüber allem und jedem lebt, dem ist es unmöglich, eine positive Entwicklung zu vollziehen, geschweige denn, einen erfolgreichen Weg zu gehen.

Wir sind geprägt von Phrasen wie »Vertrauen ist gut, Kontrolle ist besser«, »realistisch bleiben«, »bescheiden sein«, »sich nicht selbst überschätzen« und ähnlichem Unsinn. Kein Wunder, dass wir voller Zweifel sind. Nun wissen wir aber, dass diese Zweifel, dieses Misstrauen sich selbst und anderen gegenüber völlig unberechtigt sind. Denn alles, was Ihnen passieren kann, sind persönliche Folgen und Konsequenzen, die Sie sich so nicht auf Ihrem persönlichen Weg wünschen. Sie wissen aber auch, dass Sie diese benötigen, um dazu zu lernen, zu korrigieren und Ihren Weg zu Ihrem persönlichen Ziel zu finden.

Es ist unerlässlich, eine positive Gemüts- und Gedankenbasis herzustellen, um die gesamte verfügbare Energie auf die Bewältigung der eigenen Entwicklung konzentrieren zu können. Denn ganz wesentlich für das Erreichen der gesetzten Ziele ist das Vertrauen in die persönlichen Fähigkeiten und das Vertrauen in die Machbarkeit des Weges.

So wie wir aber uns selbst und der Machbarkeit unseres Weges vertrauen müssen, müssen wir auch unserem gesamten Lebensumfeld bis zu einem gewissen Grad vertrauen. Denn wenn wir ständig nachforschen müssten, ob alle von uns angenommenen Fakten auch zutreffen, bliebe uns keine Zeit mehr, unseren persönlichen Weg zu gehen.

Wie weit man dem Lebensumfeld jedoch vertraut, muss wiederum im Einzelfall aktiv entschieden werden. Wir können zum Beispiel einer Vorhersagbarkeit naturgesetzlicher Abläufe vertrauen (zum Beispiel den Jahreszeiten, der Schwerkraft …). Wir können aber nicht auf die Vorhersagbarkeit chaotisch auftretender Ereignisse vertrauen (zum Beispiel Unfall, Unwetter, Erdbeben, Vulkanismus …).

Generell vertrauen wir auf die Sicherheit der von uns entwickelten Technologien. Ohne dieses Vertrauen wäre es uns nicht möglich, solche Technologien

Eigenmotivation	Innere Stärke	Selbstvertrauen
Selbstdisziplin	Selbstreflexion	Menschen verstehen
Positive Ausstrahlung	Menschen für sich gewinnen	Geduld und Gelassenheit

tatsächlich zu nutzen. Trotzdem müssen wir uns hier über die dennoch bestehenden Risiken im Klaren sein und diese bei den Entscheidungen über die Nutzung einer Technologie berücksichtigen. Genauso verhält es sich mit der Vorhersehbarkeit gesellschaftlicher und politischer Entwicklungen. In diese muss man – bis zu einem gewissen Grad – vertrauen, sonst kommt man überhaupt nicht von der Stelle.

In allen diesen Bereichen ist es jedoch Ihre individuelle Entscheidung, inwieweit Sie wem vertrauen. Denn wenn Sie Ihren persönlichen Fähigkeiten, der Gangbarkeit Ihres persönlichen Weges und Ihrem Umfeld in dem von Ihnen entschiedenen Bereich vertrauen, dann werden Sie feststellen, dass Sie wesentlich klarer sehen, auf was Sie achten müssen. Beispielsweise werden Sie mögliche Gefahrenquellen viel früher und konkreter erkennen. Ihre allgemeinen Zweifel, die quälenden Gedanken und Ihr prinzipielles Misstrauen werden verschwinden, weil es keinen Grund mehr dafür gibt.

Eigenmotivation	Innere Stärke	Selbstvertrauen
Selbstdisziplin	Selbstreflexion	Menschen verstehen
Positive Ausstrahlung	Menschen für sich gewinnen	Geduld und Gelassenheit

Erkenntnis 18:
Wer Vertrauen hat, kennt keine Zweifel!

Vertrauen ist die Basis Ihrer Tätigkeit und auch hier müssen Sie sich aktiv und bewusst entscheiden – und zwar FÜR das Vertrauen. Wenn Sie sich dafür entschieden haben, gibt es keinen Grund mehr für Zweifel.

Zweifellos – vertrauensvoll

Vertrauen ist die Grundlage für jedes erfolgreiche Handeln und die Basis für Zufriedenheit. Und dabei geht es nicht nur darum, mehr zu erreichen, sondern vor allem darum, unsere Persönlichkeit zu entwickeln und an Ausstrahlung zu gewinnen. Ein Mensch, der sich selbst nur wenig zutraut, wird über eine andere Ausstrahlung verfügen als jemand, der voller Selbstvertrauen ist. Eine Person, die ständig Zweifel an jedem und allem hat, wird anders auf seine Mitmenschen wirken als jemand, der den Menschen in seiner Umgebung vertraut und ihnen dies auch zeigt. Wählen Sie selbst, welche Persönlichkeit und Ausstrahlung Sie gerne hätten, wie Sie gerne auf Ihre Umgebung wirken möchten. Und bedenken Sie dabei das Gesetz der Verantwortung!

Oft kommen wir soweit, dass wir ein Ziel anvisieren, uns entscheiden und auch tatsächlich zu handeln beginnen. Wenn wir dann aber nicht an unsere persönlichen Fähigkeiten glauben, wenn wir es selbst nicht für möglich halten, uns in diesem Gebiet durchzusetzen, wenn wir voller Misstrauen gegenüber allem und jedem sind, dann geben wir unseren Weg nach relativ kurzer Zeit auf – ohne es wirklich zu versuchen.

Sie werden sehen, wenn Sie sich etwas vorstellen können, ist es viel leichter möglich. Genauso ist es mit dem Vertrauen. Wenn Sie an etwas glauben und sich darauf verlassen, ist das schon die halbe Miete.

Umgekehrt aber ist es einfach unmöglich, dass Sie etwas erreichen, wenn Sie es sich nicht einmal selbst vorstellen können – etwas, an das nicht einmal Sie selbst glauben. Ohne Vertrauen werden Sie sich immer wieder nur Bestätigungen für Ihre Zweifel holen.

Eigenmotivation	Innere Stärke	Selbstvertrauen
Selbstdisziplin	Selbstreflexion	Menschen verstehen
Positive Ausstrahlung	Menschen für sich gewinnen	Geduld und Gelassenheit

»11 Trainingstipp to go

Das Ergebnis jeden Ausweichens wird aber sein, dass wir nicht nur unser Ziel aus den Augen, sondern auch an Stärke verlieren. Das bedeutet: Wir verlieren immer mehr an Ausstrahlung und Persönlichkeit und der Glaube an uns selbst wird geschwächt.

Stellen Sie sich doch bitte einmal mit ausgestrecktem Arm hin. Machen Sie eine Faust und strecken Sie den Daumen nach oben. Drehen Sie nun mit ausgestrecktem Arm den Daumen auf die Seite nach außen. Drehen Sie soweit Sie kommen und merken Sie sich den Punkt, an dem Sie mit dem Daumen angelangt sind. Dann drehen Sie ihn wieder zurück in die Ausgangsposition und schließen Sie bitte die Augen.

Nun gehen Sie im Geiste – mit geschlossenen Augen – noch einmal den ganzen Weg entlang, den Ihr Daumen vorher gegangen ist. Sie kommen im Geiste an dem Punkt an, den Sie sich vorher gemerkt haben und gehen nun in Gedanken mit dem Daumen über diesen Punkt hinaus. Drehen Sie in Ihrer Vorstellung den Daumen ein Stückchen weiter. Nun gehen Sie in Gedanken wieder zurück und wenn Sie an der Ausgangsposition angekommen sind, öffnen Sie die Augen.

Wiederholen Sie die Übung jetzt bitte mit geöffneten Augen. Beobachten Sie, wie weit Sie nun kommen.

Werden Sie ein Mensch, dem man vertraut!

Nun besteht dieses Gesetz aber auch noch aus einem zweiten Teil, der im Allgemeinen viel zu wenig beachtet wird. Man muss nicht nur vertrauen, sondern auch genügend Anlass dafür geben, dass einem vertraut wird!

Nicht nur ich muss mir meines sozialen Umfeldes sicher sein, dieses muss sich auch auf mich verlassen können. Ich muss für die Gesellschaft ein sicherer, kalkulierbarer Faktor sein, denn nur dann wird mein Umfeld mir vertrauen.

Welchen Weg wir auch gehen, wir sind immer auf das Zusammenspiel mit anderen Menschen angewiesen. Das Vertrauen unseres Umfeldes in unsere Person ist absolut unerlässlich für das Erreichen unseres Zieles.

- Eigenmotivation
- Innere Stärke
- Selbstvertrauen
- Selbstdisziplin
- Selbstreflexion
- Menschen verstehen
- Positive Ausstrahlung
- Menschen für sich gewinnen
- Geduld und Gelassenheit

Erkenntnis 19: Vertrauen und Verlässlichkeit bringen Sie Ihrem Ziel näher.

Nur wenn man Ihnen vertrauen und sich auf Sie verlassen kann, wird man Sie in Abläufe einbinden, die Sie Ihrem Ziel näher bringen. Nur dann können Sie andere Menschen – mit Aussicht auf Erfolg – bitten, Sie bei Ihrem Weg zu unterstützen, beziehungsweise diese gänzlich in Ihren Weg einbinden.

Wie erreichen Sie nun, dass Ihnen Ihr Umfeld vertraut? In erster Linie gilt hier das Gebot der Verlässlichkeit.

Viel zu oft erleben wir, dass es einen Unterschied gibt, zwischen dem, was Menschen sagen, und dem, was Menschen tun. Ich nenne das: die gelogene Differenz. Und auch wenn es nur Kleinigkeiten sind – zum Beispiel einen Anruf zu einer bestimmten Zeit anzukündigen, dann aber nichts von sich hören zu lassen – so schüren diese gelogenen Differenzen doch ständig das Misstrauen. Wenn der Mensch aber immer das tut, was er sagt und das auch bei den kleinen Dingen des täglichen Lebens (denn besonders diese Kleinigkeiten sind es, die sehr rasch ein Gesamtbild ergeben), bekommt er mit der Zeit den Ruf, ein zuverlässiger Mensch zu sein. Ein Mensch, auf den man sich verlassen kann, ein Mensch, dem man vertrauen kann. Und dies bedeutet allgemein einen nicht zu unterschätzenden Wettbewerbsvorteil.

Fragen Sie sich selbst, mit wem Sie lieber ein Ziel anvisieren möchten, mit wem Sie lieber Geschäfte machen, wen Sie lieber als Freund haben möchten: Mit jemandem, der sich an das hält, was er verspricht, oder mit jemandem, bei dem Sie immer wieder eine gelogene Differenz feststellen?

Sie werden feststellen, dass sich auch dadurch Ihre Persönlichkeit und Ihre Ausstrahlung sehr stark und positiv entwickeln. Und das wirkt sich auf alle Lebensbereiche aus.

Eigenmotivation	Innere Stärke	Selbstvertrauen
Selbstdisziplin	Selbstreflexion	Menschen verstehen
Positive Ausstrahlung	Menschen für sich gewinnen	Geduld und Gelassenheit

Erkenntnis 20: I walk what I talk!

Vertrauen Sie also nicht nur sich selbst, Ihrem Weg, Ihrem Umfeld, sondern präsentieren Sie sich selbst auch Ihrem Umfeld als einen Menschen, dem man vertrauen kann. Leben Sie ab sofort nach dem Motto »I walk what I talk« – Ich lasse auf Worte Taten folgen!

→ TIPP 21: ERZIEHUNG

Wenn Sie Kinder haben, sollten Sie bei deren Erziehung mit der Anwendung dieses Gesetzes beginnen. Das bedeutet, dass Sie so wenig wie möglich »Verneinungen und Herabsetzungen« verwenden und versuchen, sowohl Ihre Aufmerksamkeit als auch die des Kindes auf seine Stärken zu lenken. Dazu gehört aber auch, dass Sie es nur loben, wo es ernsthaft etwas zu loben gibt. Wenn Sie ohne guten Grund loben, wird das Kind nicht seine Stärken kennenlernen und selbstbewusst sein, sondern wird rasch unter Selbstüberschätzung leiden. Ebenso gehört es dazu, Ihrem Kind zu zeigen, wie sehr es Ihnen vertrauen kann und wie sehr Sie ihm vertrauen. Es wird lernen, wie wichtig dieses gegenseitige Vertrauen ist.

→ TIPP 22: PARTNERSCHAFT

In einer Lebensgemeinschaft zeigen Sie Ihrem Partner, dass Sie ihm vertrauen und dass er Ihnen vertrauen kann. Wenn Sie spüren, dass Misstrauen in Ihnen aufkommt, sprechen Sie Ihren Partner darauf an und bitten Sie ihn, Ihnen zu helfen, Ihr Vertrauen in ihn zu stärken, indem er Ihnen Dinge erklärt, die Sie nicht verstehen oder glauben können. Seien Sie sich darüber klar – und machen Sie dies auch Ihrem Partner bewusst –, dass Vertrauen eine Stärke ist, die langsam wachsen muss. Sie kann allerdings nur wachsen, wenn man sie dauerhaft pflegt.

→ TIPP 23: FREUNDE UND BEKANNTE

Ihren Freunden und Bekannten gegenüber sollten Sie unbedingt – sofern Sie dies nicht schon längst tun – alle gegebenen Zusagen einhalten. Dies beginnt bei Terminen (Pünktlichkeit!), erstreckt sich auf Tätigkeiten (Verlässlichkeit!) und

Eigenmotivation	Innere Stärke	Selbstvertrauen
Selbstdisziplin	Selbstreflexion	Menschen verstehen
Positive Ausstrahlung	Menschen für sich gewinnen	Geduld und Gelassenheit

beinhaltet vor allem konsequentes Verhalten. Lassen Sie Ankündigungen auch Taten folgen (walk what you talk!). Auf diese Art werden Sie den Ruf eines verlässlichen, konsequenten, ernst zu nehmenden Menschen haben. Und dies unterscheidet Sie vorteilhaft von den vielen »Plaudertaschen« und »Unzuverlässigen«. Entsprechend gewinnen Sie an Persönlichkeit und Ausstrahlung.

»12 Trainingstipp to go

Wenn Sie jemandem – ganz gleich, ob Kollege, Mitarbeiter, Vorgesetzter, Kunde oder Lieferant – einen Termin zusagen, dann halten Sie ihn exakt ein! Ob dies nun ein Telefonat, eine Mail, ein Brief, die Abgabe einer Arbeit, ein persönlicher Termin oder etwas anderes ist. Sie werden auf Dauer nur durch die Anwendung dieser im Prinzip ja ganz einfachen Regel den Ruf eines verlässlichen Partners bekommen.

→ TIPP 24: Konzentrieren Sie sich bei allem, was Sie tun, ausschließlich auf Ihre Stärken. Denn wenn Sie sich mit Ihren Schwächen beschäftigen, werden diese immer stärker, je mehr Sie daran denken. Legen Sie niemals eine Schwäche ab, sondern gewöhnen Sie sich stattdessen eine neue, entsprechende Stärke an. Umso mehr Sie sich Ihrer Stärken bewusst sind, desto mehr werden Sie diese einsetzen können. Und umso sicherer werden Sie an alle Situationen herangehen. Daraus wiederum entsteht jene Lockerheit, die Kraft und Können bringt.

Tun Sie nur das, woran Sie auch glauben können. Es ist nicht alles möglich, woran Sie glauben – aber es ist mit Sicherheit unmöglich für Sie, etwas zu erreichen, woran Sie selbst nicht glauben. Und denken Sie in diesem Zusammenhang stets an das Gesetz der Verantwortung: Menschen nehmen Sie so wahr, wie Sie sich geben. Und Sie geben sich entsprechend Ihrer inneren Einstellung, entsprechend dem, was Sie glauben.

→ TIPP 25: FREUNDE UND BEKANNTE

Zweifeln Sie nicht an Ihren Mitarbeitern und Kollegen. Und vor allem: Zeigen Sie dies keinesfalls! Denn wenn Ihr Umfeld spürt, dass Sie eigentlich gar keine gute Leistung erwarten und nicht an die Verlässlichkeit Ihrer Mitmenschen glauben – dann werden diese in der Regel auch nicht motiviert sein, Leistung und Verlässlichkeit zu zeigen. Denn wo kein Vertrauen vorhanden ist, braucht man auch keines rechtfertigen.

Eigenmotivation	Innere Stärke	Selbstvertrauen
Selbstdisziplin	Selbstreflexion	Menschen verstehen
Positive Ausstrahlung	Menschen für sich gewinnen	Geduld und Gelassenheit

Geben Sie Ihren Mitarbeitern und Kollegen unbedingt das Gefühl, dass Sie ihnen vertrauen. Suggerieren Sie, dass Sie nur beste Leistung erwarten sowie jedes Wort aus deren Mund für bare Münze nehmen – und zwar nicht, weil Sie ein Tyrann oder ein Naivling sind, sondern weil Sie Ihre Mitarbeiter und Kollegen hoch schätzen und wissen, dass diese immer beste Leistung bringen und stets absolut verlässlich sind. Gelingt es Ihnen, dieses Gefühl richtig zu vermitteln, werden die Menschen in Ihrem Umfeld zu Höchstleistung auflaufen und sehr verlässlich sein.

Wichtig ist bei all diesen Punkten, dass Sie sich bereits bei Übernahme einer Aufgabe, schon bei Vereinbarung eines Termins, genau überlegen: »Kann ich die vorgegebene Zeit einhalten? Will ich die Aufgabe überhaupt übernehmen?« Denn zum Großteil entsteht die Unzuverlässigkeit unserer Mitmenschen aus der weit verbreiteten Unsitte, schnell mal etwas zuzusagen, wenn man danach gefragt wird. Um im Moment »gut da zu stehen«, sagt man einer Arbeit, einem Termin zu – und überlegt erst später, wie man denn das eigentlich schaffen soll.

Business plus 5

Um sich selbst zur Termintreue zu motivieren beziehungsweise sich an Termine zu erinnern (und ganz nebenbei auch Ihr Umfeld geschickt auf Ihre besondere Verlässlichkeit aufmerksam zu machen), können Sie ganz konkrete, besondere Termine wählen. So zum Beispiel statt 15.30 Uhr (was üblich wäre), einfach 15.27 Uhr (merkt sich jeder). Oder statt »in zwei Tagen ist das erledigt«, sagen Sie beispielsweise: »Ich hab es mir genau angeschaut. In 42 Stunden kann ich es erledigen.« Tragen Sie Ihre Termine dann aber bitte auch so genau in Ihren Zeitplan ein. Sie werden sich besser daran erinnern (und auch Ihr Umfeld wird auf Ihre Verlässlichkeit und Termintreue aufmerksam).

Viele Menschen haben Ihr Leben lang unnötige Schwierigkeiten, nur weil Sie nie gelernt haben, »Nein« zu sagen. Sagen Sie einen Termin, eine Arbeit, was auch immer nur zu, wenn Sie vorher bewusst überlegt und entschieden haben!

- Eigenmotivation
- Innere Stärke
- Selbstvertrauen
- Selbstdisziplin
- Selbstreflexion
- Menschen verstehen
- Positive Ausstrahlung
- Menschen für sich gewinnen
- Geduld und Gelassenheit

Vertrauensbildende Maßnahmen

Das Gesetz des Vertrauens basiert auf dem Prinzip des Gebens und Nehmens. Es kommt also – zusammenfassend – auf beide Ebenen an:

➜ **Vertrauen haben!** Vertrauen Sie sich selbst. Vertrauen Sie Ihren Fähigkeiten und Ihrem Weg. Und trauen Sie sich, ebenfalls Ihrem Umfeld zu vertrauen und zeigen Sie dieses Vertrauen auch! Gehen Sie ruhig und selbstbewusst durchs Leben. Vermitteln Sie Ihren Mitmenschen, dass Sie ihnen vertrauen und nur das Beste von ihnen erwarten. Gehen Sie immer davon aus, dass Sie das, was Sie möchten, auch schaffen und dass Sie von Ihren Mitmenschen beste Leistung und absolute Verlässlichkeit erwarten. Klar, Sie werden manchmal »enttäuscht« werden. Doch eine »Enttäuschung« ist nichts anderes als das »Ende einer Täuschung«. Akzeptieren Sie dies und vertrauen Sie eben diesen speziellen Men-

- Eigenmotivation
- Innere Stärke
- Selbstvertrauen
- Selbstdisziplin
- Selbstreflexion
- Menschen verstehen
- Positive Ausstrahlung
- Menschen für sich gewinnen
- Geduld und Gelassenheit

schen in Zukunft weniger – doch lassen Sie sich keinesfalls durch einzelne Menschen Ihr Vertrauen in sich selbst und in Ihre Mitmenschen zerstören. Denn dann hätte ein solcher Mensch Sie nicht nur einmal »enttäuscht«, sondern dann hätten Sie auch zugelassen, dass er Ihnen einen Teil Ihrer positiven Zukunft stiehlt. Bewahren Sie sich Ihr Vertrauen – es ist eine wesentliche Kraft und somit immens wichtig für Ihre private Zufriedenheit und Ihren beruflichen Erfolg.

→ **Vertrauen geben!** Seien Sie Ihrem Umfeld, Ihren Mitmenschen ein verlässlicher Partner. Wenn Sie etwas sagen, so darf es ausschließlich die reine Wahrheit sein. Wenn Sie etwas ankündigen, dann muss es auch so geschehen oder – wenn sich etwas an den Voraussetzungen ändert – stehen Sie offen dazu, dass Sie die Vereinbarung nicht einhalten können. Vereinbaren Sie Dinge nur dann, wenn Sie diese auch halten können und wollen. Entscheiden Sie immer bewusst, bevor Sie etwas zusagen, und lassen Sie sich mit Zusagen Zeit. Betrachten Sie Zusagen als wertvolles Gut, das Sie ganz sorgfältig austeilen. Sehen Sie sich jeden Morgen im Spiegel an und fragen Sie sich: »Kann man diesem Menschen vertrauen?«

Wenn Sie diese beiden Teile des Gesetzes des Vertrauens anwenden, werden Sie etwas sehr Überraschendes feststellen: Mit dem nötigen Vertrauen in sich und sein Umfeld, mit der Zufriedenheit und dem sicheren Gefühl, dass einem sein Umfeld ebenso vertraut, erreicht man einen widerstandslosen Zustand, der die innere Führung durch Intuition und Gefühl erlaubt.

Und nur in einem solchen Zustand verfügt man über die nötige Sicherheit und Ausstrahlung, um auf sein Umfeld im gewünschten Sinne einwirken zu können. Sie werden feststellen, dass Ihnen zahlreiche Dinge plötzlich um vieles leichter von der Hand gehen.

MEIN WEG

»Ich vertraue sowohl meinen Fähigkeiten, als auch meinem Weg und meinem Umfeld. Ich biete meinem Umfeld genügend Gründe, mir zu vertrauen. Ich lebe nach dem Motto »I walk what I talk« und bin meinen Mitmenschen ein verlässlicher Partner. Zweifel, Ängste und Sorgen lasse ich zu, jedoch analysiere ich diese und entscheide mich dann aktiv und bewusst – ohne mich dadurch von meinem umfassenden Vertrauen abbringen zu lassen.«

- Eigenmotivation
- Innere Stärke
- Selbstvertrauen
- Selbstdisziplin
- Selbstreflexion
- Menschen verstehen
- Positive Ausstrahlung
- Menschen für sich gewinnen
- Geduld und Gelassenheit

Trainieren Sie das Gesetz des Vertrauens

Mit den folgenden fünf Übungen können Sie das Gesetz des Vertrauens trainieren, um mehr Selbstvertrauen und Verlässlichkeit zu erreichen. Tragen Sie Ihre Erkenntnisse und Ergebnisse in die Check-up-Liste auf Seite 126 ein.

21

➜ Übung 21 | Plus/Minus

Sehen Sie sich heute Abend die Nachrichten an und notieren Sie, wie oft etwas Negatives und wie oft etwas Positives gesagt wird. Errechnen Sie dann den daraus resultierenden Prozentsatz.

22

➜ Übung 22 | Sich selbst vertrauen

Suchen Sie sich eine Gehsteigkante und spazieren Sie auf dieser circa 20 bis 30 Meter entlang. Dann bleiben Sie stehen und stellen sich vor, dass sich links und rechts von dieser Gehsteigkante ein steiler Abgrund auftut und es über 100 Meter in die Tiefe geht. Nun gehen Sie wieder die 20 bis 30 Meter über diese Gehsteigkante, in dem Bewusstsein, dass Sie bei jedem falschen Schritt in die Tiefe stürzen könnten.

Notieren Sie danach, welchen Unterschied Sie feststellen konnten, vor allem in Bezug auf Ihr Selbstvertrauen.

23

➜ Übung 23 | Worst case scenario

Viele Dinge, die wir gerne tun würden, tun wir nicht, weil wir Angst haben. Genau diese Dinge sehen wir uns jetzt genauer an.

Listen Sie jene Dinge auf, die Sie gerne tun würden, aber aus Angst (wovor auch immer) noch nicht getan haben. Notieren Sie dann jeweils dazu, was im schlimmsten Falle passieren könnte.

→ Übung 24 | Verlässlichkeit üben

24

Achten Sie ganz genau auf Ihre Termine und Zusagen und halten Sie diese ein. Bewerten Sie dann, wie genau (+), ungenau (-) oder vielleicht sogar früher oder besser als zugesagt (+++) Sie alle Termine, Zusagen und so weiter eingehalten haben.

→ Übung 25 | Schwarz auf Weiß

25

Schließen Sie mit sich selbst einen VERTRAUENS-CONTRACT, in dem Sie selbst die Bedingungen festlegen – wie zum Beispiel keine Lügen oder Ausreden mehr, niemanden ungefragt auf Fehler hinweisen, anderen vertrauen, sich über andere nicht ärgern und was Ihnen sonst noch so einfällt.
Beginnen Sie mit »MEIN WEG ist es, ab sofort …« und darunter setzen Sie dann das Datum und Ihre Unterschrift.

Das Gesetz des Vertrauens

CHECK UP

→ ÜBUNG 21: PLUS/MINUS

Haben Sie diese Übung gemacht? ○ Ja ○ Nein

Hat Ihnen diese Übung einen Erfolg gebracht? ○ Ja ○ Nein

Wie oft haben Sie die Übung wiederholt? ___ mal.

IHR PERSÖNLICHES FAZIT:

....

....

→ ÜBUNG 22: SICH SELBST VERTRAUEN

Haben Sie diese Übung gemacht? ○ Ja ○ Nein

Hat Ihnen diese Übung einen Erfolg gebracht? ○ Ja ○ Nein

Wie oft haben Sie die Übung wiederholt? ___ mal.

IHR PERSÖNLICHES FAZIT:

....

....

→ ÜBUNG 23: WORST CASE SCENARIO

Haben Sie diese Übung gemacht? ○ Ja ○ Nein

Hat Ihnen diese Übung einen Erfolg gebracht? ○ Ja ○ Nein

Wie oft haben Sie die Übung wiederholt? ___ mal.

IHR PERSÖNLICHES FAZIT:

....

....

→ ÜBUNG 24: VERLÄSSLICHKEIT ÜBEN

Haben Sie diese Übung gemacht? ○ Ja ○ Nein

Hat Ihnen diese Übung einen Erfolg gebracht? ○ Ja ○ Nein

Wie oft haben Sie die Übung wiederholt? ___ mal.

IHR PERSÖNLICHES FAZIT:

....

....

→ ÜBUNG 25: SCHWARZ AUF WEISS

Haben Sie diese Übung gemacht? ○ Ja ○ Nein

Hat Ihnen diese Übung einen Erfolg gebracht? ○ Ja ○ Nein

Wie oft haben Sie die Übung wiederholt? ___ mal.

IHR PERSÖNLICHES FAZIT:

....

....

6

DAS GESETZ DER WIRKLICHKEIT

Jeder Mensch hat seine eigene Wirklichkeit und deshalb ist das Leben oft voller Missverständnisse. Denn: Wenn zwei das Gleiche sagen oder tun, wird es doch ganz unterschiedlich wahrgenommen und interpretiert. Der Schlüssel zu mehr Verständnis ist das Einfühlungsvermögen. Empathisch im Umgang mit anderen und doch selbstverantwortlich genug, die eigenen Grenzen zu kennen.

+ Partnerschaft
+ Freunde und Bekannte
+ Business und Beruf

SELBSTTEST

Wie einfühlsam sind Sie?

Zwischen Einfühlungsvermögen und Mitgefühl liegt oft nur ein schmaler Grat. Ob Sie beides auseinanderhalten können, erfahren Sie hier.

Sie haben eine heftige Auseinandersetzung mit Ihrem Partner/Ihrer Partnerin, bei der viele böse Worte fallen. Wie geht es danach weiter?

1
- O Sie entschuldigen sich, obwohl sie sich nicht im Unrecht fühlen, um die Lage zu befrieden. (A)
- O Sie gehen 15 Minuten vor die Tür, um wieder klar denken zu können. (B)
- O Sie versuchen, in ruhigem Ton nochmals Ihren Standpunkt zu verdeutlichen. (C)

Sie wollen Chinesisch lernen. Wie gehen Sie vor?

2
- O Nach einem strikten Zeitplan. (A)
- O Wenn ich Lust und Laune habe. (B)
- O Ich übe zuerst interessante Redewendungen. (C)

Was schenken Sie einem guten Freund zum Geburtstag?

3
- O Etwas Praktisches. (A)
- O Etwas Witziges. (B)
- O Etwas, das er sich wirklich wünscht. (C)

Stellen Sie sich vor, Sie richten einen Kindergeburtstag aus. Nach kurzer Zeit amüsieren sich alle köstlich, nur das Geburtstagskind steht am Rande und weint. Wie reagieren Sie?

4
- O Ich tröste den Kleinen/die Kleine und lenke sie/ihn ab. (A)
- O Ich versuche, den Kleinen/die Kleine in das Spiel zu integrieren. (B)
- O Ich unterbreche das Spiel der anderen Kinder und mache etwas, an dem alle beteiligt sind. (C)

Der Kellner im Restaurant hat sich zu meinen Gunsten um zwei Euro verrechnet.

5
- O Ich mache ihn darauf aufmerksam. (A)
- O Kommt darauf an, ob er mir sympathisch ist. (B)
- O Ich nehme sein Missgeschick dankbar an. (C)

Vergangene Misserfolge hängen mir noch lange nach.

6 ○ Ja ○ Nein

Es gibt nur wenige Menschen, die ich wirklich mag und schätze.

7 ○ Ja ○ Nein

Manchmal würde ich gern weniger Verantwortung tragen.

8 ○ Ja ○ Nein

Wenn ich jemandem begegne, fällt es mir leicht, mit ihm ins Gespräch zu kommen.

9 ○ Ja ○ Nein

Es geht um Ihre Stärken und Schwächen: Sind Sie sich Ihrer Fähigkeiten bewusst?

10 ○ Ja ○ Nein

Haben Sie Angst vor Schlangen?

11 ○ Ja ○ Nein

Ich tue oft Dinge, die ich im Nachhinein bereue.

12 ○ Ja ○ Nein

Es fällt mir schwer, vor fremden Menschen zu sprechen.

13 ○ Ja ○ Nein

Niemand versteht mich wirklich.

14 ○ Ja ○ Nein

Ich spreche schneller, als ich denke.

15 ○ Ja ○ Nein

AUSWERTUNG

Übertragen Sie Ihre Antworten in diese Bewertungstabellen:

	1.	2.	3.	4.	5.		6.	7.	8.	9.	10.	11.	12.	13.	14.	15.
A	2	1	0	1	2	Ja	1	1	1	0	1	0	0	0	0	0
B	1	0	1	2	1	Nein	0	0	0	1	0	1	1	1	1	1
C	0	2	2	0	0											

MEHR ALS 17 PUNKTE: MIT VIEL GEFÜHL DURCHS LEBEN (B)

Sie sind sehr einfühlsam und das wissen vor allem die Menschen in Ihrem Umfeld zu schätzen. Zwischen Einfühlungsvermögen und Mitgefühl ist es oft ein schmaler Grat. Es kann nämlich dazu führen, dass Sie sich alles zu Herzen nehmen und dabei Gefahr laufen, die eigenen Bedürfnisse zu übersehen. Wenn die Wirklichkeit der anderen zu Ihrer eigenen wird, können Sie sich als Persönlichkeit manchmal nur schwer behaupten.

ZWISCHEN 16 UND 8 PUNKTEN: EINFÜHLEN STATT MITFÜHLEN (A)

Genau so sollte es sein: Empathisch im Umgang mit anderen und doch selbstverantwortlich genug, die eigenen Grenzen zu kennen. Sie besitzen intuitiv die Gabe, Ihr Einfühlungsvermögen so einzusetzen, dass Sie sich nicht selbst verlieren oder vergessen. Sie sind sich der unterschiedlichen Wahrnehmungen wohl bewusst und kommen deshalb gut durchs Leben.

WENIGER ALS 7 PUNKTE: EIN BISSCHEN MEHR GEFÜHL, BITTE! (C)

Negative Erfahrungen in der Vergangenheit haben wahrscheinlich dazu geführt, dass Sie sich einen gefühlsmäßigen Panzer zugelegt haben. Schade, denn dadurch wirken Sie oft kühl und zurückhaltend auf andere. Sicher möchten Sie dadurch nur Ihre eigene Verletzbarkeit verbergen – und in diesem Sinn schießen Sie manchmal übers Ziel hinaus. Das Anerkennen der unterschiedlichen Realitäten könnte Ihnen sicher helfen, mehr im Einklang mit sich selbst zu sein.

Das Gesetz der Wirklichkeit

Es gibt nicht nur eine Wirklichkeit – jeder Mensch hat seine eigene, und weil jeder an seiner Wahrnehmung festhält, kommt es zu so vielen Missverständnissen. Die Wirklichkeit eines Menschen ist eine Mischung aus Erfahrung, Wissen und Prägung, verfeinert durch Launen, Befindlichkeiten und optische Eindrücke. Die Wahrnehmung der Wirklichkeit ist nie objektiv, sondern stets individuell. Verstehen und Erkennen ist der Schlüssel zur Akzeptanz anderer Wirklichkeiten. Dadurch bereichern sie das eigene Leben und die eigene Wirklichkeit. Denn jeder Mensch hat aus seiner Wirklichkeit heraus recht!

- Selbstvertrauen
- Eigenmotivation
- Selbstreflexion
- Positive Ausstrahlung
- Geduld und Gelassenheit
- Innere Stärke
- Menschen verstehen
- Selbstdisziplin
- Menschen für sich gewinnen

Willkommen in der Wirklichkeit

Stellen Sie sich bitte folgende Situation vor: Sie besuchen einen Vortrag, sitzen bereits gespannt im Saal und warten. Nach einiger Zeit kommt der Vortragende herein. Sie haben ihn noch nie gesehen und freuen sich auf das, was er Ihnen nun zu sagen hat. Er stellt sich vorne hin, sieht freundlich in die Runde und begrüßt Sie mit den Worten:

»Herzlich willkommen, Sie Arschlöcher!«

Wie fühlen Sie sich? Wie fühlen Sie sich jetzt in diesem Moment? Stört Sie die Anrede: »Sie Arschlöcher«? Höchstwahrscheinlich schon. Und es gibt nun eine ganze Reihe von üblichen Reaktionen. Von »selber Arschloch« über einfach nur gespannt sein, was nun kommt, bis zu »Egal, was er damit bezwecken möchte – er kann nicht ›Arschloch‹ zu mir zu sagen«. Jedenfalls wird in jedem ein Gefühl hochsteigen, dessen er sich nicht erwehren kann.
Nun stellen Sie sich aber bitte noch Folgendes zusätzlich vor: Der Vortragende kommt aus der Dominikanischen Republik und spricht kein Wort Deutsch. Er hält seine Rede auf Englisch und es geht um Tourismus in den Karibikländern. Das erste Mal in seinem Leben spricht er nun im Ausland vor fremdsprachigem Publikum. Er ist sehr nervös. Weiche Knie, flauer Magen, nasse Hände … und da kommt ihm die rettende Idee! Er erinnert sich daran, dass ihm einmal ein deutscher Urlauber bei einer »Willkommensparty« in einem dominikanischen Urlaubsressort einen Satz beigebracht hat: »Herzlich willkommen, Sie Arschlöcher!« Und dabei wurde ihm erklärt, dass die Übersetzung in seiner Landessprache bedeute: »Herzlich willkommen, liebe Freunde!«
Ein (schlechter) Scherz des damaligen deutschen Urlaubers – ein fataler Irrtum für diesen Vortragenden. Denn nun erinnert er sich an diesen Satz und verwendet ihn begeistert bei seiner Begrüßung, um dem deutschsprachigen Publikum zu zeigen, dass er großen Respekt vor ihm hat und ihm hohe Wertschätzung entgegenbringt. Voller Stolz begrüßt er die Zuhörer in ihrer Landessprache: »Herzlich willkommen, Sie …« Den Rest kennen wir.
Nur zwei Worte wurden hier vertauscht. Doch das würde genügen, um die Stimmung eines Abends zu versenken und die Karriere eines Vortragenden zumindest ins Stocken zu bringen. Vermutlich wissen Sie in diesem Moment sehr

wohl, dass Ihnen der Vortragende nicht persönlich zu nahe treten möchte. Sie sind sich sicher, dass er Sie nicht persönlich meinen kann, denn er kennt Sie ja gar nicht.
Doch obwohl Sie ganz genau wissen, dass es keinen Grund dafür gibt, weil hier kein Angriff gegen Sie erfolgt, verursacht dieses kleine Wort »Arschloch« eine Abwehrhaltung, einen Adrenalinschub und unangenehme Gefühle. Das ist ein Teil Ihrer Wirklichkeit. Halten Sie es für möglich, dass unterschiedliche Menschen verschiedene Wirklichkeiten haben?

Gibt es unterschiedliche Realitäten?

Spielen wir die Szene mit der Begrüßung doch noch einmal durch. Stellen Sie sich vor, Sie werden begrüßt mit den Worten: »Herzlich willkommen, Sie Tische«. Was fühlen Sie nun? Vermutlich eine Mischung aus Verwunderung und Belustigung. Jedenfalls sind Sie dabei ganz ruhig und haben nicht im Geringsten das Gefühl, hier angegriffen zu werden. Denn mit dem Wort »Tisch« verbinden Sie nichts Negatives gegen Ihre Person. Auch das ist ein Teil Ihrer Wirklichkeit.
Sie meinen, diese Beispiele seien viel zu weit hergeholt? Sie sind überzeugt, so krasse Unterschiede gäbe es im täglichen Leben nicht?
Nun, dies zu glauben ist einer der größten Irrtümer, die die Kommunikation, das Verstehen und das Miteinander so schwierig gestalten. Natürlich spielen sich unterschiedliche Wirklichkeiten in wesentlich feineren Nuancen ab. Doch deswegen sind sie nicht weniger bedeutungsvoll.
Vielleicht haben Sie nun eine Ahnung davon, was passiert ist, als Sie vor Kurzem zu einem Kollegen, Familienmitglied oder Freund etwas sagten und diese Person Sie gänzlich missverstand. Diese hieraus resultierenden Schwierigkeiten sind schlicht und einfach das Ergebnis von verschiedenen Wirklichkeiten, die aufeinander treffen.
Aber wie verschieden ist denn die Wahrnehmung von einzelnen Menschen? Wie entsteht Sie, wie kann man sie erkennen und wie kann man darauf reagieren, um all die Probleme im Miteinander in Zukunft zu meiden? Und darauf eingehen, um durch das Erkennen von persönlichen Wirklichkeiten Menschen besser zu motivieren und damit zu führen? Und vor allem: Besteht die Möglichkeit, seine eigene Wirklichkeit und damit sein eigenes Denken,

Selbstvertrauen	Eigenmotivation	Selbstreflexion
Positive Ausstrahlung	Geduld und Gelassenheit	Innere Stärke
Menschen verstehen	Selbstdisziplin	Menschen für sich gewinnen

seine eigene Persönlichkeit bewusst in die gewünschte Richtung zu steuern? All diese Fragen lassen sich klären, wenn wir uns ansehen, wie Wirklichkeiten entstehen.

Wie entsteht die individuelle Realität?

Stellen Sie sich vor, unser Gehirn sei eine Festplatte wie bei einem Computer. Und jedes Mal, wenn wir eine Erfahrung machen oder etwas erleben, wird auf dieser Festplatte eine Datei aufgezeichnet.
Kommt nun irgendein Reiz auf uns zu, der damals bei der Aufzeichnung Teil des Erlebnisses oder der Erfahrung war, so ist dieser Reiz jetzt automatisch der Befehl an unsere Festplatte, die entsprechende Datei abzuspielen. Und wir empfinden, ohne dass wir uns dagegen wehren können, wieder genau die gleichen Gefühle, haben ähnliche Gedanken und verspüren körperliche Reaktionen wie bei der Aufzeichnung der ursprünglichen Erfahrung. Das ist dann unsere Wirklichkeit.

Selbstvertrauen
Positive Ausstrahlung
Menschen verstehen
Eigenmotivation
Geduld und Gelassenheit
Selbstdisziplin
Selbstreflexion
Innere Stärke
Menschen für sich gewinnen

Und je öfter eine Datei abgespielt wird, umso tiefer werden unsere Gefühle, desto intensiver unsere körperlichen Reaktionen und »verbohrter« unsere Gedanken beim Abspielen dieser Datei. Das bedeutet: Je öfter wir eine Erfahrung machen, umso mehr prägt sie uns. Der überwiegende Teil unserer Handlungen – es gibt Fachleute, die sagen sogar, dass dies bis zur Gänze der Fall ist – wird von solchen Dateien bestimmt, die ständig abgespielt werden, ausgelöst durch Reize, die andauernd auf uns niederprasseln.

Nun ist es sicherlich so, dass ein Großteil aller Erfahrungen und Erlebnisse innerhalb einer Gesellschaft bei den meisten Menschen die gleichen sind. Und zwar aufgrund einer ähnlichen Erziehung und eines ähnlichen Umfeldes.

Nehmen wir aber einmal an, dass zehn Prozent aller Erfahrungen und Erlebnisse bei den Menschen individuell und daher ganz persönlich sind. Wenn wir davon ausgehen, dass nur zehn Prozent der Dateien eines Menschen nicht mit denen der anderen übereinstimmen, bekommen wir eine Ahnung davon, wie viele verschiedene Wirklichkeiten es gibt! Dann wissen wir plötzlich, wodurch die Probleme in der Kommunikation und im Miteinander der Menschen eigentlich entstehen.

Erkenntnis 21: Verständnis für andere Wirklichkeiten zeigen!

Das Patentrezept für den richtigen Umgang mit anderen und auch mit den eigenen Wirklichkeiten heißt schlicht und einfach: Verstehen! Denn ändern können Sie es nicht.

Sie können die gespeicherten Dateien bei anderen Menschen – und bei sich selbst auch – nur sehr schwer löschen oder ändern. Sie können sich auch nicht daran orientieren, welche Reize welche Handlungen auslösen, weil diese Auslöser so vielfältig sind, dass Sie niemals alle im Blick haben. Sie müssen es ganz einfach nur verstehen. Das allein bringt Sie schon einen immensen Schritt weiter. Sehen wir uns die Handhabung dieses »Verstehens« in zwei Schritten an – und zwar bei Ihren Mitmenschen und bei Ihnen selbst.

Selbstvertrauen	Eigenmotivation	Selbstreflexion
Positive Ausstrahlung	Geduld und Gelassenheit	Innere Stärke
Menschen verstehen	Selbstdisziplin	Menschen für sich gewinnen

Andere Wirklichkeiten verstehen

Zuerst einmal in Bezug auf Ihre Mitmenschen: Es kommt ziemlich oft vor, dass Sie eine Aussage machen oder etwas tun, was ganz anders aufgefasst wird, als Sie es gemeint haben. Ihre Aktion hat eine ganz andere Auswirkung, als Sie beabsichtigt haben.
In Zukunft wissen Sie nun, dass der Grund dafür (wenn es nicht bewusste Ablehnung Ihrer Interessen ist) schlicht und einfach darin besteht, dass Ihr Gegenüber eine andere Wirklichkeit hat.
Das bedeutet, dass bei Ihrem Gesprächspartner aufgrund Ihrer Aussage oder Ihrer Handlung eine völlig andere Datei abgespielt wird als bei Ihnen. Daher kommt es auch zu anderen Gefühlen, zu anderen Gedanken, zu einem anderen Verständnis als bei Ihnen.

Erkenntnis 22: Niemand kann aus seiner Haut!

Halten Sie sich in erster Linie vor Augen, dass das Verhalten Ihres Gegenübers aufgrund einer bei ihm individuell gespeicherten Datei so und nicht anders ist. Im Prinzip kann Ihr Gegenüber nichts dafür. Damit vermeiden Sie schon einmal ein »Hochschaukeln« der unerwünschten Situation. Wenn Sie soweit sind,dann haben Sie schon viel gewonnen.

Wenn Sie über das schlichte Verstehen und Akzeptieren hinaus etwas ändern möchten, dann versuchen Sie nachzuvollziehen, welcher Art denn nun die Datei ist, die in Ihrem Gegenüber gerade abläuft und die ihn zu der entsprechenden Aussage oder Handlung bewegt hat.
Passen Sie sich der Wirklichkeit Ihrer Mitmenschen an. Versuchen Sie nachzuvollziehen, welche Datei bei ihnen abläuft und richten Sie sich bei Komplikationen niemals nach dem, was Sie meinen – also niemals nach Ihrer Wirklichkeit –, sondern immer nur nach dem, was der andere versteht, also nach seiner Wirklichkeit.

Selbstvertrauen	Eigenmotivation	Selbstreflexion
Positive Ausstrahlung	Geduld und Gelassenheit	Innere Stärke
Menschen verstehen	Selbstdisziplin	Menschen für sich gewinnen

»13 Trainingstipp to go

Fragen Sie Ihr Gegenüber offen, was ihn oder sie zu dieser Handlung oder Aussage bewegt hat, was er oder sie gefühlt hat und welcher von Ihnen ausgehende Reiz (ein bestimmtes Wort, ein Tonfall, eine bestimmte Handlung, ein Satzgefüge, ein Blick, eine Gestik …) der Auslöser für seine beziehungsweise ihre Aussage oder Handlungsweise war.

Meistens wird Ihnen Ihr Gegenüber das allerdings gar nicht sagen können. Eine so direkte Ansprache ist ungewohnt und verblüffend. Häufig bleibt die Antwort also recht schwammig. Haken Sie dann nicht nach: Versuchen Sie nicht, ihm oder ihr zu erklären, wie Sie es gemeint haben. Es klingt in dieser Situation nach Rechthaberei und führt Sie nicht zum Ziel. Versuchen Sie lieber zu verstehen, was Ihr Gegenüber fühlt und denkt. Bestärken Sie ihn oder sie mit seinen/ihren eigenen Worten in seinen/ihren positiven Gedanken und räumen Sie seine/ihre Ängste und Befürchtungen aus.

Je länger Sie dies praktizieren, desto leichter wird es Ihnen fallen, die Gedankenabläufe und Handlungen Ihrer Mitmenschen nachzuvollziehen. Umso besser werden Sie diese künftig verstehen und umso erfolgreicher und harmonischer wird ihr Zusammenleben mit Ihren Mitmenschen sein.

Erkenntnis 23:
Der Schlüssel zu einer herausragenden Persönlichkeit ist das positive Führen.

Halten Sie sich immer vor Augen, dass die Wirklichkeiten der Menschen verschieden sind. Lernen Sie, die Wahrnehmung und die Wirklichkeiten Ihrer Mitmenschen zu verstehen, zu akzeptieren und positiv zu führen. Denn dies ist einer der Schlüssel zu mehr Verständnis und Vertrauen – und ein besonderes Merkmal herausragender Persönlichkeiten.

Selbstvertrauen	Eigenmotivation	Selbstreflexion
Positive Ausstrahlung	Geduld und Gelassenheit	Innere Stärke
Menschen verstehen	Selbstdisziplin	Menschen für sich gewinnen

Die eigene Wirklichkeit verstehen

Genauso wichtig wie es für Sie ist, mit den Wirklichkeiten anderer umgehen zu können, ist es auch, die eigene Wirklichkeit zu verstehen und zu beherrschen. Über die Grundlage zur Funktion des Alpha-Tieres (siehe Seite 178) verfügen nämlich ausschließlich jene, die in der Lage sind, freier als die anderen über eigene Wirklichkeiten zu entscheiden.
Bei der eigenen Wirklichkeit haben Sie logischerweise wesentlich mehr Spielraum als bei anderen und Sie können die eigene Wirklichkeit wesentlich freier gestalten, als dies allgemein angenommen wird.
Denn niemand wird gezwungen, die Wirklichkeit anderer anzunehmen. Dies gilt vor allem für die Gefühlslage, in der jeder frei entscheidet, auf welche Wirklichkeit und vor allem wie er darauf reagiert.

Probleme & Lösungen für unterschiedliche Wirklichkeiten

PROBLEM: Sie führen mit jemandem ein Gespräch, eine kleine Meinungsverschiedenheit stellt sich ein und Sie beginnen zu diskutieren. Plötzlich ist Ihr Gesprächspartner aggressiv oder gar beleidigt, jedenfalls schwer getroffen.

LÖSUNGSTIPP 4: Versuchen Sie nun auf gar keinen Fall, dem Gesprächspartner Ihre Meinung und Ihren Standpunkt zu erklären. In dieser Situation ist dies vollkommen sinnlos, da Ihr Gegenüber jetzt alles, was Sie diesbezüglich sagen, »falsch« verstehen würde.
Stoppen Sie die Diskussion, indem Sie aufhören, Ihre Meinung zu erklären. Fragen Sie stattdessen, was Sie gesagt oder getan haben, um solch eine Reaktion hervorzurufen. Entschuldigen Sie sich schon im Vorhinein für den Fall, dass Sie Ihren Gesprächspartner unwissend verletzt haben sollten. Betonen Sie, dass es absolut nicht Ihre Absicht war, Ihr Gegenüber anzugreifen. Bitten Sie um seine Offenheit, damit Sie verstehen können, was Ihren Gesprächspartner aufgebracht hat, um es wieder »gut machen« zu können. Verzichten Sie vorübergehend auf die sofortige Durchsetzung Ihrer Meinung, versuchen Sie stattdessen, den anderen Menschen und seine Wirklichkeiten zu verstehen! Es wird Ihnen immer leichter fallen.

Selbstvertrauen	Eigenmotivation	Selbstreflexion
Positive Ausstrahlung	Geduld und Gelassenheit	Innere Stärke
Menschen verstehen	Selbstdisziplin	Menschen für sich gewinnen

PROBLEM: Aufgrund einer Situation, die Ihnen nicht gefällt, kündigen Sie in Ihrem Umkreis Konsequenzen an.

LÖSUNGSTIPP 5: Wenn Sie dies tun, achten Sie darauf, dass Ihr Gegenüber die angekündigten Handlungen auch so versteht wie Sie. Lassen Sie sich am besten Ihre Ankündigungen von Ihrem Umfeld wiederholen. Sagen Sie nicht nur, was Sie tun werden, sondern sprechen Sie auch darüber, welche Folgen diese Handlungen für jeden Einzelnen haben werden und warum Sie diese Konsequenzen mit Sicherheit durchziehen werden.
Wenn Sie erreichen, dass Ihr Gegenüber versteht und nachvollziehen kann, welche persönlichen Nachteile ihm/ihr dadurch entstehen, und wenn er/sie auch daran glaubt, dass diese Ankündigungen eingehalten werden, dann wird er/sie auch einsehen, dass er/sie diese Konsequenzen vermeiden und entsprechend handeln sollte.

Selbstvertrauen
Eigenmotivation
Selbstreflexion
Positive Ausstrahlung
Geduld und Gelassenheit
Innere Stärke
Menschen verstehen
Selbstdisziplin
Menschen für sich gewinnen

PROBLEM: Wenn ein Unternehmer seinem Banker von der rosigen Zukunft seines Betriebs vorschwärmt und der Banker ständig an allem zweifelt und nicht sehr konstruktiv ist, stellt sich die Frage, ob die beiden vom gleichen Unternehmen sprechen.

LÖSUNGSTIPP 6: Natürlich sprechen beide vom gleichen Unternehmen. Nur eben jeder von einem anderen Standpunkt, einer anderen Sichtweise, einer anderen Wirklichkeit aus. Während der Unternehmer seine Ziele, Visionen und all das, was noch kommt, klar vor Augen hat, sieht der Banker nur die bisherigen Leistungen und die vorliegenden Zahlen.
In diesem Fall sollte der Unternehmer seine Visionen und Überzeugungen der kommenden Taten beiseiteschieben und sich in die Wirklichkeit des Bankers hineinversetzen. Das bedeutet, dass er nicht von der Zukunft schwärmen sollte, sondern seine bisherigen Leistungen und die vorliegenden Zahlen entsprechend aufbereiten muss, sodass diese ein gesundes Wachstum und eine sichere Entwicklung wiedergeben. Denn nur dann ist das Unternehmen auch aus der Sicht und in der Wirklichkeit des Bankers ein zukunftsträchtiges.

PROBLEM: Jemand erteilt einem anderen eine ganz klare Anweisung. Diese Tätigkeit wird jedoch entweder gar nicht, schlecht oder nur teilweise erledigt.

LÖSUNGSTIPP 7: Um dies zu vermeiden, lassen Sie sich die Anweisungen am besten wiederholen. Stellen Sie auch Verständnisfragen, um sicherzugehen, dass ein gleiches

»14 Trainingstipp to go

Achten Sie in Ihrem Privatleben generell immer darauf, dass Sie die Wirklichkeiten Ihrer Mitmenschen verstehen. Versuchen Sie, weniger vorzugeben und mehr zu hinterfragen. Denn wer Fragen stellt, erfährt einfach mehr als jemand, der ständig von sich und seinen Interessen spricht. Und um Ihre Mitmenschen und deren Wirklichkeiten verstehen zu können, müssen Sie viel von ihnen wissen.
Nur wenn Sie in der Lage sind, die Wirklichkeiten Ihrer Mitmenschen zu erkennen, zu verstehen und darauf einzugehen, werden Sie auch in der Lage sein, mit den meisten Menschen sehr gut auszukommen. Sie werden beliebt sein und Dinge, die Ihnen wirklich wichtig sind, wesentlich leichter erreichen. Und Sie werden sich wohler fühlen.

Selbstvertrauen | Eigenmotivation | Selbstreflexion
Positive Ausstrahlung | Geduld und Gelassenheit | Innere Stärke
Menschen verstehen | Selbstdisziplin | Menschen für sich gewinnen

Ziel verfolgt wird. Wenn Sie erreichen, dass Ihr Gegenüber versteht und nachvollziehen kann, warum diese Anweisung gegeben wurde und welcher Zweck damit verfolgt wird, dann wird er/sie auch eher entsprechend handeln.

Business plus 6

Achten Sie auch in Ihrem Berufsleben generell darauf, dass Sie die Wirklichkeiten Ihrer Geschäftspartner und Kollegen verstehen. Versuchen Sie auch bei Vorgesetzten, Kollegen, Kunden und Lieferanten, weniger zu sagen und viel mehr zu fragen. Denn wer Fragen stellt, erfährt einfach mehr als jemand, der ständig von sich und seinen Interessen spricht. Und um Ihre beruflichen Partner und deren Wirklichkeiten verstehen zu können, müssen Sie viel von ihnen wissen.
Nur wenn Sie in der Lage sind, die Wirklichkeiten Ihrer beruflichen Partner zu erkennen, zu verstehen und darauf einzugehen, werden Sie auch in der Lage sein, mit den meisten von Ihnen sehr gut auszukommen. Und dies wiederum bedeutet, dass Sie in jeder Verhandlung, in jedem Meeting, bei jedem Projekt wesentlich mehr Unterstützung erfahren und wesentlich mehr erreichen werden. Außerdem werden Sie angesehen und ein beliebter Gesprächspartner sein, was in der Berufswelt von unschätzbarem Vorteil ist.

Wie wirklich ist die Wirklichkeit?

Wenn wir nun das Gesetz der Wirklichkeit zusammenfassen, gehen wir doch noch einmal zurück zu dem Beispiel mit dem Schimpfwort. Hier haben wir aufgrund der ständigen Erfahrungen und Erlebnisse mit dem Schimpfwort »Arschloch« eine bestimmte Wirklichkeit von der Gesellschaft angenommen. Es steht uns aber absolut frei, diese Wirklichkeit auch jederzeit wieder abzulegen.
Ich kann die Wirklichkeit des anderen annehmen und mich über ein Schimpfwort ärgern oder es so sehen, dass der andere eben ein Problem hat, das mich aber nicht belastet. Im ersteren Fall werden auch meine Handlungen negativ sein und ebensolche Reaktionen bewirken und somit meinen Weg negativ beeinflussen. Im zweiten Fall werden mein Denken, mein Fühlen und meine Handlungen positiv beeinflusst sein.

Selbstvertrauen	Eigenmotivation	Selbstreflexion
Positive Ausstrahlung	Geduld und Gelassenheit	Innere Stärke
Menschen verstehen	Selbstdisziplin	Menschen für sich gewinnen

Natürlich geht dies nicht von heute auf morgen, denn die entsprechenden Dateien sind bereits sehr tief in unserem Gehirn verankert. Doch wenn wir uns bei einer Situation, die ein negatives Gefühl, ein negatives Denken in uns bewirkt, immer vor Augen halten, dass in uns ebenfalls lediglich gerade eine Datei abläuft, so sind wir bereits in der Lage, diese Möglichkeit mit einigem Abstand zu betrachten. Dieser Abstand hilft uns, überlegter und bewusster zu handeln. Somit ist jeder in der Lage, sich seine eigene positive Wirklichkeit auf der Ebene des Denkens zu schaffen und dementsprechend seinen Weg positiv zu gestalten.

Sie wissen nun, dass Ihr Fühlen, Ihr Denken, Ihre Handlungen von bereits erlebten Erfahrungen abhängig sind. Sie wissen aber auch, dass Sie selbst entscheiden können, diese Dateien entweder widerstandslos ablaufen zu lassen oder aber sich deren bewusst zu sein und Ihre Wirklichkeiten zu ändern.

Für das Bestreiten des eigenen Erfolgsweges ist jedenfalls einzig und allein die eigene Wirklichkeit ausschlaggebend. Denn niemand, der Ihnen seine Wirklichkeit aufdrängen möchte, würde auch Ihren Weg für Sie gehen. Und wenn doch, würde es Ihnen keine Befriedigung geben.

Sie sind ab jetzt in der Lage, die verschiedenen Wirklichkeiten, deren Entstehen und deren Auswirkungen zu verstehen, diese mit Abstand zu betrachten, konstruktiv auf verschiedene Wirklichkeiten zu reagieren, ja, sie im Optimalfall sogar positiv zu beeinflussen. Willkommen im Kreis jener, die das Gesetz der Wirklichkeit verstehen.

MEIN WEG

»Mir ist klar, dass es verschiedene Wirklichkeiten gibt, und ich versuche, die Wirklichkeiten anderer zu verstehen und auf sie einzugehen. Für mich und meinen Weg gibt es jedoch einzig und allein meine Wirklichkeit und ich allein entscheide, welche Wirklichkeiten anderer ich bewusst annehme und welchen Wirklichkeiten ich keinen Raum in meinem Denken gebe.«

Selbstvertrauen	Eigenmotivation	Selbstreflexion
Positive Ausstrahlung	Geduld und Gelassenheit	Innere Stärke
Menschen verstehen	Selbstdisziplin	Menschen für sich gewinnen

Trainieren Sie das Gesetz der Wirklichkeit

Mit den folgenden fünf Übungen können Sie das Gesetz der Wirklichkeit trainieren und so künftig Missverständnissen vorbeugen. Tragen Sie Ihre Erkenntnisse und Ergebnisse in die Check-up-Liste auf Seite 148 ein.

26

→ Übung 26 | Selbstbild – Fremdbild

Beantworten Sie sich selbst – am besten schriftlich, damit Sie es später noch einmal nachlesen können – folgende zwei Fragen: 1. Wie sehen Sie sich selbst? (Persönlichkeit, Verlässlichkeit, Sympathiefähigkeit, Rhetorik) 2. Wie glauben Sie, sehen Sie die anderen?

27

→ Übung 27 | Nein/Ja-Spiel

Vertauschen Sie den ganzen Tag lang die Worte Nein und Ja miteinander. Wie geht es Ihnen mit den daraus resultierenden Ereignissen?

28

→ Übung 28 | Plädoyer

Notieren Sie, was Sie schon lange an einem anderen Menschen stört oder ärgert.

Und dann versetzen Sie sich in die Lage eines Rechtsanwalts, der die Aufgabe hat, diesen Menschen wegen seines Verhaltens »vor Gericht« zu verteidigen. Schreiben Sie ein flammendes Plädoyer für eben dieses störende Verhalten nieder.

➜ Übung 29 | Mit allen Sinnen

29

Suchen Sie sich einen gemütlichen Platz (wenn möglich im Freien) und testen Sie dort jede Form der Wahrnehmung (ausgenommen den Geschmackssinn) jeweils 5 Minuten lang. Zuerst halten Sie sich die Ohren zu und schließen die Augen. Konzentrieren Sie sich nur auf das, was Sie riechen. Danach öffnen Sie die Augen und schließen Nase und Ohren. Sehen Sie sich um. Dann schließen Sie wieder die Augen und die Nase und hören sich die Umgebung an. Und zum Schluss versuchen Sie, nur zu fühlen. Wie wirkt Ihre Umgebung auf Sie?

Welche Eindrücke haben Sie durch die verschiedenen Arten der Wahrnehmung gewonnen? Konnten Sie selbst eine deutliche Veränderung der Wirklichkeiten feststellen?

➜ Übung 30 | Assoziationstraining

30

Notieren Sie bitte zu jedem Begriff, was Ihnen als Erstes dazu einfällt: Polizei, Geld, Kirche, Politik, Steuern.

Und dann notieren Sie bitte zu jedem der obigen Begriffe weitere Beschreibungen – mindestens drei –, die man ebenso mit diesem Begriff assoziieren könnte. (Beispiel Familie: Erster Begriff ➜ *lästig* – könnte man aber auch so sehen ➜ *immer für einen da, gibt Sicherheit, Vertrauen, immer hilfsbereit in ernsten Lagen …*)

Das Gesetz der Wirklichkeit

CHECK UP

→ ÜBUNG 26: SELBSTBILD – FREMDBILD

Haben Sie diese Übung gemacht? ○ Ja ○ Nein

Hat Ihnen diese Übung einen Erfolg gebracht? ○ Ja ○ Nein

Wie oft haben Sie die Übung wiederholt? ___ mal.

IHR PERSÖNLICHES FAZIT:

....

....

→ ÜBUNG 27: NEIN/JA-SPIEL

Haben Sie diese Übung gemacht? ○ Ja ○ Nein

Hat Ihnen diese Übung einen Erfolg gebracht? ○ Ja ○ Nein

Wie oft haben Sie die Übung wiederholt? ___ mal.

IHR PERSÖNLICHES FAZIT:

....

....

→ ÜBUNG 28: PLÄDOYER

Haben Sie diese Übung gemacht? ○ Ja ○ Nein

Hat Ihnen diese Übung einen Erfolg gebracht? ○ Ja ○ Nein

Wie oft haben Sie die Übung wiederholt? ___ mal.

IHR PERSÖNLICHES FAZIT:

....

....

➜ ÜBUNG 29: MIT ALLEN SINNEN

Haben Sie diese Übung gemacht? ○ Ja ○ Nein

Hat Ihnen diese Übung einen Erfolg gebracht? ○ Ja ○ Nein

Wie oft haben Sie die Übung wiederholt? ___ mal.

IHR PERSÖNLICHES FAZIT:

....

....

➜ ÜBUNG 30: ASSOZIATIONSTRAINING

Haben Sie diese Übung gemacht? ○ Ja ○ Nein

Hat Ihnen diese Übung einen Erfolg gebracht? ○ Ja ○ Nein

Wie oft haben Sie die Übung wiederholt? ___ mal.

IHR PERSÖNLICHES FAZIT:

....

....

7

DAS GESETZ DER ANPASSUNG

Wer die Welt nur schwarz-weiß sieht, verpasst eine Menge. Was in einer Situation unvorteilhaft, anbiedernd oder gar verlogen ist, kann in einer anderen Situation für alle hilfreich und ehrlich sein. Genau um diese Fähigkeit und Flexibilität und die eigene bewusste Entscheidung geht es in diesem Kapitel.

+ Partnerschaft
+ Freunde und Bekannte
+ Business und Beruf

SELBSTTEST

Haben Sie Talent zum Glücklichsein?

Wer hätte nicht gern ein Stück vom großen Glück? Doch mit dem Wunsch allein ist es nicht getan. Ob Sie das Talent besitzen, die Glücksmomente zu erkennen, verrät Ihnen dieser Test.

Sie träumen von einem tollen Urlaub – ihr Kontostand spricht dagegen. Was tun Sie?

1
- O Wozu habe ich eine Kreditkarte? (A)
- O Ich passe mein Reiseziel meinem Kontostand an. (B)
- O Ich spare solange, bis ich mir den Urlaub leisten kann. (C)
- O Ich träume weiter und bleibe zu Hause. (D)

Ein Freund/eine Freundin sagt kurzfristig eine Verabredung ab. Wie reagieren Sie?

2
- O Ich bin sauer. (A)
- O Ich mache mir selbst einen schönen Abend. (B)
- O Ich versuche, sie dennoch zu überreden. (C)
- O Ich suche eine Alternative … Lesen? Fernsehen? (D)

Von was hätten Sie am liebsten mehr?

3
- O Zeit (A)
- O Geld (B)
- O Liebe (C)
- O Spaß (D)

Wie klingt Ihr Lachen?

4
- O laut und schallend (A)
- O leise kichernd (B)
- O prustend, als ob ich gekitzelt werde (C)
- O eher gackernd (D)

Welche Definition von Glück gefällt Ihnen am besten?

5
- O Glück ist etwas, was man hat … oder eben nicht hat. (A)
- O Glück ist die Sammlung vieler schöner Augenblicke. (B)

- ○ Glück ist etwas, was man sich verdienen muss. (C)
- ○ Glück ist ein Geschenk. (D)

6 Jemand schenkt Ihnen 10.000 Euro mit der Auflage, es binnen einer Stunde auszugeben. Was machen Sie damit?

- ○ Ich buche eine Weltreise. (A)
- ○ Ich überlege, wem ich es spenden könnte. (B)
- ○ Ich gehe in die nächste Shopping-Mall und kaufe, kaufe, kaufe … (C)
- ○ So viel Geld? Ich weiß nicht …. (D)

7 Bewerten Sie folgende Lebensbereiche danach, wie zufrieden Sie sind!

Sehr zufrieden	=	*4 Punkte*
Zufrieden	=	*3 Punkte*
Könnte besser sein	=	*2 Punkte*
Schlecht	=	*1 Punkt*
→ Liebesleben	=	____ Punkte
→ Karriere	=	____ Punkte
→ Freundschaften	=	____ Punkte
→ Familie	=	____ Punkte
→ Geld	=	____ Punkte
→ Gesundheit	=	____ Punkte
→ Freizeit	=	____ Punkte
Zusammen:		____ **Punkte**

8 Was haben Sie in den letzten zwei Jahren NICHT gemacht? Mehrfachnennungen möglich!

- ○ ein neues Hobby entdeckt (A)
- ○ bewusst Veränderungen in meinen Leben herbeigeführt (neuer Job, neuer Partner, neue Wohnung …) (B)
- ○ ein neues Reiseziel gewählt (C)
- ○ mich für eine gute Sache engagiert (D)
- ○ eine neue Freundschaft geschlossen (E)
- ○ etwas ausprobiert, was ich noch nie gemacht habe (F)

Übrigens: Wenn Sie nichts ankreuzen können, ist das auch okay.

AUSWERTUNG

Übertragen Sie Ihre Antworten in diese Bewertungstabelle:

	1.	2.	3.	4.	5.	6.
A	4	2	3	3	2	4
B	1	4	2	1	4	2
C	2	3	1	2	3	3
D	3	1	4	4	1	1

Addieren Sie die Punktzahl von **Aufgabe 7** zu den Punkten aus der Tabelle. Ihr Ergebnis? ________ Punkte. Für jeden Punkt, den Sie in **Aufgabe 8** angekreuzt haben, müssen Sie nun wieder einen Punkt abziehen.

MEHR ALS 40 PUNKTE
SIE WISSEN, WAS SIE GLÜCKLICH MACHT!

Sie leben für den Augenblick und gehen dem Glück mit offenen Armen entgegen. Sie gehören zu den Menschen, denen scheinbar alles mit Leichtigkeit gelingt. Ihr sonniges Gemüt sorgt dafür, dass Probleme Sie nicht sofort aus der Bahn werfen – im Gegenteil, Schwierigkeiten sehen Sie als Herausforderung. Je höher Ihre Punktzahl, desto größer ist Ihre Erwartungshaltung an das Leben. Sie wollen alles und was Sie bekommen, ist in der Regel nie genug. Eigentlich haben Sie das Talent, mit dem Gesetz der Anpassung zu punkten. Damit es gelingt, müssten Sie allerdings erst mal einen Schritt zurücktreten.

ZWISCHEN 21 UND 39 PUNKTEN
BEDENKEN RAUS, SPONTANITÄT REIN!

Wahrscheinlich haben Sie mehr erwartet, mehr Punkte ... Vielleicht sind Sie sogar enttäuscht, bei diesem Test »nur« im Mittelfeld gelandet zu sein. Die gute Nachricht ist: Sie haben das Talent zum Glücklichsein, die weniger gute Nachricht ist allerdings, dass Sie sich durch äußere Umstände und innere Zwänge allzu oft selbst um die Glücksmomente bringen. Erfahrungen haben vielleicht dafür gesorgt, dass Sie weniger spontan sind und weniger Mut haben als erforderlich wäre. In Bezug auf das Gesetz der Anpassung laufen Sie momentan im Mittelfeld mit, haben aber das Zeug zum Vorangehen: Nutzen Sie Ihr Potential!

WENIGER ALS 20 PUNKTE
POLIEREN SIE IHREN GLÜCKSSTERN AUF!

Könnte es sein, dass Sie Ihr Leben vielleicht ein bisschen zu negativ sehen? Was wäre denn, wenn Sie dem Glück einfach mal eine Chance geben? Glück, Zufriedenheit und einfach MEHR vom LEBEN kann man lernen. Am besten fangen Sie gleich damit an! Um Ihr Leben mit vielen kleinen Glücksmomenten zu bereichern, müssen Sie nur ein bisschen aus Ihrem Schneckenhaus heraus.

Das Gesetz der Anpassung

Sie haben jetzt schon so viel von Eigenverantwortung, starkem Willen und Mut zum Handeln gehört, dass allein das Wort Anpassung als Widerspruch dazu erscheint. Ja, ist es nicht eine Verleugnung der eigenen Ziele? Aber: Auf Ihrem Weg zum Erfolg werden Sie auch die Erfahrung machen, dass es nicht genügt, geradlinig, sich selbst treu, aufrichtig und ehrlich zu sein. Denn: Nichts im Leben ist nur schwarz oder nur weiß, es gibt auch Grautöne. Wer die Welt nur schwarzweiß sieht, verpasst eine Menge. Die Mischung von beidem macht einen Menschen interessant und erfolgreich. Also gilt es abzuwägen, ob Individualität oder Anpassung gerade gefragt sind und welches Verhalten in der jeweiligen Situation den größten Profit bringt. Nicht leicht, aber genau diese Flexibilität und die eigene bewusste Entscheidung ist das Wesentliche beim Gesetz der Anpassung.

Individualität vs. Anpassung

Haben Sie schon einmal folgende Aufforderungen gehört: »Könntest Du Dich nicht ein bisschen anpassen« oder »Könntest Du Dich nicht mehr in die Gesellschaft einfügen«? Oder wurden Sie umgekehrt schon einmal darauf aufmerksam gemacht, dass »man nichts erreicht, wenn man nur mit allen anderen mitschwimmt«?

Da soll sich noch einer auskennen: Soll ich mich jetzt anpassen oder soll ich mich nicht anpassen? Handelt es sich bei der Entscheidung darüber um ein prinzipielles Lebensmotto oder ist die Wahl eher situationsbedingt? Und vor allem: Wie weit geht das Verleugnen der eigenen Persönlichkeit, wenn ich mich anpasse, obwohl es nicht meinen Überzeugungen entspricht?

Einerseits heißt es doch immer: Man muss sich selbst treu und aufrichtig sein! Und dann macht man gleichzeitig die Erfahrung, dass man keinen Erfolg hat, nicht anerkannt wird, Probleme bekommt, weil man nicht bereit ist, sich an die große Masse anzupassen. Ist das nicht ein gewaltiger Widerspruch in sich?

Nun, es ist schon richtig, dass diese Ausführungen verwirrend sein können. Das kommt daher, dass es Menschen gibt, die eine schlichte Schwarz-Weiß-Zeich-

Menschen verstehen	Menschen überzeugen	Menschen für sich gewinnen
Selbstreflexion	Eigenmotivation	Innere Stärke
Selbstdisziplin	Positive Ausstrahlung	Entwicklungsbereitschaft

nung dieser Welt machen und sie auch selbst so sehen. Das Leben ist aber nicht nur schwarz oder weiß. Um die vielen verschiedenen Situationen des Lebens meistern zu können und um auf dem persönlichen Weg immer die richtige Entscheidung treffen zu können, ist es schlichtweg notwendig, von Mal zu Mal eine entsprechende Vorgehensweise zu finden.

Erkenntnis 24:
Flexibel anpassen ist die Lösung.

Jede Situation ist speziell und muss genau beleuchtet werden. Nur so kann man entscheiden, ob Individualität oder Anpassung die besten Voraussetzungen zum Erfolg bietet. Was in einer Situation ungeschickt, devot oder gar verlogen erscheint, kann in einer anderen Situation für alle gewinnbringend sein. Nicht leicht, aber genau diese Flexibilität ist das Wesentliche beim Gesetz der Anpassung.

Problem & Lösung: Bewusst anpassen!

PROBLEM: Sie sind zu einer Veranstaltung eingeladen und Sie wissen, dass anlässlich dieser Feier Ehrungen ausgesprochen und Urkunden überreicht werden. »Wenn ich da schon hinmuss, zieh ich wenigstens etwas an, in dem ich mich wohlfühle«, denken Sie und gehen in Jeans und Pulli zu diesem feierlichen Anlass. Und der Abend wird noch viel schrecklicher, als Sie angenommen haben. Irgendwie waren die dort anwesenden Menschen alle sehr abweisend und komisch.

LÖSUNGSTIPP 8: Kleidung zeigt, welchen Aufwand man betreibt, um anderen zu gefallen. Aber durch die entsprechende Garderobe zeigt man auch, welche Achtung man vor den Menschen hat, mit denen man zusammenkommt. Daher wäre es sinnvoll, sich in puncto Kleidung immer den Vorstellungen der Umgebung anzupassen. Ich erhalte dafür wesentlich leichter das Wohlwollen der anderen. Das bringt sicher mehr, als es mich kostet.

Menschen verstehen	Menschen überzeugen	Menschen für sich gewinnen
Selbstreflexion	Eigenmotivation	Innere Stärke
Selbstdisziplin	Positive Ausstrahlung	Entwicklungsbereitschaft

PROBLEM: Im Beruf werden Sie einem neuen Team zugeteilt. Bei der ersten Besprechung stellt sich heraus, dass ein bestimmter Arbeitsablauf in diesem Team ganz anders gemacht wird, als Sie es bisher gewohnt waren. Trotz Ihrer Feststellung, dass Sie das bisher immer anders gemacht haben, besteht Ihr neues Team auf der für Sie neuen Vorgehensweise und Sie müssen sich unterordnen. Den ganzen Tag sind Sie sauer, weil man Sie zu einer Ihrer Ansicht nach unsinnigen Arbeitsmethode zwingt.

LÖSUNGSTIPP 9: Der Ablauf eines Teams, einer Gemeinschaft ist immer vor den persönlichen Stil eines Einzelnen zu stellen, wenn man Teil dieses Teams, dieser Gemeinschaft sein möchte. Daher ist in diesem Fall unbedingt Anpassung zu empfehlen.

PROBLEM: In Ihrer Firma ziehen in einer Pause alle über einen Kollegen her. Als man Sie fragt, was Sie von ihm halten, schlagen Sie in die gleiche Kerbe wie alle anderen und machen ebenfalls eine abfällige Bemerkung. Wieder allein an Ihrem Arbeitsplatz denken Sie, dass dieser Kollege doch eigentlich ein armer Kerl ist. Und Sie fühlen sich irgendwie mies, weil Sie vorhin einfach unbedacht über ihn gelästert haben.

LÖSUNGSTIPP 10: Vor allem in Dingen der persönlichen Überzeugung und des Charakters, den man leben will, ist Anpassung fehl am Platz. In diesen Situationen ist ein klares Bekunden des persönlichen Weges und der persönlichen Werte wichtig.

PROBLEM: Sie haben eine Entscheidung für sich getroffen und ein neues Projekt gestartet. Ganz klar haben Sie Ihr Ziel vor Augen und freuen sich schon auf dessen Verwirklichung. Als Sie Ihren Freunden und Bekannten davon erzählen, meinen diese, dass Sie vorsichtig sein sollten. »Nur nicht zu schnell angehen, vorsichtig sein, absichern, zuerst einmal nebenbei anfangen«, sind ihre Ratschläge. Sie befolgen diese und beginnen statt mit voller Kraft erst mal mit halber Reserve. Aber eben weil Sie nicht genügend Zeit investieren, geht das Projekt dann tatsächlich schief.

Menschen verstehen	Menschen überzeugen	Menschen für sich gewinnen
Selbstreflexion	Eigenmotivation	Innere Stärke
Selbstdisziplin	Positive Ausstrahlung	Entwicklungsbereitschaft

LÖSUNGSTIPP 11: In der Verwirklichung des persönlichen Weges gilt, dass Anpassung nur dann praktiziert werden darf, wenn sie der Erreichung der Ziele dient. Niemals aber darf ich mich anpassen, indem ich meine Ziele, meinen Weg vernachlässige.

Erkenntnis 25:
Unangepasst vorangehen!

Es entspricht dem Grundprinzip einer Gesellschaft, dass sie nur dann funktioniert, wenn Spielregeln und gewachsene Strukturen eingehalten werden. Andererseits: Wenn ich immer nur das denke, was alle denken, wenn ich immer nur das sage, was alle sagen, werde ich immer nur das haben, was alle haben und das sein, was alle sind. Ich muss unangepasst einen Schritt vorangehen, nur dadurch entsteht Evolution.

Finden Sie Ihren Platz in der Gesellschaft!

Prinzipiell sollte es – wenn wir das Maximum erreichen möchten – unser Bestreben sein, in gegebenen und wenn möglich durch unser Handeln verbesserten Situationen ein Optimum zu erreichen.
Unser Handlungsspielraum ist natürlich durch Verfügbarkeit von Raum und Ressourcen, vor allem aber auch durch soziale Zwänge begrenzt. Die Vielfalt an Individualität in einer Gesellschaft ist nur dann möglich, wenn die einzelnen Individuen eine Nische besetzen und ausfüllen, die ihren Fähigkeiten entspricht und in die sie hineinpassen können. Dabei nimmt die Gesellschaft nicht unbedingt Rücksicht auf den Einzelnen.
Die Gemeinschaft verlangt im Allgemeinen oft vom Individuum, dass es auf den Einsatz von Fähigkeiten, über die es an und für sich verfügt, verzichten muss und andere Fähigkeiten und Fertigkeiten, über die es vorerst im geringeren Ausmaß verfügt, verbessert und zum Einsatz bringt.
Es wird prinzipiell verlangt, dass sich jeder im Rahmen vorgegebener Situationen an- und einpasst. Denken wir an die sich heute rasch verändernden Bedingungen in der Berufswelt. Zufriedenheit in seinem Beruf wird der haben, der

Menschen verstehen	Menschen überzeugen	Menschen für sich gewinnen
Selbstreflexion	Eigenmotivation	Innere Stärke
Selbstdisziplin	Positive Ausstrahlung	Entwicklungsbereitschaft

eine berufliche Nische findet, die seinen Interessen und Fähigkeiten entspricht und in der er seine Ideen und Ziele verwirklichen kann. Das heißt, eine Nische, in der er als integraler Bestandteil eingepasst ist.
Aber es gehört auch die Bereitschaft dazu, sich an verändernde Bedingungen immer wieder anzupassen. Die Bereitschaft, ständig Neues zu erlernen, ist ein ganz wesentliches Element des »Sich-Anpassen-Könnens«. Nur wer dazu bereit ist, wird tatsächlich auch mit den ständig wechselnden Anforderungen der Gesellschaft zurechtkommen.
Umgekehrt schafft man es selbst, durch das Einbringen neuer Ideen und Zielvorgaben, Veränderungen in gesellschaftlichen und sozialen Strukturen zu erreichen. Hier ist von denen, die ihre Ideen umsetzen können, gefordert, anderen Zeit und Raum für eine von diesen akzeptierte Anpassung zu geben. Erzwungene Anpassungen (alle Verhaltensvorschriften, zum Beispiel Projekt-Deadlines oder Vorgaben zur Kommunikation etc.) erzeugen Unzufriedenheit und Widerstand.
Insgesamt erfordert dementsprechend das Gesetz der Anpassung zwei Dinge von uns, um innerhalb der bestehenden Gesellschaft erfolgreich zu sein:

- Menschen verstehen
- Menschen überzeugen
- Menschen für sich gewinnen
- Selbstreflexion
- Eigenmotivation
- Innere Stärke
- Selbstdisziplin
- Positive Ausstrahlung
- Entwicklungsbereitschaft

1. Dass wir uns an die gegebenen Bedingungen und Spielregeln, bewusst und soweit wir dies für zielführend halten, anpassen.
2. Dass wir jenen Menschen, die wir motivieren beziehungsweise führen, genügend Unterstützung geben oder Raum und Zeit lassen, damit sich diese an die von uns vorgegebenen Bedingungen anpassen können.

In Punkt 1 ist in einem Zwischensatz auch bereits der zweite, ganz wichtige Teil des »Gesetzes der Anpassung« enthalten: Nämlich die wohl kalkulierte und bewusste Entscheidung, wann und wie weit ich mich an wen und was anpasse. Diese Unterscheidung ist es nämlich, die »Spitzenreiter« von »Mitläufern« trennt. Wobei der Prozess der Umsetzung, der Durchsetzung von Ideen in der Gesellschaft immer in erster Linie von der entsprechenden Fokussierung abhängt (siehe Gesetz des Willens).

Spitzenreiter oder Mitläufer – Sie entscheiden!

Das »Angepasstsein« ist zu einem gewissen Grad nötig und kann auch für den Einzelnen sehr angenehm und nützlich sein, jedoch werden immer nur diejenigen Ideen in der Gesellschaft bekannt machen und die Möglichkeit erhalten, Dinge durchzusetzen, die sich in den Bereichen, die relevant für diese Ideen sind, nicht anpassen.
Und aus diesem Grund ist es unerlässlich, die richtige Balance zwischen »mit der Gesellschaft gehen« und »der Gesellschaft vorausgehen« zu finden.
Sowohl für die Verbesserung des eigenen Lebensraumes als auch zur Durchsetzung des eigenen Weges (sofern das Ziel im Rahmen der Gesellschaft liegt) ist es nötig, sich einem gesellschaftlichen System anzupassen. »Angepasstsein« ist zwar eben bis zu einem gewissen Grad nötig und kann für den Einzelnen sehr nützlich sein, jedoch besteht auf Dauer dadurch die Gefahr des gesellschaftlichen Stillstands.
Die Empfehlung lautet hier: Neue Ideen entwickeln, sie in die Gesellschaft einbringen und den Willen haben, sie umzusetzen, dabei jedoch soweit angepasst sein, als es zur Umsetzung dieser Ideen nötig ist – und dem Gesetz des Handelns folgen.

Menschen verstehen	Menschen überzeugen	Menschen für sich gewinnen
Selbstreflexion	Eigenmotivation	Innere Stärke
Selbstdisziplin	Positive Ausstrahlung	Entwicklungsbereitschaft

Erkenntnis 26:
Jeder kann frei entscheiden, ob, wann und inwieweit er sich anpasst.

Mit jeder Anpassung überlassen wir anderen ein Stück der Führung. Dies ist zum Teil nötig, da ein Zusammenspiel der Gesellschaft und somit auch ein Zusammenspiel der einzelnen Menschen für die persönliche Weiterentwicklung maßgebend ist. Entscheidend aber für den Einzelnen ist, dass er in allen Situationen seine Anpassung so wählt, dass diese seinem Weg und seiner Entwicklung nützlich ist und er dabei niemals sein Ziel und die Folgen der Anpassung außer Acht lässt.

Ausgefallen – aufgefallen

Ein kleiner Junge, der am Bau ausgeholfen hat, sieht, wie der Bauherr mit einem riesigen Luxusschlitten angefahren kommt, aussteigt und die Baustelle begutachtet. Der Kleine geht zu dem Bauherrn hin, zupft ihn am Anzug und sagt: »Du, was muss ich machen, dass ich auch so ein großes Auto fahre?«
Da beugt sich der Bauherr zu dem Jungen und sagt: »Siehst du die Arbeiter da auf dem Gerüst an der Baustelle?« – »Ja.« – »Siehst du, die haben alle einen blauen Overall an.« – Der Junge nickt. – »Und dort, wenn du da arbeitest, ziehst du einen gelben Overall an.« – Da fragt der Junge: »Und das genügt, damit ich so ein großes Auto fahre?« – »Das noch nicht. Dann musst du auch noch doppelt so viel und doppelt so gut arbeiten wie alle anderen.«

Gute Gründe, aufzufallen

»Ich muss auffallen, aber … ich muss auch genügend Gründe liefern, um positiv aufzufallen.« Das könnte der Leitsatz sein. Denn: Solange ich mich in der Masse verstecke, werde ich niemandem auffallen. Wenn Sie Fotos von einer Party sehen, auf der Sie auch waren, welche Fotos interessieren Sie dann am meisten? Die, auf denen Ihre Freunde drauf sind, oder die, auf denen Sie selbst abgelichtet sind? Lesen Sie in einer Tageszeitung die Meldungen aus aller Welt, obwohl auch eine dreizeilige Kurzmeldung über Sie geschrieben wurde, oder blättern Sie schnell vor zu der Stelle, wo der Artikel über Sie steht? Menschen sind einfach sich selbst die Nächsten und das ist auch vollkommen in Ordnung. Das heißt aber auch, dass niemand sich die Zeit dafür nehmen wird, nach Ihren Talenten zu forschen. Niemand wird die Zeit aufwenden, um herauszufinden, wie gut Sie wirklich sind. In der Praxis läuft es anders. Im wahren Leben läuft es so, dass derjenige, der von selbst positiv auffällt, auch erfolgreich ist.

Und dies bedeutet: Ich muss auffallen und zwar am besten positiv.

Um das gesteckte Ziel zu erreichen, bedarf es, wie oben erwähnt, auch eines gewissen Maßes an Anpassung. Um den geeigneten Moment für die optimale Anpassungssituation herauszufinden, gilt es, folgenden Spruch zu beachten:

Wer mir sympathisch ist, mit dem bin ich eher einer Meinung; wer mit mir einer Meinung ist, der ist mir eher sympathisch.

Menschen verstehen
Menschen überzeugen
Menschen für sich gewinnen
Selbstreflexion
Eigenmotivation
Innere Stärke
Selbstdisziplin
Positive Ausstrahlung
Entwicklungsbereitschaft

»15 Trainingstipp to go

Im persönlichen Gespräch und auch in der persönlichen Konfrontation mit einer Gruppe kann das Werkzeug der Anpassung (Schlüsselworte wiederholen, in der gleichen Art wie mein Gegenüber sprechen, Körperhaltung angleichen …) ganz bewusst zur Herstellung von Gleichheit und somit zur Herbeiführung von Sympathie verwendet werden. Die Konsequenz daraus ist die Schaffung von Meinungsgleichheit. Die Nutzung dieser Methode als Werkzeug zur Herstellung von Meinungsgleichheit ist jeweils vom Anwender in Abstimmung mit den von ihm verfolgten Zielen moralisch zu bewerten.

Es lohnt sich, darüber nachzudenken. Sicher ist es sehr vereinfacht, sehr trivial, aber es ist zu 90 Prozent die Wahrheit. Wer mir sympathisch ist, wen ich mag, dem gebe ich leichter recht und wer recht hat, wer meiner Meinung ist, der ist mir wesentlich sympathischer. Das bedeutet, durch die Anpassung erreichen wir Sympathie und aufgrund dieser Sympathie erreichen wir dann die Meinungsführerschaft. Das ist das Wesen des Gesetzes der Anpassung im persönlichen Bereich.

Bewusst anpassen – das will gelernt sein

Wichtig ist, dass die Anpassung auf einer freien, bewussten Entscheidung beruht. Schwimmen Sie nie einfach nur mit, weil es die anderen auch tun. Passen Sie sich bewusst und souverän an, weil es aus bestimmten Gründen sinnvoll ist. Stimmen Sie nie gegen etwas, nur weil es die Mehrheit verlangt. Bewahren Sie sich Ihre Souveränität und sagen Sie sich selbst: »In diesem Punkt bin ich unangepasst, weil ich vorangehe, weil ich meine eigene Wirklichkeit vertrete«.

Dieses Bewusstmachen der möglichen Anpassung ist etwas ganz Entscheidendes: Schwimme ich mit oder gehe ich voran? Wenn Sie das immer bewusst denken, ist das ein wesentlicher Schritt, um das Prinzip der Anpassung gekonnt anzuwenden und Menschen um Sie herum zu begeistern, zu motivieren und führen zu können. Dabei gilt die Devise: So wenig wie möglich anpassen, soviel als nötig angleichen. Im Prinzip heißt es unterm Strich: Mitlaufen, aber ganz vorne!

→ Erst einmal nehmen wir zur Kenntnis, dass Anpassung und Nichtanpassung nicht Charaktereigenschaften oder dauerhafte Zustände sind, sondern ganz konkrete Werkzeuge, um etwas zu erreichen. Beides ist gleich wertvoll, gleich gehaltvoll. Sowohl mit Anpassung als auch mit Nichtanpassung kann immer etwas erreicht werden und wird immer etwas bewirkt.

→ Das Grundlegende bei Anpassung oder eben Nichtanpassung ist immer, dass die Auswahl ganz bewusst geschieht und von Situation zu Situation neu getroffen wird. Nie sollte man aus Gewohnheit oder Zufall heraus Anpassung oder Nichtanpassung betreiben oder sich einfach »mitreißen« lassen. Sondern stattdessen stets ganz bewusst überlegen: »Was bringt es mir, mich jetzt anzupassen und was bringt es mir, meine eigene Haltung zu bewahren?«

→ So wird Anpassung zu einem Werkzeug, mit dem man sein Umfeld und seine Mitmenschen ganz konkret bewegen und führen kann, beziehungsweise mit dem man sich ganz gezielt der Beeinflussung durch sein Umfeld entziehen kann.

MEIN WEG

»Ich bin nicht aus Gewohnheit und Gedankenlosigkeit ständig angepasst, sondern ich wähle völlig frei, bewusst und von Fall zu Fall neu, ob – und wenn, wie weit – ich mich an mein Umfeld anpasse. Dies ist jeweils eine freie Entscheidung, die ich von der Sinnhaftigkeit für meinen Weg abhängig mache.«

Menschen verstehen	Menschen überzeugen	Menschen für sich gewinnen
Selbstreflexion	Eigenmotivation	Innere Stärke
Selbstdisziplin	Positive Ausstrahlung	Entwicklungsbereitschaft

Trainieren Sie das Gesetz der Anpassung

Mit den folgenden fünf Übungen können Sie das Gesetz der Anpassung trainieren und so bewusst entscheiden, wann Anpassung von Vorteil ist. Tragen Sie Ihre Erkenntnisse und Ergebnisse in die Check-up-Liste auf Seite 168 ein.

31

→ Übung 31 | Beobachtungsgabe

Beobachten Sie einmal einen ganzen Tag Ihre Mitmenschen sehr genau. Wer passt sich wem, in welcher Situation an und wer nicht? Und warum, glauben Sie, tut derjenige das, was er tut? Registrieren Sie auch die Auswirkungen von Anpassung oder Nichtanpassung. Notieren Sie abends Ihre Beobachtungen.

32

→ Übung 32 | Anpassungsanalyse

Fertigen Sie eine Liste mit jenen Situationen an, in denen Sie sich in letzter Zeit bewusst angepasst haben beziehungsweise laufend bewusst anpassen, um etwas zu erreichen (und sei es »nur« Ruhe/Harmonie). Halten Sie dabei bitte auch fest, wie Sie sich dabei gefühlt haben beziehungsweise fühlen.

33

→ Übung 33 | Gegen Widerstände agieren

Notieren Sie immer wiederkehrende Situationen aus Ihrem Leben, in denen es vielleicht sinnvoll wäre, sich nicht mehr anzupassen.
Bringen Sie den Mut auf, sich in diesen Situationen ganz bewusst nicht mehr anzupassen und beobachten Sie, was passiert. Kneifen Sie aber nicht gleich beim ersten Widerstand, sondern ziehen Sie Ihren Weg durch!

➜ Übung 34 | Schlüsselworte suchen

34

Filtern Sie einen ganzen Tag bei allen Personen, mit denen Sie sprechen, die sogenannten Schlüsselworte heraus. Das sind jene Worte, die Ihr Gesprächspartner gern und immer wieder sagt. Verwenden Sie dann genau diese Worte im gleichen Tonfall und in der gleichen Aussprache, wenn Sie mit diesem Menschen sprechen. Notieren Sie Ihre Erfahrungen.

➜ Übung 35 | Nachahmen üben

35

Versuchen Sie einen ganzen Tag lang bei allen Menschen, mit denen Sie sprechen, deren Körperhaltung (Arme und Hände, Kopfbewegungen, Beinstellung …) unauffällig nachzuahmen. Wichtig dabei ist, dass es nicht gekünstelt und nachahmend wirkt, sondern wie zufällig und ganz selbstverständlich eine angenehme »Gleichheitsstimmung« herbeigeführt wird. Notieren Sie abends Ihre Erfahrungen.

Das Gesetz der Anpassung

CHECK UP

→ ÜBUNG 31: BEOBACHTUNGSGABE

Haben Sie diese Übung gemacht? ○ Ja ○ Nein

Hat Ihnen diese Übung einen Erfolg gebracht? ○ Ja ○ Nein

Wie oft haben Sie die Übung wiederholt? ___ mal.

IHR PERSÖNLICHES FAZIT:

....

....

→ ÜBUNG 32: ANPASSUNGSANALYSE

Haben Sie diese Übung gemacht? ○ Ja ○ Nein

Hat Ihnen diese Übung einen Erfolg gebracht? ○ Ja ○ Nein

Wie oft haben Sie die Übung wiederholt? ___ mal.

IHR PERSÖNLICHES FAZIT:

....

....

→ ÜBUNG 33: GEGEN WIDERSTÄNDE AGIEREN

Haben Sie diese Übung gemacht? ○ Ja ○ Nein

Hat Ihnen diese Übung einen Erfolg gebracht? ○ Ja ○ Nein

Wie oft haben Sie die Übung wiederholt? ___ mal.

IHR PERSÖNLICHES FAZIT:

....

....

→ ÜBUNG 34: SCHLÜSSELWORTE SUCHEN

Haben Sie diese Übung gemacht? ○ Ja ○ Nein

Hat Ihnen diese Übung einen Erfolg gebracht? ○ Ja ○ Nein

Wie oft haben Sie die Übung wiederholt? ___ mal.

IHR PERSÖNLICHES FAZIT:

....

....

→ ÜBUNG 35: NACHAHMEN ÜBEN

Haben Sie diese Übung gemacht? ○ Ja ○ Nein

Hat Ihnen diese Übung einen Erfolg gebracht? ○ Ja ○ Nein

Wie oft haben Sie die Übung wiederholt? ___ mal.

IHR PERSÖNLICHES FAZIT:

....

....

8

DAS GESETZ DER FÜHRUNG

Möchten Sie in Ihrem Leben gern die erste Geige spielen? Fakt ist: Den wenigsten Menschen gelingt das. Denn echte Führung hat etwas mit Persönlichkeit zu tun und muss »gelebt« werden. Den Erfolgsweg zu gehen heißt, im Orchester Ihres Lebens nicht ein Resonanzkörper zu sein, sondern der Dirigent, der mit jeder Bewegung einen bestimmten Ton hervorruft.

+ Freunde und Bekannte
+ Business und Beruf
+ Gesundheit

SELBSTTEST

Sind Sie ein Gewohnheitstier?

Gewohnheiten geben dem Leben Struktur und Sicherheit. Doch wer MEHR vom LEBEN will, muss ab und zu auch über den Tellerrand hinausblicken. Erfahren Sie hier, welche Rolle das Neue in Ihrem Leben spielt …

Sie sollen einen Vortrag halten und haben Ihre Unterlagen vergessen. Was machen Sie?

1
- O Ich halte den Vortrag – meine Aufzeichnungen brauche ich sowieso nicht. (D)
- O Wenn ich vom Thema eine Ahnung habe, brauche ich meine Unterlagen nicht. (C)
- O Das würde mir schwerfallen. (B)
- O Ich würde den Vortag verschieben. (A)

Haben Sie schon einmal ein technisches Problem ohne reguläres Werkzeug gelöst?

2
- O Da muss doch ein Fachmann ran. (A)
- O Schon mehrmals. (D)
- O Manchmal, muss aber nicht sein. (C)
- O Nein, es blieb beim Versuch. (B)

Wie reagieren Sie, wenn sich im Restaurant fremde Leute an Ihren Tisch setzen wollen?

3
- O Kein Problem. (D)
- O Ich bin skeptisch. (C)
- O Ich würde gerne »Nein« sagen, traue mich aber nicht. (B)
- O Ich lehne das ab. (A)

Können Sie einfach nur dasitzen und an nichts denken?

4
- O Ja, wenn's sein muss. (B)
- O Nein, das geht gar nicht. (C)
- O Kein Problem. (A)
- O Ja, aber es kostet mich sehr viel Willenskraft. (C)

Haben Sie in den letzten fünf Jahren die Einrichtung Ihrer Wohnung verändert?

5
- O Nein, alles ist so, wie es war. (A)
- O Ja, schon öfter. (C)
- O Das tue ich ständig. (D)
- O Nur geringfügig. (B)

Was wäre, wenn Sie das Angebot bekämen, im Ausland zu arbeiten?

6
- O Niemals, dazu bin ich hier viel zu verwurzelt. (A)
- O Ja, das würde mich reizen (oder ich habe es schon getan). (D)
- O Für eine begrenzte Zeit schon. (C)
- O Wenn, dann nur für eine ganz kurze Zeit. (A)

Haben Sie in den letzten Jahren mehrmals ein neues Hobby begonnen?

7
- O Ja, mich faszinieren neue Herausforderungen. (C)
- O Nur eines, aber daran arbeite ich immer noch. (A)
- O Nein, für Hobbys habe ich zu wenig Zeit, deshalb bleibe ich bei denen, die ich schon habe. (B)
- O Ich probiere immer wieder etwas Neues, aber meistens halte ich nicht durch. (D)

Haben Sie ein Stammlokal?

8
- O Nein, ich probiere gerne etwas Neues aus. (C)
- O Nein, ich gehe selten zweimal hintereinander ins gleiche Lokal. (D)
- O Ich habe mehrere Stammlokale. (B)
- O Ja, es gibt ein spezielles Lokal, in dass ich regelmäßig gehe. (A)

Welches Bild gefällt Ihnen am besten?

9
- O Ein Mensch, der durch eine fremde Stadt geht. (C)
- O Ein Bild, dessen Hintergrund verschwommen ist. (D)
- O Ein Foto, auf dem ein Boot in sanften Wellen schaukelt. (A)
- O Ein Bild, auf dem ein gerader Weg zu sehen ist, der zu einem deutlichen Ziel führt. (B)

AUSWERTUNG

Addieren Sie die Buchstabenwerte!

A = ____ mal B = ____ mal C = ____ mal D = ____ mal

Lesen Sie die Interpretation mit Ihrem höchsten Buchstabenwert, um zu erfahren, wo Sie stehen.

DIE MACHT DER GEWOHNHEIT

A Die Macht der Gewohnheit hat Sie fest im Griff. Wahrscheinlich genießen Sie die Sicherheit, die sich daraus ergibt. Der feste Rahmen begrenzt allerdings Ihren Handlungsspielraum. Sich ab und zu neuen Herausforderungen zu stellen, würde Ihr Leben interessanter machen. Es ist schon klar, dass das Überwindung kostet, aber Rom wurde schließlich auch nicht an einem Tag erbaut, oder?

AUF DER SUCHE NACH DEM »KICK«

B Sie haben ein geregeltes Leben, das Sicherheit und Stabilität vermittelt – aber so rundum glücklich sind Sie damit nicht. Es fehlt der berühmte »Kick«, der Ihren Alltag mit frischem Wind versorgt. Sicher müssten Sie dann Abstriche machen, aber eine Veränderung schafft auch neue Perspektiven. Und wenn Sie ganz ehrlich sind, wollen Sie doch MEHR vom LEBEN.

DIE HERAUSFORDERUNG ANNEHMEN

C Ein Leben ohne neue Herausforderungen ist nichts für Sie, es ist die Neugier, die Sie immer wieder zu Neuem treibt. Allerdings nur dann, wenn Sie den nötigen Mut zusammennehmen. Und jedes Mal, wenn's gelingt, nehmen Sie sich vor, es öfter zu tun. Jetzt gilt es nur noch, die guten Vorsätze konsequent umzusetzen – das Zeug dazu haben Sie jedenfalls.

ENTDECKER GESUCHT

D Stillstand ist Rückstand – das könnte Ihre Devise sein. Leider führt diese überhöhte Aktivität manchmal dazu, dass Sie ständig etwas Neues anfangen – und nichts wirklich zu Ende bringen. Was Sie brauchen, ist Kontinuität und ein klares Ziel vor Augen! Lernen Sie, Ihre Ziele klarer zu fokussieren und teilen Sie sich Ihre Energie besser ein.

Das Gesetz der Führung

Authentisch sein – immer und überall. Führung muss gelebt werden. Sie hingegen nur als »Teilzeitjob« zu sehen und Ihr Denken, Ihr Verhalten, Ihre Persönlichkeit nur teilweise Ihren Führungsaufgaben anzupassen, ist grundsätzlich falsch. Den Erfolgsweg zu gehen heißt, etwas in Ihrem Sinn in Bewegung setzen. Denn: Wer handelt, setzt Ursachen und bewirkt Reaktionen und nur so kann er vorgehen und damit die Führung übernehmen. Nur durch das ständige Ausleben der gewünschten Persönlichkeit werden sich die entsprechenden Gewohnheiten herausbilden. Sie werden Ihrer selbst immer sicherer und Ihre Ausstrahlung und Glaubwürdigkeit werden zunehmen. 100 Prozent authentisch sein – das ist das Ziel!

Sich selbst und andere führen

Ich gab einmal einem Abteilungsleiter im mittleren Management ein Coaching und der hatte folgendes Anliegen: »Herr Adler, ich habe ständig Probleme in meiner Abteilung. Die Mitarbeiter sind alle so aufmüpfig. Schreiben Sie mir am besten eine Dienstanweisung, in der genau aufgelistet ist, was ich anweisen kann und was nicht, und was meine Mitarbeiter zu befolgen haben und was nicht.« Das habe ich natürlich nicht getan. Wir haben uns anderweitig geeinigt. Aber es war ein hartes Stück Arbeit, den Manager zu der Erkenntnis zu bringen, dass sich künstliche Autorität nicht zur Führung eignet, sondern wahre und erfolgreiche Führung immer nur ehrlich aus den Menschen selbst heraus wirken kann.

Führen ist etwas ganz Besonderes. Immer und überall, wo Menschen zusammenkommen, ist das Thema Führung sehr relevant. Und wenn Sie privat zufrieden und beruflich erfolgreich sein möchten, dann sollten Sie sich mit diesem Thema beschäftigen.

Manche Führungspersönlichkeiten haben keine Ahnung, welche Signale sie senden. Nachdem aber doch immer wieder irgendetwas passiert, sind sie froh, dass überhaupt irgendetwas in Gang kommt. Das meiste von dem, was passiert, verbuchen sie dann auf dem eigenen Konto und halten es sich selbst zu-

Innere Stärke	Selbstreflexion	Entwicklungsbereitschaft
Geduld und Gelassenheit	Selbstdisziplin	Eigenmotivation
Menschen motivieren	Menschen überzeugen	Selbstvertrauen

gute. Für diese Menschen ist wichtig, im Nachhinein immer sagen zu können: »Habe ich eh so beabsichtigt …«

Viele Führungskräfte verstehen ihre Tätigkeit als Schauspielerei. Sie sind immer dann Führungskraft, wenn sie in der Firma sind. Wenn man sie in der Firma trifft oder wenn sie gerade ein wichtiges Gespräch haben, dann sind sie Führungspersönlichkeit. Wenn Sie sie privat treffen, können Sie nicht verstehen, dass diese Person eine Führungskraft sein soll.

Andere Führungskräfte »kaufen« sich von außen Autorität und betrachten ihre Position mehr als Nebenjob. Das sind diese kumpelhaften Leader, die gerne sagen: »Also, ich habe leider die Anweisung bekommen, euch zu sagen, dass ihr das tun müsst«. Es sind diejenigen, die meistens zu wenig Selbstbewusstsein haben, um das Führen wirklich als Führen zu leben.

Eine Führungspersönlichkeit ist wie ein Dirigent. Ein Dirigent kann auch nicht dirigieren, sich zwischendurch kratzen und dann weiter dirigieren. Das ist maximal im Slapstick möglich. Eine Führungspersönlichkeit muss die Führung leben. Das bedeutet: nicht nur zwischendurch, sondern ständig und immer.

- Innere Stärke
- Geduld und Gelassenheit
- Menschen motivieren
- Selbstreflexion
- Selbstdisziplin
- Menschen überzeugen
- Entwicklungsbereitschaft
- Eigenmotivation
- Selbstvertrauen

Erkenntnis 27: Führung will gelebt werden – immer und überall.

Die Ausstrahlung, das Charisma, das Selbstbewusstsein und auch die Anziehungskraft einer Führungspersönlichkeit erreiche ich nur dann, wenn ich Führung immer lebe. Ich muss mir darüber im Klaren sein, dass ich auch dann eine Führungspersönlichkeit bin, wenn ich im Urlaub oder zu Hause bei meiner Familie bin oder auf der Couch liege. Eine echte Führungspersönlichkeit lebt diese Eigenschaft immer und überall.

Also kein Schauspiel, in dem man die anerkannte Respektperson in der Firma nur spielt und dann zu Hause privat alles stehen und liegen lässt und sich so verantwortungslos benimmt, wie sich eine Führungspersönlichkeit das niemals leisten würde. Die wahre Natur des Führens kann man nicht einfach an- und abschalten wie das Licht per Lichtschalter.

Führungspersönlichkeit zu leben heißt, die entsprechenden Skills nicht nur im Job anzuwenden, sondern auch in der Familie, mit den Kindern und Freunden. Verstehen Sie das nicht falsch! Es bedeutet eben nicht, sich permanent zu verstellen. Sondern die eigene Führungspersönlichkeit voll auszuleben, sie stets wahrzunehmen, weil sie bei einer Führungspersönlichkeit eben einfach immerzu da ist. Das heißt, zuverlässig, offen, fair, ehrlich, innovativ, verantwortungsbewusst, vorausschauend zu sein, und, und, und …

Das Bild, das Sie von sich als Führungspersönlichkeit haben, sollte dem Idealfall entsprechen. Dieses Bild können Sie niemals spielen. Für eine gewisse Zeit vielleicht, für einen gewissen Job womöglich auch noch. Aber langfristig erfolgreich können Sie nur das leben, was Sie wirklich sind. Natürlich kann eine Führungspersönlichkeit auch mal morgens zu Hause herumliegen, weil sie sich bewusst dafür entschieden hat (aber nicht, weil Sie nicht aus dem Bett kommt!) und sich ihrer Verantwortung für andere und damit sich selbst bewusst ist. Damit fängt es an.

Innere Stärke	Selbstreflexion	Entwicklungsbereitschaft
Geduld und Gelassenheit	Selbstdisziplin	Eigenmotivation
Menschen motivieren	Menschen überzeugen	Selbstvertrauen

Die ideale Führungspersönlichkeit

Je höher in der sozialen Hierarchie, desto mehr Wahlfreiheiten in seiner Umwelt. Je größer Kompetenz und Überzeugungsvermögen, desto größer die Akzeptanz in der Gesellschaft. Um dies zu erreichen und – was noch schwerer ist – auch dauerhaft zu erhalten, sind jedoch einige Dinge zu beachten.
Kein Ziel kann alleine und losgelöst von der Gesellschaft erreicht werden. Zur Umsetzung eigener Ideen sind neben Akzeptanz in der Gesellschaft auch Motivation und Bereitschaft zur Mitarbeit von anderen erforderlich.
Das erfolgreiche Umsetzen von Ideen kann immer nur aus einer Gemeinschaft heraus gelingen. Diese gemeinschaftliche Zusammenarbeit funktioniert umso reibungsloser und das Team arbeitet umso homogener auf das Ziel zu, je besser die Führung durch den Ideenstifter ist. Dazu ist das bestimmende Handeln – Agieren und möglichst wenig Reagieren – von denjenigen Personen nötig, die diese Ziele vorgeben und das gemeinsame Handeln koordinieren.

Nice to know
Das Alpha-Tier

Die Führung einer Elefantenherde zum Beispiel liegt immer bei der ältesten und erfahrensten Elefantenkuh. Ebenso ist es in Hirschrudeln, die außerhalb der Brunft von einem erfahrenen Leittier geführt werden.
In diesen tierischen Gemeinschaften – ebenso wie in menschlichen Gesellschaften – führen die ranghohen, akzeptierten Individuen jedoch nicht nur, sondern sie spielen auch eine stabilisierende Rolle. Durch sie werden Auseinandersetzungen unter den Gruppenmitgliedern um soziale Positionen weitgehend gemildert und verhindert.
Fallen leitende Individuen aus, löst das meist soziale Rangkämpfe aus. Als Beispiel sei auf die in den Alpen vorkommenden Türkhühner verwiesen. Da ist es so, dass der Fall des ranghöchsten Hahnes (etwa durch Erlegung) unmittelbar zu heftigen, oft über Wochen anhaltenden Rangordnungskämpfen unter den verbliebenen Hähnen führt.

Innere Stärke	Selbstreflexion	Entwicklungsbereitschaft
Geduld und Gelassenheit	Selbstdisziplin	Eigenmotivation
Menschen motivieren	Menschen überzeugen	Selbstvertrauen

Persönlichkeiten mit Führungsqualitäten zeichnen sich vor allem dadurch aus, dass sie in der Lage sind, durch äußere Widerstände oder interne Ermüdungsphänomene bedingte Motivationskrisen bei den Mitarbeitern zu erkennen und solchen Entwicklungen aktiv begegnen zu können. Wobei neben der sachlichen Kompetenz des Führenden auch emotionales Vorgehen gefordert ist.
Führen setzt also das Handeln-Wollen voraus. Wer emotionale Durchhänger und Widerstände als solche erkennt und bereit ist, sie aktiv zu überwinden, und wer sein gesetztes Ziel auch bei Rückschlägen nie aus den Augen verliert, dem wird man die Position des Alphatieres zuerkennen.
Generell wird Führungskompetenz stets innerhalb definierter Gesellschaftsgruppen ausgeübt. Führungskompetenz entsteht aus der Persönlichkeit heraus – und wird in der Folge sukzessive durch zunehmende Akzeptanz in der Gesellschaft weiter ausgebaut.

Sie entscheiden: Führen oder führen lassen?

Führung entsteht allerdings auch durch Gewohnheiten. Was bedeuten diese prinzipiellen Gegebenheiten der Führung nun speziell für Sie auf Ihrem persönlichen Erfolgsweg? Es beginnt damit, dass wir uns darüber klar sein müssen, dass auch wir geführt werden – zum einen durch andere Menschen (dies und wie weit wir uns darauf einlassen, behandelt das Gesetz der Anpassung, siehe Seite 150 ff.) und zum anderen von etwas, das wir getrost einen »treuen Diener« nennen können. Es handelt sich um die Gewohnheit. Ja, mehr noch: Unsere Gewohnheiten machen uns zu dem, der wir sind.

Die Macht der Gewohnheit

Ich bin dein ständiger Begleiter, ich bin dein größter Helfer oder deine schwerste Bürde.
Ich kann dich voranbringen oder in einen Misserfolg ziehen, ich höre auf dein Kommando.
Du kannst getrost die Hälfte deiner Aufgaben mir übertragen.
Ich werde sie erledigen, und zwar korrekt.

Innere Stärke	Selbstreflexion	Entwicklungsbereitschaft
Geduld und Gelassenheit	Selbstdisziplin	Eigenmotivation
Menschen motivieren	Menschen überzeugen	Selbstvertrauen

Ich bin leicht zu führen, du musst nur fest mir gegenüber sein. Zeig mir, wie du die Dinge haben möchtest und nach kurzer Anlaufzeit werde ich sie automatisch erledigen.
Ich bin der Diener aller Großen, leider auch aller Versager. Die Großen habe ich groß gemacht, die Versager habe ich zu Versagern gemacht.
Ich bin keine Maschine, aber ich arbeite mit der Präzision einer Maschine plus der menschlichen Intelligenz. Du kannst mich zu deinem Gewinn einsetzen oder auch zu deinem Ruin. Mir ist es egal.
Setze mich ein, bilde mich weiter, sei streng mit mir und ich werde dir die Welt zu Füßen legen. Geh nachlässig mit mir um und ich werde dich zerstören. Ich führe dich, wohin du willst.

Jeder Mensch kann sich aussuchen, welche Gewohnheiten er haben will und welche ungeliebten Gewohnheiten er ändert. Unsere Gewohnheiten sind es, die uns in den meisten Bereichen unseres Lebens »führen«. Es sind die Gewohnheiten, die uns dorthin führen, wo wir sind oder wo wir sein wollen.
Sie werden überrascht sein, bei wie vielen Dingen Sie feststellen müssen, dass Sie gar nicht wissen, warum Sie so handeln oder denken. Sie können davon ausgehen, dass Sie vieles in Ihrem Leben – viel mehr, als Sie bisher vielleicht gedacht haben – aus reiner Gewohnheit machen. Und diese Gewohnheiten machen Sie zu der Person, die Sie sind. Sie führen Sie sozusagen. Nun kann diese Erkenntnis zwar frustrierend sein, weil es uns – wie das Gesetz der Wirklichkeit – vor Augen führt, wie sehr der Mensch doch eigentlich eine Maschine ist. Das Verstehen dieses Prinzips kann aber auch eine gewaltige Chance sein. Es heißt nämlich auch: Jeder, der möchte, kann sich durch das bewusste Festlegen seiner Gewohnheiten selbst führen!
Der eine schaltet, wenn er nach Hause kommt, aus reiner Gewohnheit den Fernse-

»16 Trainingstipp to go

Vielleicht überlegen Sie sich einmal, welche Gewohnheiten Sie haben, die Sie nicht zu einer erfolgreichen und zufriedenen Persönlichkeit machen. Dann legen Sie diese ab, indem Sie sie einfach austauschen – gegen neue, gute Angewohnheiten. Das liegt in Ihrer Macht und eigenen Verantwortung! Nicht von heute auf morgen, aber mit Geduld und Ausdauer geht es.

Innere Stärke | Selbstreflexion | Entwicklungsbereitschaft
Geduld und Gelassenheit | Selbstdisziplin | Eigenmotivation
Menschen motivieren | Menschen überzeugen | Selbstvertrauen

her an, lässt sich auf die Couch oder in den Sessel fallen und verbringt den Rest des Abends auf gemütliche Art und Weise mit einem guten Essen und vielleicht einem Glas Bier oder Wein. Er denkt gar nicht daran, seinen Abend anders zu verbringen. Er ist es so gewohnt.

Der andere zieht sich jeden Tag, wenn er nach Hause kommt, sein Laufdress an und geht, gleich bei welchem Wetter, an die frische Luft, um eine Stunde zu joggen, bevor er überhaupt an irgendetwas anderes denkt. Auch ihm würde nie einfallen, ohne besonderen Grund etwas anderes zu tun, wenn er nach Hause kommt. Er ist es ebenfalls so gewohnt.

Nun frage ich Sie – lieber Leser –, welcher von beiden wird gesünder, zufriedener und vermutlich auch erfolgreicher sein? Dabei bringt keiner von beiden mehr Einsatz als der andere, keiner von beiden muss etwas »in Kauf nehmen«, um gesünder oder zufriedener zu sein. Nein – beide tun es einfach aus Gewohnheit.

Gewohnheiten machen uns zu der Person, die wir sind

Es gibt Menschen, die aufgrund ihres Verhaltens oder ihrer Art der Kommunikation bei ihren Mitmenschen ständig auf Schwierigkeiten stoßen. Und obwohl diese Menschen meistens wissen, dass es ihre Eigenheiten sind, die immer wieder zu Konflikten mit ihrem Umfeld führen, ändern sie ihr Verhalten nur in den seltensten Fällen. Sie handeln eben aus Gewohnheit.

Andererseits geben oft erfolgreiche Menschen auf die Fragen, warum sie zum Beispiel morgens schon um fünf Uhr aufstehen, warum sie immer freundlich und zuvorkommend zu ihren Mitarbeitern sind, laufend schnelle Entscheidungen treffen und so weiter, häufig die Antwort: »Ich weiß es gar nicht – ich bin es einfach so gewohnt.«

Sie sehen, die Gewohnheit ist es, die uns führt und uns zu der Persönlichkeit macht, die wir sind. Wenn wir also nun eine andere Persönlichkeit sein wollen, wenn wir Dinge an uns ändern möchten, dann müssen wir einfach nur unsere Gewohnheiten ändern.

Innere Stärke	Selbstreflexion	Entwicklungsbereitschaft
Geduld und Gelassenheit	Selbstdisziplin	Eigenmotivation
Menschen motivieren	Menschen überzeugen	Selbstvertrauen

Erkenntnis 28:
Jeder bleibt, was er ist!

Solange wir das tun, was wir immer schon getan haben, werden wir nur das haben, was wir immer schon gehabt haben und nur das sein, was wir immer schon gewesen sind.

Um eine Gewohnheit zu ändern, genügt es jedoch nicht, sich das einfach nur vorzunehmen. Sie kennen sicherlich die guten Vorsätze zu Neujahr oder zum Geburtstag, die einige Zeit anhalten, aber dann von den alten Gewohnheiten wieder eingeholt werden.

- Innere Stärke
- Selbstreflexion
- Entwicklungsbereitschaft
- Geduld und Gelassenheit
- Selbstdisziplin
- Eigenmotivation
- Menschen motivieren
- Menschen überzeugen
- Selbstvertrauen

Nein – um eine Gewohnheit zu ändern, muss ich mir die neue Gewohnheit antrainieren. Ich muss mich jeden Tag damit beschäftigen und es dauert einige Wochen, Monate, ja, teilweise bis zu einem Jahr, bis ich eine alte Gewohnheit durch eine neue ersetzt habe, bis mir das neue Denken, die neue Verhaltensweise tatsächlich in Fleisch und Blut übergegangen ist.
Erst dann werde ich das gewünschte Verhalten automatisch an den Tag legen. Wenn die neue Gewohnheit einmal verankert ist, gibt es keinen Unterschied mehr im Aufwand zur früheren Gewohnheit. Sie werden – ohne dass es Ihnen schwerfällt – einfach die neue, bessere Gewohnheit leben.
Das Hindernis, über das die meisten Menschen stolpern, liegt lediglich in der Phase der Umstellung. Wenn Sie aber alte Gewohnheiten, die Ihrem Erfolg hinderlich sind, in neue Gewohnheiten umwandeln, die Ihrem Erfolg dienlich sind, dann müssen Sie unbedingt eine Phase der Umstellung aushalten. Eine Weile geduldig sein. Erst danach werden Sie fast wie von selbst zufriedener und erfolgreicher sein.
Indem Sie Ihre eigenen Gewohnheiten selbst bestimmen, können Sie auch selbst bestimmen, wohin Sie diese Gewohnheiten führen werden. Haben Sie nun die richtigen Gewohnheiten, das richtige Denken, das richtige Verhalten und die richtige Persönlichkeit, um andere Menschen zu führen, erlangt, so gilt es auch hierbei, einige Dinge zu beachten:

→ **TIPP 26:** Prinzipiell müssen Sie sich darüber bewusst sein, dass jede Führung in der Gesellschaft kleinere oder größere Widerstände hervorrufen wird. Dies ist dadurch bedingt, dass sich automatisch verschiedene Wege und Interessen kreuzen. Ihre Ideen und Vorstellungen können Sie nur dann durchsetzen, wenn sie ständig dazu bereit sind, sachlich und konsequent oder bei Bedarf sehr emotional Ihre Positionen zu vertreten.

☎ Business plus 7

Oft wird eine Führungsaufgabe auch wie ein Teilzeitjob gesehen. Man gibt Weisungen aus, trifft Anordnungen und ist sich immer dann seiner Rolle als Führungspersönlichkeit bewusst, wenn man meint, dass gerade eine entsprechende Situation gegeben ist. Dies ist jedoch ein grundlegend falsches Verhalten bei der Führung von Menschen. Führen setzt sich aus vielen Detailhandlungen

Innere Stärke	Selbstreflexion	Entwicklungsbereitschaft
Geduld und Gelassenheit	Selbstdisziplin	Eigenmotivation
Menschen motivieren	Menschen überzeugen	Selbstvertrauen

zusammen. Diese haben in sich stimmig zu sein. Es sollten so selten wie möglich reine Reaktionen, dafür viel mehr eigenverantwortliche Aktionen sein. Eine Handlung ist immer Ursache für weitere Reaktionen. Es kann keine Ursache ohne Wirkung geben – und keine Wirkung ergibt sich ohne Ursache. Machen Sie sich klar, dass Sie als Führungsperson die Ursache jeder Wirkung sind.

→ **TIPP 27:** Wenn man sich bewusst macht, dass die Gesellschaft – und vor allem die Führungskräfte in ihr – aufgrund von Resonanzen (Reaktionen) reagieren, ist klar, was zu tun ist. Sämtliche Handlungen, darunter vor allem auch die vermeintlich unbeobachteten, sind so abzustimmen, dass sie ausnahmslos in das aufgebaute Führungsschema hineinpassen. Es gilt, Resonanzen bewusst so zu erzeugen, dass sie den gewünschten Weg zum gemeinsam definierten Ziel unterstützen. Eine Führungspersönlichkeit ist in jeder Situation eine Führungspersönlichkeit, hat sich immer als eine solche zu verhalten und so zu denken. Und wenn ich **immer** schreibe, dann meine ich 24 Stunden am Tag – 365 Tage im Jahr. Denn nur so entwickelt sich die Persönlichkeit, Ausstrahlung und Glaubwürdigkeit, die es braucht, damit sich Menschen wirklich führen lassen.

Auf den Punkt gebracht: Führungsqualitäten

→ Wenn Sie Führung nur als Teilzeitjob sehen und Ihr Denken, Ihr Verhalten, Ihre Persönlichkeit nur teilweise Ihren Führungsaufgaben anpassen, werden Sie eher als Schauspieler anstatt als Führungsperson wahrgenommen. Ihr Umfeld wird sich von Ihnen nie wirklich führen lassen.

→ Den Erfolgsweg zu gehen heißt, im Orchester nicht Spieler und nicht Resonanzkörper zu sein, sondern Dirigent, bei dem jede Bewegung einen bestimmten Takt und Ton angibt. Nur wer handelt, setzt Ursachen und bewirkt Reaktionen. Ohne ständiges bewusstes Handeln ist ein aktives Gehen des Weges und somit auch die Entwicklung des eigenen Zieles nicht möglich.

→ Nicht außer Acht gelassen werden darf, dass eine Persönlichkeit sich durch nichts so stark weiterentwickeln kann wie durch ein ständiges Vorleben. Daher spielen Sie die Führungspersönlichkeit nicht nur, wenn Sie meinen, Sie einsetzen

Innere Stärke	Selbstreflexion	Entwicklungsbereitschaft
Geduld und Gelassenheit	Selbstdisziplin	Eigenmotivation
Menschen motivieren	Menschen überzeugen	Selbstvertrauen

zu müssen, sondern leben Sie diese auch wirklich. Auch in jenen Momenten, in denen Sie völlig allein und unbeobachtet sind.

→ Nur durch das ständige »Leben« der gewünschten Persönlichkeit werden sich die entsprechenden Gewohnheiten herausbilden. Sie werden Ihrer selbst immer sicherer werden und Ihre Ausstrahlung und Glaubwürdigkeit werden wachsen. Das ist es, was eine wirkliche Führungspersönlichkeit von künstlichen Autoritäten unterscheidet.

MEIN WEG

»Mir ist bewusst, dass ich zum Erreichen meiner Ziele die Unterstützung einer Gemeinschaft benötige. Weiter ist mir bewusst, dass ich, um eine Führungsperson mit entsprechender Ausstrahlung, Persönlichkeit und Glaubwürdigkeit zu sein, die von mir angestrebte Führungsrolle ohne Unterbrechung leben sollte. Daher stimme ich jede meiner Handlungen so ab, dass sie diesem Anspruch dienlich ist und zum gesetzten Ziel führt.«

Innere Stärke	Selbstreflexion	Entwicklungsbereitschaft
Geduld und Gelassenheit	Selbstdisziplin	Eigenmotivation
Menschen motivieren	Menschen überzeugen	Selbstvertrauen

Trainieren Sie das Gesetz der Führung

Mit den folgenden vier Übungen können Sie das Gesetz der Führung trainieren und so beispielsweise alte Gewohnheiten zu neuen umbilden. Tragen Sie Ihre Erkenntnisse und Ergebnisse in die Check-up-Liste auf Seite 188 ein.

36

→ Übung 36 | Gewohnheiten bilden I

Erstellen Sie bitte eine Liste Ihrer Gewohnheiten, die Sie daran hindern, so zu sein, wie Sie gern sein würden. Also eine Liste all jener Gewohnheiten, die Sie ablegen müssten, um Ihrem Idealbild einer Persönlichkeit näherzukommen. Erstellen Sie dann bitte eine Liste mit all jenen Gewohnheiten, welche eine Persönlichkeit, die Ihrem Idealbild entspricht, haben sollte und die Ihnen noch fehlen. Also eine Liste mit jenen Gewohnheiten, die Sie sich gerne aneignen wollen.

37

→ Übung 37 | Gewohnheiten bilden II

Erstellen Sie bitte eine Liste Ihrer Gewohnheiten, die Sie daran hindern, physisch so zu sein, wie Sie gerne sein würden. Also eine Liste all jener Gewohnheiten, die Sie ablegen müssten, um Ihrem körperlichem Idealbild näherzukommen.
Und dann erstellen Sie eine Liste mit all jenen Gewohnheiten, die eine Persönlichkeit, welche Ihrem Idealbild entspricht, haben sollte und die Ihnen noch fehlen. Also eine Liste mit den Gewohnheiten, die Sie sich noch aneignen wollen (Bewegung, Essensgewohnheiten, gesunder Schlaf ...).

→ Übung 38 | Persönlichkeit optimieren

38

Stellen Sie sich bitte Folgendes vor: Ein Fernsehsender hat sich bei Ihnen gemeldet und Sie gebeten, Sie für die Serie »24 Stunden im Leben eines erfolgreichen Menschen« einen Tag lang mit einem Kamerateam begleiten zu dürfen.

Dieser Tag ist heute. Vom Aufstehen bis zum Schlafengehen – außer auf der Toilette und im Badezimmer – ist nun einen ganzen Tag lang pausenlos ein Kamerateam um Sie herum und zeichnet alles auf.

Beobachten Sie sich heute selbst ganz genau. Wenn Ihnen während dieses Tages Dinge auffallen (außer intime Situationen, die Sie bewusst einem Fernsehpublikum nicht zeigen wollen), die Sie anders tun, nur weil eine Kamera dabei ist – dann ist dies die Differenz zwischen dem, wie Sie sind, und dem, wie Sie sein möchten.

Wenn Sie heute Dinge anders sagen, sich heute anders bewegen, freundlicher schauen, zuvorkommender und verständnisvoller sind … dann ist dies die Person, die Sie gerne sein möchten. Dann wissen Sie, was Sie noch an Ihrer Persönlichkeit optimieren können.

Notieren Sie die Situationen, in denen Sie Optimierungspotenzial festgestellt haben und vor allem: Was Sie an Ihrer Persönlichkeit nun weiterentwickeln möchten.

→ Übung 39 | Terminsache

39

Setzen Sie sich nun Ziele. Welche Ihrer Gewohnheiten beginnen Sie HEUTE konkret zu ändern? Und bis wann werden Sie diese geändert haben? Notieren Sie auch, welche Vorteile es für Sie haben wird, wenn Sie diese Gewohnheiten erfolgreich geändert haben.

Das Gesetz der Führung

CHECK UP

→ ÜBUNG 36: GEWOHNHEITEN BILDEN I

Haben Sie diese Übung gemacht? ○ Ja ○ Nein

Hat Ihnen diese Übung einen Erfolg gebracht? ○ Ja ○ Nein

Wie oft haben Sie die Übung wiederholt? ___ mal.

IHR PERSÖNLICHES FAZIT:

....

....

....

→ ÜBUNG 37: GEWOHNHEITEN BILDEN II

Haben Sie diese Übung gemacht? ○ Ja ○ Nein

Hat Ihnen diese Übung einen Erfolg gebracht? ○ Ja ○ Nein

Wie oft haben Sie die Übung wiederholt? ___ mal.

IHR PERSÖNLICHES FAZIT:

....

....

....

→ ÜBUNG 38: PERSÖNLICHKEIT OPTIMIEREN

Haben Sie diese Übung gemacht? ○ Ja ○ Nein

Hat Ihnen diese Übung einen Erfolg gebracht? ○ Ja ○ Nein

Wie oft haben Sie die Übung wiederholt? ___ mal.

IHR PERSÖNLICHES FAZIT:

....

....

....

→ ÜBUNG 39: TERMINSACHE

Haben Sie diese Übung gemacht? ○ Ja ○ Nein

Hat Ihnen diese Übung einen Erfolg gebracht? ○ Ja ○ Nein

Wie oft haben Sie die Übung wiederholt? ___ mal.

IHR PERSÖNLICHES FAZIT:

....

....

....

9

DAS GESETZ DES AUSGLEICHS

Alles hat seinen Preis! Das Leben ist bestimmt von Geben und Nehmen, jeder Mensch ist Teil dieses Systems und kann sich seiner Gesetzmäßigkeit nicht entziehen. Um in diesem Bereich zu punkten, muss man lernen, tolerant zu sein. Hüten Sie sich davor, Dinge unreflektiert zu bewerten! Wie oft sieht man etwas besonders kritisch – und stellt im Nachhinein fest, dass es doch gut war.

+ Partnerschaft
+ Freunde und Bekannte
+ Business und Beruf

SELBSTTEST

Vom Geben und Nehmen – Ist Ihre Bilanz ausgeglichen?

Wer gibt, ist selbstlos – wer nimmt, ein Egoist? Ganz so einfach ist es nicht, denn alles hat bekanntlich seinen Preis. Ob Ihre Rechnung aufgeht, erfahren Sie hier.

1 Eine schwere Entscheidung steht an. Wie gehen Sie vor?

- ○ Ich erstelle eine Pro- und Contra-Liste. (A)
- ○ Ich recherchiere alle Fakten und Konsequenzen. (B)
- ○ Ich höre auf mein Bauchgefühl. (C)

2 Ich bin lieber ehrlich als taktvoll. Trifft diese Aussage auf Sie zu?

- ○ Ja. (B)
- ○ Manchmal (C)
- ○ Nein. (A)

3 Stichwort »Lebensplanung«: Wie stehen Sie dazu?

- ○ Ich habe bereits einen Plan, wo ich in fünf Jahren stehen werde. (A)
- ○ Wozu? Es kommt immer anders, als man denkt. (C)
- ○ Eine Vorstellung davon habe ich schon. (B)

4 Ihnen wird ein spannenderer Job angeboten. Damit verbunden: mehr Geld, aber auch mehr Verantwortung und weniger Freizeit. Was tun Sie?

- ○ Ich würde sofort annehmen. (A)
- ○ Ich würde verzichten. Mein Privatleben ist mir zu wichtig. (B)
- ○ Ich würde mir überlegen: Was ist, wenn ich scheitere? (C)

5 Was steht Veränderungen in Ihrem Leben entgegen?

- ○ Mein Partner/meine Partnerin und/oder zu wenig Geld. (A)
- ○ Meine Angst, eine falsche Entscheidung zu treffen. (C)
- ○ Meine Trägheit. (B)

Lottospielen ist unvernünftig. Wie stehen Sie zu dieser Aussage?

6
- ○ Ja, das sehe ich genauso. (A)
- ○ Man bekommt, was man verdient. (B)
- ○ Manchmal muss man dem Glück auf die Sprünge helfen. (C)

Was ist für Sie die größte Belohnung?

7
- ○ Wenn ich mir etwas Schönes kaufe. (B)
- ○ Wenn ich mit etwas vollkommen zufrieden bin. (C)
- ○ Wenn ich Anerkennung bekomme. (A)

Ihr Partner/Ihre Partnerin hat schon wieder keine Lust, mit Ihnen ins Kino zu gehen. Was tun Sie?

8
- ○ Ich überlege mal wieder, ob ich mich trennen sollte. (B)
- ○ Ich gehe allein. (A)
- ○ Ich bin total enttäuscht, will aber keinen Streit anfangen. (C)

Wenn Sie sich noch einmal entscheiden könnten, würden Sie…

9
- ○ … einen Beruf wählen, in dem Sie mehr Erfüllung finden, auch wenn Sie einige finanzielle Einbußen in Kauf nehmen müssen. (A)
- ○ … einen sicheren Arbeitsplatz bevorzugen, mit dem Sie mehr Stress haben, aber Karriere machen können. (C)
- ○ Solche Gedankenspiele bringen nichts. (B)

Zählen Sie Ihre Buchstabenwerte zusammen – der höchste Wert führt Sie zur Auflösung.

TUN SIE'S ENDLICH!

A Warum packen Sie Ihre Träume nicht endlich an? Die Antwort kennen Sie bereits: Sie wollen Ihre Lieben nicht vor den Kopf stoßen. Doch während Sie warten, verstauben Ihre Chancen und Talente. Von null auf hundert durchzustarten macht Ihnen Angst. Ein kleines Warm-up wäre also nicht schlecht: Zum Beispiel mit dem Vorsatz, dreimal am Tag »Nein« zu sagen oder einmal ganz spontan »Ja«. Auf diese Weise trainieren Sie den Erfolg und erwerben Veränderungskompetenz. »Auch eine lange Reise beginnt mit einem ersten Schritt«, sagt ein chinesisches Sprichwort. Und dieser erste Schritt ist der wichtigste! Er bringt Ihnen Ihre Wünsche zurück.

KOPFSACHE

B Sie wissen, was Sie wollen – wenn Sie genug Zeit haben, darüber nachzudenken. Ihre Bedenken stehen Ihnen aber oft im Weg, vor allem, wenn es ums Anpacken geht. Das Glück braucht nämlich nicht nur Ziele, sondern auch Risikobereitschaft, Vertrauen in die eigenen Fähigkeiten sowie das Talent, Ungewissheiten in Kauf zu nehmen. Beziehen Sie das alles in Ihre Entscheidungen mit ein, dann finden Sie nicht nur heraus, was Sie wirklich wollen, sondern auch, wie Sie es umsetzen können. Wir brauchen also gar nicht erst zu versuchen, alles vorauszuplanen. Das Leben ist unvorhersehbar, das ist ja das Schöne daran! Denn: »Wer A sagt, muss nicht B sagen. Er kann auch erkennen, dass A falsch war«, meint jedenfalls Bertolt Brecht.

BAUCHGEFÜHL

C Die meisten Entscheidungen treffen Sie »aus dem Bauch heraus«. Doch immer öfter trauern Sie auch angeblich verpassten Chancen hinterher. Diese Einstellung trübt den Blick auf das, was Sie bereits haben. Klingt für Ihren Geschmack nach einem Trostpreis? Dann nehmen Sie das, was Ihnen wirklich wichtig ist, endlich selbst in die Hand. Das pusht Ihr Selbstbewusstsein! Nebenbei unterziehen Sie Ihre Wünsche einem nützlichen Reality-Check und erfahren dabei, dass Vieles, was von außen so wunderbar wirkt, gar nicht so erstrebenswert ist.

Das Gesetz des Ausgleichs

Gib so viel, wie du nehmen willst – nimm so viel, wie du geben willst! Alles im Leben ist von Geben und Nehmen bestimmt, jeder Mensch ist Teil dieses Systems und kann sich dem nicht entziehen. Was hier zählt, ist Toleranz. Man sollte nicht nur die eigene Weltsicht gelten lassen, sondern auch andere Meinungen, Ansichten und Lebensentwürfe anerkennen. Hüten Sie sich davor, Dinge zu bewerten: Wie oft sieht man etwas besonders kritisch – und stellt im Nachhinein fest, dass es doch gut war. Oder umgekehrt: Wie oft freut man sich, nur um später festzustellen, dass sich die Sache nicht gelohnt hat. Geben und Nehmen im Ausgleich sind die entscheidenden Faktoren in einem erfolgreichen und zufriedenen Leben.

- Selbstreflexion
- Eigenmotivation
- Entwicklungsbereitschaft
- Menschen für sich gewinnen
- Menschen motivieren
- Geduld und Gelassenheit
- Innere Stärke
- Positive Ausstrahlung
- Menschen verstehen

Das Leben ist ein steter Kreislauf

Um zu verstehen, worum es in diesem Gesetz geht, gestatten Sie mir einen kleinen Exkurs in die Gesetzmäßigkeiten der Natur.

In der Natur ist alles in einem ständigen Fluss. Energie in Form von Sonnenlicht erreicht die Erde und erwärmt sie. Ein Teil davon verbleibt hier, während der Rest in die Atmosphäre abstrahlt, wo die Energie wiederum in Kohlendioxid, Methan und Wasserdampf abgespeichert wird.

Sonnenlicht trifft aber nicht nur unmittelbar auf die Erdoberfläche, sondern wird auch von den grünen Blättern der Pflanzen aufgefangen.

Ein Großteil der Pflanzen wiederum dient den Tieren als Nahrung. Verdaut und ausgeschieden, fällt die Pflanzenmasse dann abbauenden Organismen wie Pilzen und Bakterien anheim, die die mineralischen Substanzen wieder dem Boden zufügen. Alles ist also im ständigen Energiefluss, im steten Ausgleich mit der Umwelt.

Alles hat seinen Preis!

Das gilt auch für uns Menschen. Alles in unserem Dasein unterliegt einer Gegenseitigkeit. Dieser Ausgleich ist im gesamten Energiebereich und daher auch in unserem Leben gegeben. Alles, was genommen wird, muss auch gegeben werden und umgekehrt.

Dies bedingt grundsätzlich, dass man sich darüber klar sein muss, dass man tatsächlich alles vom Leben haben kann, wenn man bereit ist, den gerechten Gegenpreis dafür zu zahlen.

Erkenntnis 29:
Alles ist möglich, aber alles hat einen Preis!

Grundsätzlich muss man sich darüber klar sein, dass man tatsächlich alles vom Leben haben kann, aber man muss bereit sein, auch den gerechten Preis dafür zu zahlen.

Selbstreflexion	Eigenmotivation	Entwicklungsbereitschaft
Menschen für sich gewinnen	Menschen motivieren	Geduld und Gelassenheit
Innere Stärke	Positive Ausstrahlung	Menschen verstehen

Sollten Sie zum Beispiel beschließen, der beste Außendienstmitarbeiter Ihrer Firma zu werden, so können Sie dies mit Sicherheit erreichen. Ihnen muss nur der Preis dafür klar sein: Viel im Auto unterwegs, selten zu Hause, viele Weiterbildungen, wenig Zeit für Beziehungen, Freundschaften oder Hobbys und ständiger Druck sowie Stress.

Sind Sie nicht bereit oder nicht in der Lage, diese Gegenleistung zu erbringen, weil Sie zum Beispiel bereits eine Familie haben und diese nicht in Gefahr bringen möchten, so können Sie den Preis nicht bezahlen. Dann können Sie vom Leben auch nicht das Prädikat »bester Außendienstmitarbeiter meiner Firma« erwerben. Im Leben ist es nicht viel anders als in einem Supermarkt: Sie dürfen alles aus den Regalen nehmen – Sie müssen es nur bezahlen können.

Dieser Ausgleich ist immer erforderlich. Wenn eine Beziehung scheitert, dann deswegen, weil einer der beiden Partner – oder meistens beide – nicht bereit war, die »Kosten« für eine funktionierende Beziehung zu übernehmen.

Wenn jemand krank wird, dann in der Regel deshalb, weil er die Gegenleistung für das Gesundbleiben – nämlich auf seine Gesundheit, seinen Körper zu achten, sich gesund zu ernähren, regelmäßig Fitness zu betreiben und so weiter – nicht erbracht hat.

Natürlich gibt es Ausnahmen, die die Regel bestätigen – und über die wir Grundsatzdiskussionen führen könnten. Doch die Regel ist eben, dass, wenn etwas nicht funktioniert, wir einfach nicht die gerechte Gegenleistung dafür erbracht haben.

Fragen Sie daher bei Ihrer nächsten Zielplanung nicht nur nach Ihren Wünschen, sondern auch nach der Gegenleistung, die für das Erreichen der Wünsche nötig ist. Fragen Sie sich ehrlich, ob Sie diese Gegenleistung erbringen wollen und können. Denn nur wenn Ihnen klar ist, was Sie für die Erreichung Ihres Zieles zu zahlen haben und wenn Sie bereit sind, dies zu tun, werden Sie einen erfolgreichen Weg gehen können.

Das Verstehen dieser Gegenseitigkeit sollte zu einem Akzeptieren und Tolerieren führen – und außerdem ständige »Bewertungen« vermeiden. Denn jede Bewertung kostet unnötig Kraft und Energie und verändert doch die Lage nicht.

Selbstreflexion	Eigenmotivation	Entwicklungsbereitschaft
Menschen für sich gewinnen	Menschen motivieren	Geduld und Gelassenheit
Innere Stärke	Positive Ausstrahlung	Menschen verstehen

Ständiges »Bewerten« kostet Energie

Wir neigen dazu, alles und jeden laufend zu bewerten, verändern dabei aber leider viel zu wenig. Doch ohne Veränderung bleibt jegliche Bewertung absolut sinnlos.

Sie sollten die Dinge lediglich daraufhin prüfen, ob Sie zu Ihrem Weg passen. Wenn das der Fall ist, dann verstärken Sie diese Dinge und freuen sich über den positiven Verlauf. Wenn etwas passiert, was nicht zu Ihrem persönlichen Weg passt, dann prüfen Sie, ob Sie es beeinflussen können, ob es Ihnen möglich ist, es zu korrigieren. Wenn ja, so tun Sie es einfach. Wenn Sie die Dinge nicht beeinflussen können, dann hilft Ihnen auch jede weitere Bewertung nichts. Akzeptieren Sie es einfach und richten Sie sich entsprechend darauf ein.

Wir leben in einer bipolaren Welt und daher muss es Plus und Minus, Positiv und Negativ geben. Es ist jedoch keine der beiden Seiten im Prinzip schlecht oder gut. Für Sie ist lediglich entscheidend, was zu Ihrem persönlichen Weg passt und was Sie wie beeinflussen können.

Alles ist für irgendetwas gut!

Ein Bauer, der zufrieden in einem kleinen Dorf im Süden Amerikas lebt, hat einen erwachsenen Sohn, der bei ihm auf dem Hof lebt und in der Wirtschaft hilft. Neben einigen Rindern, Schweinen und Hühnern haben sie auch ein Pferd. Dieses Pferd ist ihr ganzer Stolz und das halbe Dorf beneidet sie darum, weil es ein sehr schönes und edles Tier ist. Ab und zu, wenn alle Bauern des Dorfes am Sonntag nach der Kirche am Stammtisch sitzen, hört man, wie über das edle Pferd unseres Bauern gesprochen wird. Man hört Sätze wie: »Ein unverschämtes Glück hat er. So ein tolles Tier. Ungerecht. Wir haben nicht so schöne Pferde.« Der Bauer aber zuckt dann immer nur die Achseln und murmelt: »Wer weiß, wozu es gut ist.«

Eines Tages durchbricht das Pferd des Bauern jedoch den Zaun der Koppel und läuft davon. Das ganze Dorf ist in Aufruhr. Überall sieht man in den Straßen die Leute zusammenstehen und über das große Unglück des Bauern reden. Der Bauer aber zuckt nur die Schultern und murmelt: »Wer weiß, wozu es gut ist.« Ein paar Tage später trauen der Bauer und sein Sohn ihren Augen nicht.

Selbstreflexion
Eigenmotivation
Entwicklungsbereitschaft
Menschen für sich gewinnen
Menschen motivieren
Geduld und Gelassenheit
Innere Stärke
Positive Ausstrahlung
Menschen verstehen

Das edle Ross ist zurückgekommen, hat sich in der Steppe mit einem Wildpferd angefreundet und nun sind beide am Hof des Bauern. Als das Dorf diese frohe Nachricht hört, sprechen die Leute auf einmal wieder Sätze wie: »Ein unverschämtes Glück. Jetzt hat er nicht nur das edle Tier wieder. Nein, jetzt hat er sogar zwei Pferde!« Der Bauer aber zuckt wieder nur mit den Schultern und murmelt: »Wer weiß, wozu es gut ist.«

Der Sohn des Bauern macht sich daran, das Wildpferd einzureiten. Da passiert es: Das Wildpferd bockt, wirft den jungen Mann ab und dieser bricht sich das Bein. Nun kann man wieder das ganze Dorf über das große Unglück des Bauern reden hören. Der Bauer aber zuckt nur mit den Schultern und murmelt: »Wer weiß, wozu es gut ist.« Ein paar Tage später werden aufgrund einer Krisensituation im Lande alle jungen Männer zum Militär einberufen. Der Sohn des Bauern aber kann zu Hause bleiben, denn er ist ja nicht einsatzfähig mit seinem gebrochenen Bein. Das ganze Dorf beneidet den Bauern und findet es unverschämt, welches Glück sein Sohn hat. Der Bauer aber zuckt nur mit den Schultern und murmelt: »Wer weiß, wozu es gut ist.«

- Selbstreflexion
- Eigenmotivation
- Entwicklungsbereitschaft
- Menschen für sich gewinnen
- Menschen motivieren
- Geduld und Gelassenheit
- Innere Stärke
- Positive Ausstrahlung
- Menschen verstehen

Zu viele Menschen machen sich zu viele Gedanken über andere Menschen. Dabei wird viel zu viel Energie sinnlos verschwendet …

Erkenntnis 30:
Eine Bewertung allein bringt Ihnen nichts.

Es geht nicht um Gut oder Böse, sondern es geht um das große Ganze an sich. Die Details kann man lediglich im Zusammenhang mit der persönlichen Entwicklung und dem persönlichen Weg wahrnehmen und nutzen.

Bewertung kostet unnötig Zeit, Energie und verursacht immer wieder Diskussionen und Missverständnisse. Vor allem die negative Bewertung anderer Menschen bringt Ihnen absolut nichts, außer ebenfalls Negatives. Am besten, Sie akzeptieren Situationen und andere Menschen einfach so, wie sie sind.

Die U-Bahn-Geschichte

Kennen Sie die folgende Situation oder können Sie nachvollziehen?

Ein Mann fährt in der U-Bahn, ihm gegenüber sitzt ein Mann mit zwei Kindern. Der Mann kommt von der Arbeit nach Hause, ist müde und liest Zeitung, die zwei Kinder spielen in der U-Bahn herum. Sie springen von einem Sitz auf den anderen und schlagen ihm die Zeitung beinah aus der Hand.
Leicht genervt schaut er über den Zeitungsrand, liest weiter, die Kinder schreien, toben, wieder Faust gegen die Zeitung. Er macht die Zeitung zu und sagt zu dem Mann gegenüber: »Verzeihung, aber könnten Sie bitte Ihren Kindern sagen, dass sie sich anständig aufführen und sich zusammenreißen sollen«. Und fügt bewertend hinzu: »Sind halt schon ein bisserl schlecht erzogen …!«
Daraufhin schreckt der Mann zusammen und sagt: »Tut mir leid, aber ich war mit meinen Gedanken ganz woanders, wir kommen gerade aus dem Krankenhaus, die Mutter der beiden Kinder ist gestorben. Die Kinder wissen es noch

Selbstreflexion	Eigenmotivation	Entwicklungsbereitschaft
Menschen für sich gewinnen	Menschen motivieren	Geduld und Gelassenheit
Innere Stärke	Positive Ausstrahlung	Menschen verstehen

nicht und ich bin noch ganz durcheinander, weiß nicht, wie ich es den beiden beibringen soll. Tut mir leid«.

Wie würden Sie sich in diesem Moment fühlen? Sehen Sie – man kann vieles eben nicht richtig bewerten, weil einem die nötigen Informationen dazu fehlen.

Wir meinen oft, wir müssten unbedingt unsere Meinung zu etwas abgeben und bewerten etwas völlig falsch, weil wir nur unseren Ausschnitt der Wirklichkeit sehen. Es ist vermessen zu glauben, die eigene momentane Sichtweise sei das Maß aller Dinge. Etwas aus dem Zusammenhang losgelöst zu beurteilen, das funktioniert nicht.

»17 Trainingstipp to go

Denken Sie einmal zurück, wie viele Dinge in Ihrem Leben passiert sind, die Sie zum damaligen Zeitpunkt als negativ empfunden haben und aus heutiger Sicht sind Sie froh darüber, wie es gelaufen ist. Und wie viele Dinge in Ihrem Leben gibt es, bei denen Sie in umgekehrter Weise damals glücklich waren, aber heute sagen: »Das hätte ich mir auch schenken können!«?

Da Sie also vieles nicht richtig bewerten können, vergeuden Sie ihre Zeit am besten nicht damit. Treten Sie nicht in irgendwelche Fettnäpfchen und fangen Sie keine Diskussionen an, damit verschwenden Sie nur Ihre kostbare Energie. Lassen Sie das Bewerten weg! Akzeptieren Sie die Dinge so, wie sie sind, und überlegen Sie, ob es mit dem zusammenpasst, was Sie für sich gern möchten. Wenn ja, freuen Sie sich darüber – wenn nein, ändern Sie es. Aber beurteilen

»18 Trainingstipp to go

- → Treffen Sie niemals voreilig ein Urteil über eine Situation, denn das ist erst – wenn überhaupt – nach einer sehr genauen Betrachtung des Gesamtbildes möglich. Beim Fehlerspiel haben wir beschlossen, dass wir es unterlassen, andere ungefragt auf Fehler aufmerksam zu machen. Auf das Gesetz des Ausgleichs übertragen, bedeutet das: Es muss immer zwei Pole (unterschiedliche Sichtweisen, Meinungen und so weiter) geben.
- → Was mir nicht gefällt, gefällt dem anderen, was dem anderen nicht gefällt, gefällt mir. Es gibt kein Gut oder Böse, Schlecht oder Gut, kein ausnahmslos Schön und Hässlich. Das ist eine Frage der Wirklichkeit (siehe Seite 133 ff.).

Selbstreflexion
Eigenmotivation
Entwicklungsbereitschaft
Menschen für sich gewinnen
Menschen motivieren
Geduld und Gelassenheit
Innere Stärke
Positive Ausstrahlung
Menschen verstehen

Sie es nicht. Sie können es in Wahrheit nicht. Niemand kann das. Wer es dennoch tut, zeigt nur pure Anmaßung und Selbstüberschätzung.
Negative Gedanken treten hin und wieder auf, auch Zweifel haben ihre Berechtigung. Sie dürfen und sollten sie zulassen, jedoch sollten Sie Ihre persönliche Entwicklung davon nicht abhängig machen.

Erkenntnis 31:
Diese Gegenseitigkeit ist schlicht und einfach das Prinzip der bipolaren Welt.

Eine Bewertung des Einzelnen ist nicht nur überflüssig, sondern kostet auch unnötige Energie. Denn niemand kann zum jetzigen Zeitpunkt am jetzigen Ort beurteilen, ob das, was jetzt geschieht, sich positiv oder negativ auf seinen gesamten Weg auswirkt.

Selbstreflexion
Eigenmotivation
Entwicklungsbereitschaft
Menschen für sich gewinnen
Menschen motivieren
Geduld und Gelassenheit
Innere Stärke
Positive Ausstrahlung
Menschen verstehen

Oft genug stellt sich ein erster Eindruck im Nachhinein als völlig falsch dar. Gehen Sie einfach Ihren Weg und wenn Sie glauben, Korrekturen vornehmen zu müssen, dann tun Sie es. Ansonsten lassen Sie den Spruch des Bauern aus unserer Geschichte gelten: »Wer weiß, wofür es gut ist« – und machen Sie aus jeder Situation das Beste.

Es ist so, wie es ist – mit dieser Einstellung ersparen Sie sich in Zukunft viel Ärger und Meinungsverschiedenheiten. Hören Sie bei einigen Dingen einfach auf, unbedingt recht haben zu wollen, weil Sie Ihre eigene Wirklichkeit für die einzig wahre halten und die eines anderen als «falsch« oder »schlecht« einstufen. Hören Sie auf, unbedingt etwas beurteilen zu wollen und akzeptieren Sie einfach, dass Menschen Situationen sehr individuell und unterschiedlich erleben. Weder das eine noch das andere ist allein richtig oder falsch. Werden Sie stattdessen lieber neugierig auf die Sichtweise des anderen und versuchen Sie, aus der Meinungsverschiedenheit zu lernen.

»19 Trainingstipp to go

Rechnen Sie doch einmal die gesamte Zeit zusammen, die sie dafür verwendet haben, über andere Dinge, Menschen und Situationen negativ zu reden. Und nun stellen Sie sich vor, Sie hätten diese Zeit für Ihre Entwicklung genutzt. Was denken Sie nun?

Für sich selbst sagen Sie, ich will das so oder ich will das nicht so. Das ist dann Ihre bewusste, aktive Entscheidung, wie Sie selbst damit leben oder eben nicht leben.

Offen und ehrlich!

Ein Mädchen, das ein sehr schnelles Mundwerk hatte und immer gerne über andere Menschen und Dinge lästerte, ging eines Tages zu ihrem Vater und bat ihn um Rat: »Vater, ich habe das Gefühl, dass mich keiner mag. Ja, manchmal kommt es mir sogar vor, dass die anderen den Kontakt zu mir meiden. Woher kommt das? Kann es sein, dass die Menschen die Wahrheiten, die ich ihnen ungeschminkt sage, nicht vertragen? Ich sage doch nur ganz offen, was ich denke. Glaubst du, dass das falsch ist?«

Der Vater überlegte eine Zeit lang. Dann ging er in die Werkstatt und als er zurückkam, gab er dem Mädchen ein Säckchen voll Nägel und einen Hammer:

Selbstreflexion	Eigenmotivation	Entwicklungsbereitschaft
Menschen für sich gewinnen	Menschen motivieren	Geduld und Gelassenheit
Innere Stärke	Positive Ausstrahlung	Menschen verstehen

»Von jetzt an schlägst du immer, wenn du zu einem Menschen etwas Negatives sagst, einen Nagel in unseren Gartenzaun.« Das Mädchen nahm den Hammer und die Nägel verwundert an sich. Schon bald jedoch wusste sie, was ihr Vater bezweckt hatte. Denn das Einschlagen der Nägel war so mühsam, dass sie – nur um sich das mühsame Hämmern zu ersparen – immer mehr darauf achtete, weniger schlecht über andere zu sprechen. Dies ging so lange und immer besser, bis sie eines Tages voller Stolz zu ihrem Vater sagte: »Danke, Vater, ich habe jetzt begriffen, um was es geht. Es ist besser, erst gar nichts Negatives zu sagen, als danach viel Arbeit damit zu haben. Ich werde in Zukunft darauf achten.«
Der Vater aber nahm sie bei der Hand, führte sie in den Garten und sagte: »Du bist noch nicht fertig. Jetzt entschuldige dich bei allen Menschen, zu denen du etwas Negatives gesagt hast. Und für jede Wiedergutmachung ziehst du einen Nagel wieder heraus.« Auch dies tat das Mädchen. Diese Aufgabe dauerte eine ganze Weile, denn das Mädchen hatte viele Nägel eingeschlagen – doch eines Tages war sie auch damit fertig, ging stolz zu ihrem Vater und sagte: »Vater, jetzt habe ich nicht nur verstanden, dass ich nichts Negatives zu anderen sagen soll, ich habe auch wirklich alles wieder gutgemacht, was ich früher gesagt habe. Alle Nägel sind wieder draußen.«
Da nahm sie ihr Vater abermals bei der Hand und führte sie nach draußen: »Was hast du wieder gut gemacht?«, fragte er sie. »Ich sehe einen Zaun voller Löcher, die niemals wieder verschwinden werden.«

Mehr Toleranz für mehr Erfolg

Diese Gegenseitigkeit, dieser Ausgleich, ist im täglichen Umgang mit dem Umfeld von großer Bedeutung. In menschlichen Gemeinschaften gibt es zahllose soziale Vernetzungen, in denen oft gegensätzliche Vorstellungen aufeinanderprallen können. Generell sind Ideen und Vorstellungen gesellschaftlich nur unter der Voraussetzung durchsetzbar, dass jeder die Ideen und Vorstellungen seines Gegenübers akzeptiert. Nach dem Prinzip des Ausgleichs kann ich von jemand anderem also nur Toleranz gegenüber meinen Ideen erwarten, wenn ich demjenigen dasselbe entgegenbringe.

Selbstreflexion | Eigenmotivation | Entwicklungsbereitschaft
Menschen für sich gewinnen | Menschen motivieren | Geduld und Gelassenheit
Innere Stärke | Positive Ausstrahlung | Menschen verstehen

Erkenntnis 32:
Immer, wenn Sie etwas erhalten möchten, müssen Sie etwas geben.

Niemand wird Ihnen etwas geben wollen, wenn Sie nichts zurückgeben. Und deshalb fragen Sie sich immer: Leiste ich einen fairen Gegenpreis, gebe ich auch genug, um die von mir gewünschte »Ware« vom Leben zu erhalten?

Ein Mensch, der aggressiv auf seiner Meinung als der einzig richtigen beharrt und der intolerant gegenüber anderen in der Gesellschaft ist, wird vielleicht kurzfristig Erfolge erzielen, dabei aber so viele Komplikationen und Konflikte auslösen, dass er die Früchte seiner Arbeit nicht genießen kann.

MEIN WEG

»Ich weiß, dass ich für alles, was ich bekomme oder bekommen möchte, im Sinne des Ausgleichs auch eine gerechte Gegenleistung erbringen muss. Dazu bin ich bereit. Zudem bin ich tolerant gegenüber allen Andersdenkenden und enthalte mich auch jeder Bewertung von Situationen, ich akzeptiere sie, gehe zielorientiert auf meinem eigenen Weg weiter und handle in meinem Sinne.«

Selbstreflexion
Eigenmotivation
Entwicklungsbereitschaft
Menschen für sich gewinnen
Menschen motivieren
Geduld und Gelassenheit
Innere Stärke
Positive Ausstrahlung
Menschen verstehen

Trainieren Sie das Gesetz des Ausgleichs

Mit den folgenden vier Übungen können Sie das Gesetz des Ausgleichs trainieren und so herausfinden, welchen Preis der Erfolg hat. Tragen Sie Ihre Erkenntnisse und Ergebnisse in die Check-up-Liste auf Seite 208 ein.

40

→ Übung 40 | Bilanz der guten Taten

Notieren Sie bitte die Namen all jener Menschen – und wenn Sie diese nicht kennen, dann deren Berufe –, die dazu beitragen, dass Sie Ihr Leben so leben können, wie Sie es zurzeit tun (Familienmitglieder, Freunde, Arbeitskollegen, Lebensmittelverkäufer, Friseure, Stromversorger, Automechaniker ...). Wenn Sie diese Liste richtig ausgefüllt haben, werden Sie feststellen, dass es vieler Menschen bedarf, damit Sie Ihr Leben so leben können, wie Sie es derzeit leben. Jeder davon tut etwas für Sie und gibt Ihnen etwas.
Und dann notieren Sie bitte, was Sie für all die Menschen in Ihrem Umfeld, die Sie soeben notiert haben, tun. Und was Sie für andere Menschen tun, damit diese so leben können, wie sie leben möchten.

41

→ Übung 41 | Was ist der Preis?

Sie wissen genau, welche Ziele Sie haben? Gut so. Nun notieren Sie bitte, was Sie für das Erreichen Ihrer Ziele tun und was Sie dafür brauchen. Was geben Sie als Ausgleich dafür, wenn Sie beispielsweise die »Dienstleistungen« anderer Menschen in Anspruch nehmen? Mancher Ausgleich lässt sich nicht in Euro begleichen ... Was ist es Ihnen wert, wenn Ihre Ziele verwirklicht werden?

➔ Übung 42 | Alles ist für irgendetwas gut!

42

Erinnern Sie sich bitte an Dinge und Situationen in Ihrem Leben, von denen Sie damals sagten, dass sie ganz toll seien, und von denen Sie aus Ihrem heutigen Erfahrungsschatz heraus sagen, dass diese Dinge und Situationen doch nicht so gut für Sie waren.
Und dann erinnern Sie sich bitte an Dinge und Situationen in Ihrem Leben, von denen Sie damals sagten, dass sie schlecht seien, und von denen Sie aus Ihrem heutigen Erfahrungsschatz heraus sagen, dass diese Dinge und Situationen doch ganz gut für Sie waren.

➔ Übung 43 | Bewertungsliste

43

Machen Sie jeweils ein Minus oder ein Plus für jedes Mal, wenn Sie über eine andere Person oder Sache etwas Negatives (Minus) oder etwas Positives (Plus) sagen.
Nach einiger Zeit sehen Sie nach: Haben Sie mehr Minus oder mehr Plus? Sind Sie mit dem Ergebnis zufrieden? Und warum ist es so, wie es ist?

Das Gesetz des Ausgleichs

CHECK UP

→ ÜBUNG 40: BILANZ DER GUTEN TATEN

Haben Sie diese Übung gemacht? ○ Ja ○ Nein

Hat Ihnen diese Übung einen Erfolg gebracht? ○ Ja ○ Nein

Wie oft haben Sie die Übung wiederholt? ___ mal.

IHR PERSÖNLICHES FAZIT:

....

....

....

→ ÜBUNG 41: WAS IST DER PREIS?

Haben Sie diese Übung gemacht? ○ Ja ○ Nein

Hat Ihnen diese Übung einen Erfolg gebracht? ○ Ja ○ Nein

Wie oft haben Sie die Übung wiederholt? ___ mal.

IHR PERSÖNLICHES FAZIT:

....

....

....

→ ÜBUNG 42: ALLES IST FÜR IRGENDETWAS GUT!

Haben Sie diese Übung gemacht? ○ Ja ○ Nein

Hat Ihnen diese Übung einen Erfolg gebracht? ○ Ja ○ Nein

Wie oft haben Sie die Übung wiederholt? ___ mal.

IHR PERSÖNLICHES FAZIT:

....

....

....

→ ÜBUNG 43: BEWERTUNGSLISTE

Haben Sie diese Übung gemacht? ○ Ja ○ Nein

Hat Ihnen diese Übung einen Erfolg gebracht? ○ Ja ○ Nein

Wie oft haben Sie die Übung wiederholt? ___ mal.

IHR PERSÖNLICHES FAZIT:

....

....

....

10

DAS GESETZ DES WACHSTUMS

Alles braucht seine Zeit. Diese Erkenntnis hat etwas mit Geduld und Beharrlichkeit zu tun. Beides sind vergleichsweise »langweilige« Eigenschaften, deshalb haben viele Menschen gern »mehrere Eisen im Feuer«. Und genau da liegt das Problem: Denn nur, wer lange genug an einer Sache dranbleibt, wird darin immer besser werden und schließlich erfolgreich sein. Das Gras wächst ja auch nicht schneller, nur weil man daran zieht …

+ Freunde und Bekannte
+ Business und Beruf
+ Gesundheit

SELBSTTEST

Wie beharrlich verfolgen Sie Ihre Ziele?

Der Weg ist das Ziel – aber besitzen Sie genügend Durchsetzungsvermögen und Geduld, Ihre Träume auch wahrwerden zu lassen? Hier erfahren Sie, wo Sie stehen!

Brauchen Sie öfter mal eine Pause?

1
- ○ Danach geht es mir besser. (A)
- ○ Nein, ich bleibe lieber dran. (B)
- ○ Nur, wenn es besonders anstrengend ist. (C)

Lassen Sie sich leicht von anderen aus dem Takt bringen?

2
- ○ Nein, ich weiß, was ich will. (A)
- ○ Ja, ich bin eher unsicher. (B)
- ○ Das kommt darauf an, wer mich beeinflusst. (C)

Wie lange können Sie sich mit einer schwierigen Denksportaufgabe beschäftigen?

3
- ○ Bis ich sie gelöst habe. (A)
- ○ Dafür habe ich keine Geduld (B)
- ○ So eine halbe Stunde tüftele ich schon. (C)

Haben Sie schon mal versucht, sich eine schlechte Angewohnheit abzugewöhnen?

4
- ○ Ja, aber es hat nur kurzfristig funktioniert. (A)
- ○ Das habe ich schon öfter versucht, mit überschaubarem Erfolg. (B)
- ○ Ja, das habe ich schon mal geschafft. (C)

Kollegen tuscheln hinter Ihrem Rücken. Woran könnte etwas Wahres dran sein?

5
- ○ Sie/er ist ein Perfektionist. (A)
- ○ Sie/er lässt gern mal Fünfe gerade sein. (B)
- ○ Bei ihren/seinen Fähigkeiten könnte er/sie mehr aus sich machen. (C)

6 Konnten Sie sich als Kind stundenlang allein beschäftigen?

- O Ja, ich bin völlig in »meine Welt« versunken. (A)
- O Nein, das war mir zu langweilig. (B)
- O Manchmal, aber meistens hat es mir mit anderen mehr Spaß gemacht. (C)

7 Sind Sie ordentlich?

- O Mal mehr, mal weniger. (A)
- O Ja, ich bin schon sehr penibel. (B)
- O Ordnung ist mir nicht wichtig. (C)

8 Welchem Sprichwort stimmen Sie am ehesten zu?

- O Was Du heute kannst besorgen, das verschiebe nicht auf morgen. (A)
- O Steter Tropfen höhlt den Stein. (B)
- O Aufgeschoben ist nicht aufgehoben. (C)

9 Ihr Chef bittet Sie, an einem Wohltätigkeitslauf teilzunehmen, Distanz fünf Kilometer. Was denken Sie?

- O Da sollte ich sofort mit dem Training beginnen. (A)
- O Fünf Kilometer müsste ich auch so schaffen. (B)
- O Das können andere sicher besser als ich. (C)

10 Wie oft haben Sie in der letzten Woche gedacht: »Eigentlich will ich lieber etwas anderes.«

- O Fünfmal könnte hinkommen. (A)
- O Nicht öfter als zweimal. (B)
- O Bestimmt mehr als zehnmal. (C)

SELBSTTEST

AUSWERTUNG

Übertragen Sie Ihre Antworten in folgende Bewertungstabelle

	1.	2.	3.	4.	5.	6.	7.	8.	9.	10.
A	2	3	3	2	3	3	2	3	1	2
B	3	1	1	1	1	1	3	2	3	3
C	1	2	2	3	2	2	1	1	2	1

MEHR ALS 25 PUNKTE (A)

Egal, ob Sie eine körperliche Leistung vollbringen, einen guten Vorsatz befolgen oder sich konzentrieren müssen – Sie bleiben zielstrebig und beharrlich bei der Sache. Falls Hindernisse auftreten oder ungünstige Umstände Ihre Pläne erschweren, geben Sie nicht auf. Im Gegenteil: Jetzt legen Sie sich erst richtig ins Zeug. Mit Ihrem ausgeprägten Durchhaltevermögen sind Sie anderen meist eine Nasenlänge voraus.

ZWISCHEN 18 UND 24 PUNKTEN (B)

Sie arbeiten beharrlich und konsequent an Ihren Zielen … aber nur, wenn Sie der Meinung sind, dass es sich lohnt. Und genau das ist das Problem: Sie verwenden viel Energie darauf, eine Kosten-Nutzen-Rechnung zu eröffnen, anstatt eine Sache anzupacken. Das führt manchmal dazu, dass Sie etwas überhaupt nicht in Angriff nehmen. Bewahren Sie sich Ihren Blick fürs Machbare. Etwas mehr Beharrlichkeit könnte Ihnen aber nicht schaden.

WENIGER ALS 17 PUNKTE (C)

Sie starten immer wieder mit Schwung und Elan. Doch sobald sich auch nur kleinere Schwierigkeiten einstellen, werfen Sie die Flinte ins Korn. Es fehlt Ihnen offenbar die Motivation, um den eingeschlagenen Weg beharrlich fortzusetzen. Natürlich sind Sie letztlich mit sich selbst unzufrieden, weil Sie wieder einmal Ihr Ziel nicht erreicht haben. Mit etwas mehr Ausdauer und Beständigkeit kann es auch Ihnen gelingen, Ihre Aufgaben erfolgreicher zu bewältigen und Ihre Ziele zu verwirklichen.

Das Gesetz des Wachstums

Alles braucht seine Zeit – und obwohl diese Regel so einfach ist, wird sie doch so oft missachtet. Den meisten Menschen fehlt es an Beharrlichkeit und Geduld, deshalb haben sie gern mehrere Pferde im Rennen. Und genau da liegt das Problem: Es ist wichtig, sich auf eine Sache zu konzentrieren und genügend Geduld aufzubringen, sie über aufkommende Schwierigkeiten hinweg zu verfolgen. Kontinuität und Beharrlichkeit sind es, die in der Regel langfristig zum Erfolg führen. Eine Entwicklung vollzieht sich in Stufen, dazwischen liegen die Intervalle, die es braucht, um Leistung zu festigen und neues Potenzial für den nächsten Entwicklungsschritt zu sammeln. Auf den Punkt gebracht: Jeder, der nur lange genug an einer Sache dranbleibt, wird darin immer besser werden und schließlich erfolgreich sein.

Wie funktioniert gesundes Wachstum?

Ganz gleich, ob ein Baum, ein Mensch oder der Erfolg heranwächst, immer funktioniert es nach der gleichen Gesetzmäßigkeit – es gilt stets die altbekannte Regel: Alles braucht seine Zeit! Leider ist sehr häufig die Missachtung dieser einfachen Regel schuld daran, dass viele Menschen, die sonst alles richtig machen, niemals wirklich erfolgreich sein werden.

Grund genug, um uns diese Gesetzmäßigkeit näher anzusehen. Nehmen wir zwei Personen und nennen die beiden der Einfachheit halber A und B. Beide haben das gleiche Ziel.

A. verrichtet an fünf Tagen in der Woche acht Stunden mit Freude und Elan, aber ruhig und gelassen, immer wieder eben jene Tätigkeiten, die zum Erreichen des Zieles notwendig sind. Manchmal mit mehr und manchmal mit weniger Erfolg. Es gibt Durststrecken, in denen man sich fragen könnte, ob das Ganze eigentlich einen Sinn macht, in denen man daran zweifeln könnte, ob man denn das gesteckte Ziel jemals erreichen wird. Aber A macht sich keine Gedanken darüber und arbeitet einfach weiter.

Nun sehen wir uns B an: 10 bis 12 Stunden und das fast jeden Tag arbeitet B daran, sein Ziel zu erreichen. Immer hat B den Erfolg vor Augen und ständig

- Selbstreflexion
- Eigenmotivation
- Menschen motivieren
- Innere Stärke
- Entwicklungsbereitschaft
- Geduld und Gelassenheit
- Selbstdisziplin
- Selbstvertrauen
- Menschen für sich gewinnen

werden Korrekturen vorgenommen. Bringt ein Weg nicht den gewünschten Erfolg, so wird sofort eine neue Chance wahrgenommen und ein anderer Weg ausprobiert.
Mit höchstem Einsatz und durchgehendem Wahrnehmen aller Chancen, die sich bieten, versucht B, das Ziel zu erreichen. Und selbstverständlich probiert B mehrere Wege gleichzeitig aus, um nur ja nicht den richtigen zu verpassen. B tut einfach alles, um erfolgreich zu sein.
Wer von den beiden wird nun erfolgreicher sein? Wer von den beiden wird schneller ans Ziel gelangen? Was meinen Sie?
Wenn Sie der Meinung sind, dass Person B den besseren Weg geht, dann unterliegen Sie leider dem gleichen Irrtum wie viele Ihrer Mitmenschen. Es ist nämlich ein weit verbreitetes Missverständnis, dass es gut ist, über ein zweites Standbein zu verfügen, mehrere Eisen im Feuer zu haben.
Genau das Gegenteil ist der Fall. Eine einzige Sache darf es sein, auf die ich mich konzentriere. Genauso verhält es sich mit der Geduld, die in den meisten Fällen leider nicht allzu groß ist. Fehlende Konzentration auf eine Sache und Ungeduld sind die zwei häufigsten Stolpersteine, durch die Wachstum – und somit Erfolg – verhindert werden.
In der Regel wird A erfolgreicher sein. Und zwar, weil hier die Konzentration auf eine Sache (siehe Gesetz des Willens) gegeben ist und weil A – bewusst oder unbewusst – das Gesetz des Wachstums befolgt.

Entwicklung verläuft niemals kontinuierlich

Stellen Sie sich vor, Sie möchten die 100 Meter unter 10 Sekunden laufen. Nun beginnen Sie zu trainieren und laufen die 100 Meter in 12 Sekunden. Nach einer Woche Training laufen Sie bei der nächsten Messung die 100 Meter in 11,9 Sekunden. Ist es nun realistisch, einen Trainingsplan aufzustellen, indem Sie sich nächste Woche auf 11,8 und übernächste Woche auf 11,7 Sekunden steigern? Nach solch einem Trainingsplan wären Sie nach 20 Wochen Training bei 10 Sekunden. Würden Sie 40 Wochen trainieren, hätten Sie nach diesem Trainingsplan zweifellos den Weltrekord.
Jedem leuchtet ein, dass das nicht funktionieren kann. Weil bei diesem Beispiel völlig klar ist, dass die Leistungssteigerung nicht kontinuierlich sein wird,

sondern immer größere Trainingsintervalle nötig sind, um zum nächsten Leistungssprung zu kommen. In unserem Privat- und Berufsleben wollen wir das oft nicht so richtig verstehen. Da lassen wir nach und werden unzufrieden, wenn es eine Phase gibt, in der wir keinen Erfolg verzeichnen können. Und genau durch dieses Nachlassen, durch diese Unzufriedenheit verlängert sich jedes Mal das »Trainingsintervall« bis zu unserem nächsten Sprung auf der Erfolgsleiter.

Erkenntnis 33:
Entwicklung vollzieht sich schrittweise.

Entwicklung braucht Kontinuität und Beharrlichkeit. Da sie sich nie im gleichbleibenden Tempo vollzieht, fordert sie ebenso Geduld und Durchhaltevermögen. Letzteres braucht man vor allem in den »Trainingsintervallen«, in denen Erreichtes konsolidiert und nächste Schritte vorbereitet werden müssen. Genau dann gilt es nochmals, alle Kräfte zu bündeln und voranzukommen.

Ständig geben Menschen kurz vor dem Erreichen ihres Zieles auf, nur weil sie nicht verstehen, dass die Phase, die sie als Erfolglosigkeit betrachten, notwendig ist, um sich zu stabilisieren und um den nächsten Schritt vorzubereiten. Hätte eine Welle kein Auf und Ab, wäre sie flach und bewegungslos!
Um das Geheimnis des Gesetzes des Wachstums richtig umzusetzen, lautet die Anleitung ganz einfach:
Geduld und Beharrlichkeit. Erfolg braucht einfach seine Zeit.

Wiederholungen zahlen sich aus

Nur durch die ständige Wiederholung einer Tätigkeit erreicht man eine immer höhere Qualität, und damit kommt man dem gesetzten Ziel automatisch näher. Ein Verkäufer, der sich hundertmal ein »Nein« einholt und trotzdem weitermacht, lernt bei jedem »Nein« dazu, kann Kleinigkeiten anpassen und wird da-

Selbstreflexion	Eigenmotivation	Menschen motivieren
Innere Stärke	Entwicklungsbereitschaft	Geduld und Gelassenheit
Selbstdisziplin	Selbstvertrauen	Menschen für sich gewinnen

durch von Mal zu Mal besser werden. Und plötzlich wird sich der Erfolg dadurch »automatisch« einstellen.

Wie oft, glauben Sie, kommt es aber vor, dass jemand, der sich vorgenommen hat, ein Topverkäufer zu werden, bereits nach dem zwanzigsten, dreißigsten oder vierzigsten »Nein« resigniert feststellen wird, dass dies doch nicht der richtige Job für ihn ist? Viel zu oft.

Und was tut ein solcher Mensch dann zumeist? Er sucht sich eine andere Möglichkeit, um erfolgreich zu werden. Nur wird er auch dort nicht lange genug durchhalten, um Erfolgssprünge miterleben zu können. Man muss einfach oft genug ein »Nein« erhalten, um so gut zu werden, dass man sich das »Ja« holen kann. Daran führt kein Weg vorbei.

Diese Dynamik von schrittweiser Entwicklung bedeutet für den Einzelnen natürlich ein emotionales Auf und Ab – eine Folge von Erfolgen, Erwartungen und Rückschlägen. Aber nur, wenn Sie über zu langsamen Fortschritt nicht zu enttäuscht sind, nur wenn Sie aufgrund von Rückschlägen nicht resignieren, können Sie einen Erfolgssprung nach dem anderen erleben und schlussendlich Ihr gesetztes Ziel erreichen.

Man muss etwas nur lange genug geduldig und beharrlich tun, um darin erfolgreich zu sein! Die Zeitspanne der »Trainingsintervalle«, die Dauer, bis sich der Erfolg einstellt, ist natürlich abhängig von jedem Einzelnen. Welche Fähigkeiten er hat, welche Voraussetzungen er mitbringt, welche Ziele er anstrebt und welchen Weg er gewählt hat. Jedoch ist es in jedem Fall so, dass bei anhaltender Tätigkeit mit gleicher Intensität immer ein Wachstum feststellbar ist.

Klingt ja eigentlich alles ganz einfach, nicht wahr? Wo liegt dann die Schwierigkeit bei diesem Gesetz? Nun ja, in jenen Phasen, in denen wir erfolgreich sind, funktioniert es ja auch, denn es würde uns in diesen Momenten niemals einfallen, weniger Einsatz zu bringen. Das Problem liegt in den »Trainingsintervallen« dazwischen.

Denn entscheidend für eine kontinuierliche Entwicklung ist, dass die Intensität unserer Handlungen in den »Erfolgspausen« nicht nachlässt. Wir müssen auch in den Phasen, in denen keine Aufwärtstendenz bemerkbar ist, den absoluten Willen zum Erreichen unseres Zieles haben und unseren Einsatz immer auf einem gleich hohen Niveau halten. Denn diese Phasen sind es, in denen sich unsere Entwicklung festigt und sich der nächste Erfolgssprung vorbereitet, und wenn wir in diesen Phasen nachlassen, kann die nächste Steigerung nicht eintreten.

Selbstreflexion	Eigenmotivation	Menschen motivieren
Innere Stärke	Entwicklungsbereitschaft	Geduld und Gelassenheit
Selbstdisziplin	Selbstvertrauen	Menschen für sich gewinnen

Erkenntnis 34: Dranbleiben!

Erfolg zeichnet sich wellenförmig ab. Ohne das Auf und Ab wäre keine Bewegung möglich und die Welle wäre eine flache Linie. Nur wenn auch in den Entwicklungspausen die Intensität unserer Handlungen, unser Wille und unsere Durchsetzungskraft gleichbleiben, ist die entscheidende Grundlage für einen weiteren Aufwärtstrend gegeben.

Die Dauer dieser Entwicklungspausen ist davon abhängig, wie schnell sich unser vorher erreichter Entwicklungsgrad festigt. Wenn also unsere Intensität in diesen Entwicklungspausen nachlässt, weil wir gerade keinen Erfolg registrieren können und dadurch unsere Motivation und unser Einsatz nicht besonders groß sind, wird natürlich auch die Zeitspanne der Entwicklungspause immer länger.

Bis wir eines Tages meinen, wir hätten doch eh alles getan, aber offensichtlich sei dies nicht der richtige Weg für uns. Die Wahrheit ist allerdings, dass wir gerade in jener Phase, in der es am nötigsten wäre – nämlich im »Trainingsintervall« –, nicht genügend Leistung erbracht haben.

Dabei ist die Lösung so einfach: Jeder, der nur lange genug immer wieder das Gleiche tut, wird darin besser werden. Jeder, der lange genug mit Geduld und Beharrlichkeit und immer gleichem Einsatz seinen Weg geht, wird damit erfolgreich werden.

Und auch wenn Sie Rückschläge erleiden, gehören die zu Ihrem Trainingsprogramm. Jeder 100-Meter-Läufer läuft zwischendurch auch wieder mal schlechtere Zeiten. Betrachten Sie das einfach als notwendigen Teil, Ihren Weg zu festigen und Anlauf für den nächsten Erfolg zu nehmen.

Wenn Sie also nun nicht gleich den Weg wechseln, nur weil Sie im Moment nicht erfolgreich sind, sondern verstehen, dass Sie gerade nur eine Trainingsphase absolvieren, um den nächsten Schritt zu Ihrem Ziel vorzubereiten, dann

Selbstreflexion	Eigenmotivation	Menschen motivieren
Innere Stärke	Entwicklungsbereitschaft	Geduld und Gelassenheit
Selbstdisziplin	Selbstvertrauen	Menschen für sich gewinnen

sollten Sie noch einen weiteren Punkt beachten, der für Ihre positive Entwicklung sehr wichtig ist:

→ **TIPP 28:** Seien Sie sich bewusst, dass erfolgreiche Menschen immer ein Stück weit polarisieren. Es ist normal, dass, je größer Ihr Erfolg ist, desto stärker in der Regel auch der vereinzelte Gegenwind ist. Prüfen Sie daher Ihren Erfolg immer dahingehend, ob er gesellschaftlich akzeptiert ist und Sie nicht unnötig einen sehr breiten Gegenwind heraufbeschwören, der Ihr Wachstum stark hemmen könnte. Prüfen Sie auch umso sorgfältiger nach jedem Schritt, also jedes Mal, wenn Sie ein Erfolgserlebnis hatten, ob das Erreichte tatsächlich dem von Ihnen vorgegebenen Ziel entspricht.

»20 Trainingstipp to go

Trainieren Sie das Lächeln! Beginnen Sie damit, am ersten Tag Ihres Trainingsprogramms einen Menschen anzulächeln. Nur einen Einzigen. Am zweiten Tag jedoch lächeln Sie bereits zwei Menschen an. Und am dritten Tag schenken Sie sogar drei Menschen ein aufrichtiges Lächeln. Das setzen Sie nun fort. 30 Tage lang. Bis Sie am 30. Tag dreißig Menschen aufrichtig anlächeln.
Und am 31. Tag werden Sie feststellen, dass Ihnen das Lächeln zur Gewohnheit geworden ist. Ganz einfach und ohne Anstrengung. Sie haben es einfach nur lange genug praktiziert und wiederholt. Herzlichen Glückwunsch, Sie haben damit das Gesetz des Wachstums gelebt!

Vorausschauend denken!

Auch sollten Sie sich jedes Mal fragen, ob der gerade erreichte Erfolg Ihrem Umfeld gerecht ist, Sie also damit Ihren Mitmenschen und der Natur keinen Schaden zugefügt haben.
Dabei ist Ihre Bereitschaft nötig, etwas, das Sie als ungeeignet oder falsch erkannt haben, zu verwerfen und zurückzunehmen. Auf einen kurzfristigen Erfolg zu verzichten – weil er aus einem der oben genannten Gründe nicht vertretbar ist –, mag zwar vielleicht ein kurzfristiger Rückschlag sein, birgt aber in jedem Fall die Basis für einen wesentlich größeren Wachstumssprung in sich.
Erst wenn Sie von der Qualität des Erreichten überzeugt sind und die Akzeptanz Ihrer Umwelt dafür gegeben ist, beginnen Sie Ihr nächstes Trainingsintervall und bereiten Ihren nächsten Entwicklungsschritt vor.

- Selbstreflexion
- Innere Stärke
- Selbstdisziplin
- Eigenmotivation
- Entwicklungsbereitschaft
- Selbstvertrauen
- Menschen motivieren
- Geduld und Gelassenheit
- Menschen für sich gewinnen

Was würden Sie von einem Sportler halten, der nach ausgiebigem Trainingslager einfach einen Tag vor dem Wettkampf das Training abbricht und mit dem Sport aufhört, nur weil er im Trainingslager keine Medaille gewonnen hat? Vermutlich würden Sie sich an den Kopf greifen.

Erkenntnis 35:
Durchhalten, statt abbrechen!

Zu viele Menschen brechen täglich Ihren eingeschlagenen Weg ab – oft ganz knapp vor dem Ziel –, nur weil Sie gerade kein Erfolgserlebnis zu verzeichnen haben. Solche Menschen suchen dann immer wieder neue Wege und verstehen dabei nicht, dass Sie sich ständig selbst um die Früchte Ihrer Arbeit bringen.

Wachstum vollzieht sich stufenweise

Noch mal: Wachstum vollzieht sich in Stufen! Nie kontinuierlich. Ob ein Baum wächst, ein Mensch heranwächst, Erfolg wächst, der atmosphärische Druck, immer und bei allem wechseln sich Wachstum und vorübergehender Stillstand ab. Was erwarten sich aber die meisten Menschen, wenn Sie etwas beginnen, in Angriff nehmen, den Willen haben, etwas durchzuziehen, die Führung übernehmen? Sie haben die ersten Anfangserfolge und dann müssen sie die ersten Rückschläge hinnehmen. Die meisten Menschen erwarten, dass, wenn es gut anläuft, es auch so gut weitergeht. Und wenn dies dann nicht automatisch der Fall ist, dann hängt das Gesicht weit runter: »Na ja, war offensichtlich doch nix.« Es geht nicht anders. Immer und überall sind es Stufen. Die erste Sprosse ist sehr schnell erreicht. Wenn ich etwas beginne, habe ich schnell einmal das erste Erfolgserlebnis. Dann brauche ich aber eben Zeit, in der sich das, was ich mir da angeeignet habe, festigt. In dieser Zeit werde ich sogar oft schlechter, erleide Rückschläge.
Doch dann kommt ganz automatisch die nächste Stufe. Dann brauche ich wieder die Zeit, in der sich das bisher angeeignete Können festigt. Das Teufli-

Selbstreflexion	Eigenmotivation	Menschen motivieren
Innere Stärke	Entwicklungsbereitschaft	Geduld und Gelassenheit
Selbstdisziplin	Selbstvertrauen	Menschen für sich gewinnen

sche daran ist, dass die Abstände zwischen den Sprossen immer kleiner werden und die Zeit zwischen den Stufen immer länger wird. Das ist einfach so. Was machen wir aber meistens? Wir beginnen etwas voller Tatendrang, haben die ersten Erfolge, dann läuft es nicht so weiter, die ersten Rückschläge kommen, und dann sagen wir entweder: »Okay, das war halt doch nichts«. Oder wir geben zwar nicht gleich auf, lassen aber schlicht und einfach nach: »Jetzt geht's eh nicht so gut, jetzt kann ich es ja locker laufen lassen.«
Und was passiert dadurch? Wenn Sie es in der Phase, in der es nicht so gut geht, locker angehen, wird es immer schlechter und dauert umso länger.
Alles wächst, wenn ich nur lange genug immer wieder das Gleiche tue! Die Zeit, die es individuell braucht, damit jemand erfolgreich ist, variiert. Um zu verdeutlichen, was damit konkret gemeint ist, lässt sich jede x-beliebige Fertigkeit heranziehen. So wird beispielsweise jemand, der noch nie gekocht hat, nicht beim ersten Versuch ein perfektes Fünf-Sterne-Menü zubereiten können. Erst wenn er durch viel Übung und Training alle Einzelschritte der feinen Küche verinnerlicht und perfektioniert hat, wird ihm das gelingen. Ein Skiläufer, der ausdauernd auf Trainingshügeln geübt hat, wird irgendwann die Fertigkeit besitzen, eine rote Piste zu befahren. Nur bei dem einen dauert es halt länger als beim anderen.

Erkenntnis 36: Jeder kann alles erreichen – es ist nur eine Frage der Zeit!

Jeder kann alles erreichen, was er sich vorgenommen hat. Unterschiedlich ist nur die Zeit, die Menschen brauchen, um ihre Fertigkeiten so zu perfektionieren, dass es zur Zielerreichung genügt. Wer kontinuierlich über einen längeren Zeitraum immer wieder das Gleiche tut – und zwar in derselben Intensität – wird darin immer besser.

Selbstreflexion	Eigenmotivation	Menschen motivieren
Innere Stärke	Entwicklungsbereitschaft	Geduld und Gelassenheit
Selbstdisziplin	Selbstvertrauen	Menschen für sich gewinnen

Eine Frage des Tempos!

Da ist dieser alte Mann, der im Wald Holz hackt. Ein Wanderer kommt vorbei und fragt den alten Mann: »Entschuldige, wie lange brauche ich denn in die nächste Stadt?« Und der Alte hackt Holz, schaut ihn an und hackt weiter Holz. Da tippt ihm der Wanderer auf die Schulter und fragt wieder: »Entschuldige, wie lange brauche ich denn in die nächste Stadt, bitte?« Der Mann hackt, schaut ihn an, hackt weiter.
Der Wanderer denkt sich: Na gut, dann vergiss es, geht weiter und in dem Moment, als er weggeht, hört der Alte auf, Holz zu hacken, dreht sich um, schaut ihn an und ruft ihm nach: »10 Minuten!«
Der Wanderer geht zurück und sagt: »Verzeihung, aber ich habe Sie zweimal gefragt, und Sie konnten mir keine Antwort geben, dann geh ich weg und dann schreien Sie mir nach – wollen Sie mich ärgern?«
Der Alte ist verwundert: »Wieso? Ich hab erst sehen müssen, wie schnell Sie gehen!«

Passend zu dieser humorvollen Anekdote gleich eine Übung für Sie: Absolvieren Sie doch einmal ein gänzlich ungewöhnliches Trainingsprogramm. Trainieren Sie nach dem Gesetz des Wachstums etwas, das mit Erfolg und Zufriedenheit unweigerlich ganz eng zusammengehört: Trainieren Sie das Lächeln! Nutzen Sie ab sofort in allen Bereichen, in denen Sie mehr erreichen möchten, Ihre »Trainingsintervalle« und freuen Sie sich dabei auf den unweigerlich kommenden Erfolg! Denn wie heißt es so schön: »Übung macht den Meister!«

MEIN WEG

»Ich übe meine notwendigen Tätigkeiten auf dem Weg zu meinem Ziel ständig und ohne Unterbrechung in gleich bleibender Intensität aus. Unabhängig davon, ob ich gerade einen Erfolg zu verzeichnen habe oder nicht.«

- Selbstreflexion
- Innere Stärke
- Selbstdisziplin
- Eigenmotivation
- Entwicklungsbereitschaft
- Selbstvertrauen
- Menschen motivieren
- Geduld und Gelassenheit
- Menschen für sich gewinnen

Trainieren Sie das Gesetz des Wachstums

Mit den folgenden fünf Übungen können Sie das Gesetz des Wachstums trainieren und erfahren mehr über Ihr Wachstumspotential. Tragen Sie Ihre Erkenntnisse und Ergebnisse in die Checkup Liste auf Seite 226 ein.

44

→ Übung 44 | Zukunftsplanung

Notieren Sie bitte alle beruflichen Tätigkeiten, die Sie bereits ausgeübt haben. Schreiben Sie bei jeder vergangenen beruflichen Tätigkeit auch auf, warum Sie diese beendet haben.
Machen Sie sich nun eine Liste Ihrer beruflichen und privaten Zielsetzungen für die nächsten drei Jahre. Notieren Sie auch, was Sie dafür tun müssen, um diese Zielsetzungen verwirklichen zu können.

45

→ Übung 45 | Body check I

Halten Sie zu folgenden Punkten schriftlich fest, was Sie an Ihrem Körper optimieren möchten: Ernährung, Muskelkraft, Ausdauer, Figur, Erholungsfähigkeit, Belastbarkeit.

46

→ Übung 46 | Body check II

Notieren Sie Situationen aus Ihrem Leben, in denen Sie eine körperliche Verbesserung (Abnehmen, Joggen, Muskelaufbau …) in Angriff genommen und dann wieder gelassen haben. Schreiben Sie auch auf, wie lange Sie die Anfangsanstrengung durchgehalten haben, bis Sie schließlich doch aufgegeben haben.
Halten Sie schriftlich fest, was Sie nun bei Ihrem Körper in Angriff nehmen werden und wie Sie dabei das Gesetz des Wachstums beachten werden. Viel Erfolg – und vor allem ein gutes Gefühl dabei!

➜ Übung 47 | Langsam vs. Schnell

47

Lassen Sie zwei Stunden Ihres Lebens einmal ganz bewusst ablaufen. Und zwar, indem Sie die beiden Stunden ganz unterschiedlich gestalten:
Eine Stunde lang tun Sie bitte alles, was Sie tun, so schnell wie möglich. Es kommt dabei nicht darauf an, was Sie tun und schon gar nicht, ob Sie es richtig tun – Sie müssen einfach nur die ganze Stunde hindurch alles so schnell wie möglich machen!
Die andere Stunde tun Sie bitte alles ruhig und überlegt. Das bedeutet, dass Sie eine Stunde lang, bei allem, was Sie vorhaben, bevor Sie damit beginnen, kurz darüber nachdenken und es dann entspannt und konzentriert durchführen.
Auch wenn Sie glauben, dass Ihnen nach fünf Minuten bereits der Sinn der Übungen klar ist – hören Sie nicht vorzeitig auf, sondern halten Sie die beiden Stunden bitte unbedingt komplett durch!
Welche Erfahrung haben Sie gemacht und wie werden Sie diese in Zukunft nutzen?

➜ Übung 48 | Zielvorgabe

48

Halten Sie fest, was Sie in Ihrer Beziehung, Ihrer Familie, in Ihrer Persönlichkeit oder in Ihrer Karriere verändern werden. Schreiben Sie auf, wie Sie dabei das Gesetz des Wachstums beachten werden.

Das Gesetz des Wachstums

CHECK UP

→ ÜBUNG 44: ZUKUNFTSPLANUNG

Haben Sie diese Übung gemacht? ○ Ja ○ Nein

Hat Ihnen diese Übung einen Erfolg gebracht? ○ Ja ○ Nein

Wie oft haben Sie die Übung wiederholt? ___ mal.

IHR PERSÖNLICHES FAZIT:

....

....

→ ÜBUNG 45: BODY CHECK I

Haben Sie diese Übung gemacht? ○ Ja ○ Nein

Hat Ihnen diese Übung einen Erfolg gebracht? ○ Ja ○ Nein

Wie oft haben Sie die Übung wiederholt? ___ mal.

IHR PERSÖNLICHES FAZIT:

....

....

→ ÜBUNG 46: BODY CHECK II

Haben Sie diese Übung gemacht? ○ Ja ○ Nein

Hat Ihnen diese Übung einen Erfolg gebracht? ○ Ja ○ Nein

Wie oft haben Sie die Übung wiederholt? ___ mal.

IHR PERSÖNLICHES FAZIT:

....

....

→ ÜBUNG 47: LANGSAM VS. SCHNELL

Haben Sie diese Übung gemacht? ○ Ja ○ Nein

Hat Ihnen diese Übung einen Erfolg gebracht? ○ Ja ○ Nein

Wie oft haben Sie die Übung wiederholt? ___ mal.

IHR PERSÖNLICHES FAZIT:

....

....

→ ÜBUNG 48: ZIELVORGABE

Haben Sie diese Übung gemacht? ○ Ja ○ Nein

Hat Ihnen diese Übung einen Erfolg gebracht? ○ Ja ○ Nein

Wie oft haben Sie die Übung wiederholt? ___ mal.

IHR PERSÖNLICHES FAZIT:

....

....

11

DAS GESETZ DER VERTEIDIGUNG

Auf dem Weg zu Ihrem persönlichen Ziel bleiben Konflikte nicht aus. Oft ist man dann versucht, sich stärker zu verteidigen als unbedingt notwendig. Deshalb: Immer schön sachlich bleiben und die Emotionen raus lassen. Nicht »zuschlagen«, sondern ausweichen und die Energie des anderen nutzen. Das ICH streichen, das WIR denken – so lautet die Erfolgsformel.

+ Partnerschaft
+ Freunde und Bekannte
+ Business und Beruf

SELBSTTEST

Wie viel Streitpotential haben Sie?

Streithammel oder friedfertiges Lamm – nicht jedem Menschen liegt das Streiten. Checken Sie Ihr Potenzial!

1 Wie oft streiten Sie?

- O eigentlich nie (A)
- O ab und zu (B)
- O ziemlich oft (C)

2 Was empfinden Sie in Streitsituationen?

- O Ich hoffe, es geht schnell vorbei. (A)
- O Ich komme gut damit klar und habe keine Angst davor. (B)
- O Ich fühle mich unwohl und versuche, diese Situationen zu vermeiden. (C)

3 Sprechen Sie kritische Punkte offen an?

- O Ich schlucke alles runter. (A)
- O Ich spreche alles offen an. (B)
- O Das kommt ganz auf die Situation an. (C)

4 Niemand streitet gern, aber wenn es denn sein muss … Was möchten Sie erreichen?

- O Ich möchte erreichen, dass der andere einsieht, dass ich recht habe. (A)
- O Ich möchte nicht kleinbeigeben, sondern meinen Standpunkt verdeutlichen. (B)
- O Ich möchte, dass es ganz schnell aufhört. (C)

5 Sie fühlen sich wieder einmal von Ihrem Partner ungerecht behandelt. Was sagen Sie?

- O »Mir geht es nicht gut, wenn Du mich dumm dastehen lässt.« (A)
- O »Immer bist du so ungerecht zu mir.« (B)
- O Nichts, wie immer. Ich schlucke es runter. (C)

Ein Abend mit Freunden und Ihr Partner/Ihre Partnerin macht plötzlich eine ziemlich fiese Bemerkung über Sie. Wie reagieren Sie?

6
- O Ich bin beleidigt. (A)
- O Später, wenn wir allein sind, frage ich ihn, was das sollte. (B)
- O Ich denke mir eine Revanche aus. (C)

Sie sind so richtig sauer. Sprechen Sie es offen aus?

7
- O Nein, ich schmolle bis man mich fragt, was los ist. (A)
- O Ja, ich sage, wenn mir etwas gegen den Strich geht. (B)
- O Mit kleinen spitzen Bemerkung locke ich mein Gegenüber aus der Reserve. (C)

Ihr Chef/Ihre Chefin zitiert Sie zu sich und überhäuft Sie mit Vorwürfen. Wie reagieren Sie?

8
- O Gar nicht, die guten Argumente fallen mir erst später ein. (A)
- O Ich warte ab und überlege mir eine Rechtfertigung. (B)
- O Ich zahle mit gleicher Münze zurück – und ärgere mich, dass ich mich habe provozieren lassen. (C)

Wann waren Sie zum letzten Mal so richtig wütend?

9
- O Daran kann ich mich nicht erinnern. (A)
- O Das ist länger her und kommt sowieso selten vor. (B)
- O Mindestens einmal in der Woche bringt mich jemand auf die Palme. (C)

Was wirft man Ihnen in Streitsituationen am häufigsten vor?

10
- O Dass ich unsachlich argumentiere. (A)
- O Dass ich auf die Tränendrüse drücke. (B)
- O Dass ich einem Streit aus dem Weg gehe. (C)

AUSWERTUNG

Übertragen Sie Ihre Antworten in folgende Bewertungstabelle.

	1.	2.	3.	4.	5.	6.	7.	8.	9.	10.
A	1	3	1	2	3	1	1	1	1	3
B	2	2	3	3	2	2	2	2	2	2
C	3	1	2	1	1	3	3	3	3	1

MEHR ALS 24 PUNKTE
ERFRISCHEND WIE EIN ORKAN (A)

Im besten Fall würden Sie sich als temperamentvoll bezeichnen, doch wenn Sie ganz ehrlich sind, gehört für Sie ein bisschen Streit einfach dazu. Kurz und heftig – und dann ist die Luft wieder rein. Streiten gehört zu Ihrem Leben – und das ist nicht negativ gemeint. Es bedeutet, dass Sie Konflikte anpacken und ihnen nicht aus dem Weg gehen. Sie sprechen die Dinge an, die Sie stören und verschleiern nicht die Wahrheit. Diese Eigenschaften sollen Sie sich unbedingt bewahren. Aber: Mit Ihrer direkten Art können Sie Ihre Mitmenschen auch verletzen. Im folgenden Kapitel lernen Sie, wie Sie damit umgehen können.

ZWISCHEN 23 UND 16 PUNKTEN
AUSGLEICH STATT DIFFERENZEN (B)

Sie wissen, dass ein Streit manchmal nicht zu vermeiden ist. Aber Sie sind ein Mensch, der sich und sein Verhalten reflektieren kann – und so bemühen Sie sich, fair zu streiten und Ihre Mitmenschen nicht zu verletzen. Sie möchten nämlich keinen dauerhaften Zwist. In vielen Fällen hilft Ihnen Ihre Intuition dabei sehr gut weiter – ein paar weitere Tipps können aber nicht schaden. Also weiterlesen …

WENIGER ALS 15 PUNKTE
NACHGEBEN STATT AUSTEILEN (C)

Schon bei der Vorstellung, sich mit jemandem zu streiten, fühlen Sie sich unwohl. Sie lieben die Harmonie und sind unglücklich, wenn ein Streit aufzieht. Dafür sind Sie auch mal bereit nachzugeben, obwohl Sie im Recht sind. Ihre Mitmenschen lieben Sie für diese ausgleichende Art. Wenn Sie aber jedem Streit aus dem Weg gehen, ziehen Sie am Schluss den Kürzeren. Sie könnten dadurch ausgenutzt werden. Deshalb lernen Sie, sich geschickt zu verteidigen.

Das Gesetz der Verteidigung

Auf dem Weg zum persönlichen Ziel bleiben Konflikte mit anderen nicht aus. Oft ist man dann versucht, sich stärker zu verteidigen als unbedingt notwendig. Aber Interessenkonflikte sollten dazu dienen, sich selbst einen Vorteil zu verschaffen. Deshalb: Lassen Sie Emotionen raus und argumentieren Sie stets sachlich. Wenn man das nämlich nicht macht, vergibt man die Chance auf eine dauerhafte Lösung.
Das Allerwichtigste bei einer Konfrontation ist es jedoch, dem Gegenüber die Chance zu geben, sein Gesicht zu wahren! In Anlehnung an die asiatische Kampfkunst bedeutet das: Nicht »zuschlagen«, sondern ausweichen und die Energie des anderen nutzen, um zu gewinnen. Das ICH streichen, das WIR denken – so besteht man jede Konfrontation.

Selbstreflexion
Eigenmotivation
Entwicklungsbereitschaft
Innere Stärke
Geduld und Gelassenheit
Selbstdisziplin

Nicht auszuschließen: Interessenskonflikte

Gehen wir davon aus, dass Sie die vorangegangenen zehn Naturgesetze umsetzen konnten und auf dem Weg zu Ihrem ganz persönlichen Erfolg sind. Dann werden Sie immer wieder auch auf Menschen treffen, die andere Interessen haben als Sie. In solchen Situationen ergeben sich dann die viel zitierten »Interessenskonflikte«.
Prinzipiell gilt: Interessenskonflikte haben in der Regel nicht den Zweck, dem anderen etwas Böses zu tun, sondern dienen lediglich dazu, sich selbst einen Vorteil zu verschaffen. Daher darf ein Konflikt auch nie persönlich gesehen werden. In dem Moment, in dem man dies tut, beraubt man sich selbst seiner Möglichkeit, eine maximal vorteilhafte und vor allem dauerhafte Lösung herbeizuführen.

Erkenntnis 37: Immer schön sachlich bleiben!

Versuchen Sie im Konfliktfall immer, das Ziel vor Augen zu haben – und nie das persönliche Befinden. Und zwar weder Ihres noch das des Gegenübers. Persönliches Befinden ist meist sehr störend, wenn es um eine sachliche Auseinandersetzung und damit auch um eine sachliche Lösung geht.

Solange ein Interessenskonflikt sachlich betrachtet und ausgetragen wird, ist die Lösung in der Regel ganz einfach.
Alles, was Sie tun müssen, ist, folgende vier Punkte zu befolgen:

- Achten Sie immer darauf, dass Ihr Gegenüber sein Gesicht wahren kann.
- Überzeugen Sie Ihren Kontrahenten, dass Sie bei dem angestrebten Kompromiss mehr verlieren als er.
- Überzeugen Sie Ihren Kontrahenten, dass er bei dem angestrebten Kompromiss mehr gewinnt als Sie.
- Machen Sie Ihrem Kontrahenten klar, dass er ohne diesen Kompromiss mehr verlieren würde, als wenn Sie sich einigen.

Selbstreflexion | Eigenmotivation | Entwicklungsbereitschaft
Innere Stärke | Geduld und Gelassenheit | Selbstdisziplin

»21 Trainingstipp to go

Schieben Sie Ihre persönlichen Befindlichkeiten beiseite und konzentrieren Sie sich stattdessen voll und ganz auf das Ergebnis, das Sie erzielen wollen. Das größte Hemmnis in Sachen Erfolg und auch in der Streitkultur ist es, dass wir uns zu sehr darauf konzentrieren, wie es uns geht und daraus agieren. Daher lenken Sie Ihren Fokus mit ganzer Kraft auf das Endergebnis und ignorieren Sie alle Befindlichkeiten!

Dazu ein praktisches Beispiel: Wenn ich in einen eiskalten Fluss falle und mich nur darauf konzentriere, wie sehr ich friere, werde ich mit großer Wahrscheinlichkeit untergehen. Fokussiere ich mich hingegen auf das gegenüberliegende Ufer und darauf, wie ich dorthin komme, dann kann ich es auch erreichen und schaffen, mich zu retten und zu überleben. Ganz genauso ist es auch in Diskussionen!

Diese »FDP-Strategie« (»Four Defense Points«) bringt Ihnen auch im größten Konflikt immer eine brauchbare und annehmbare Lösung – sofern es um Inhalte geht und Sie den Konflikt sachlich lösen wollen. Eigentlich vier ganz einfache Punkte, die aber in der Praxis meist nicht so gehandhabt werden.

Schwieriger wird es – und das ist leider zu 90 Prozent der Fall –, wenn Emotionen mit im Spiel sind. Denn dann wird zwar auf der vordergründigen Ebene der Sachlichkeit kommuniziert, die entscheidende Rolle spielt aber in Wirklichkeit die hintergründige Ebene der Gefühle.

Dazu muss einem vorab klar sein, dass man es eben nicht jedem recht machen kann.

Was du auch tust, du kannst es nie allen recht machen

Weit weg von den Menschen lebte ein Vater mit seinem Sohn. Als der Sohn größer wurde, hatte er einen Wunsch. »Ich möchte mich in der Welt umsehen und hören, was andere Menschen so meinen«, sprach er zu seinem Vater. Dieser schüttelte den Kopf und sagte: »Wünsch dir das nicht, mein Sohn. Was du

Selbstreflexion | Eigenmotivation | Entwicklungsbereitschaft
Innere Stärke | Geduld und Gelassenheit | Selbstdisziplin

auch tust, du kannst es nie allen recht machen.« – »Das glaube ich nicht«, antwortete der Bub und gab nicht eher Ruhe, bis sich der Vater mit ihm aufmachte. Sein Vater schritt voran, der Sohn ging neben ihm und am Halfter trabte der Esel.

So begegnete ihnen ein Bauer, der sprach: »Warum lasst ihr den Esel müßiggehen? Er kann doch einen von euch tragen.« Da rief der Sohn: »Der Mann hat recht, Vater, steig auf!« Der Vater setzte sich auf den Esel und der Sohn lief nebenher, bis sie auf zwei Wanderer trafen. Einer der Wanderburschen stieß seinen Kumpel in die Rippen und sagte: »Es ist eine Unverschämtheit, dass der Vater reitet und den Jungen zu Fuß gehen lässt!« Vater und Sohn schauten sich an und tauschten die Rollen. Der Sohn ritt nun auf dem Esel und der alte Mann lief zu Fuß nebenher. Da trafen sie eine Frau, die im Wald Holz gesammelt hatte. »Es ist eine Schande, dass der Vater zu Fuß geht, während das feine Söhnchen reitet!«, schimpfte sie. Der Sohn schämte sich und meinte zum Vater: »Die Frau hat recht. Setz dich zu mir auf den Esel, Vater!« Gemeinsam ritten sie weiter, bis ihnen die Kutsche eines feinen Herrn entgegenkam. Dieser winkte sie zu sich und sprach: »Der treue Esel wird bald eingehen, wenn er die schwere Last von zwei Personen schleppen muss!« So beschlossen sie, das Tier gemeinsam zu tragen. Sie banden ihm ein breites Leinenband um seinen Leib, steckten eine Stange hindurch und hoben jeweils ein Ende davon auf ihre Schultern. Ein paar Stunden hatten sie den Esel geschleppt, als sie zu einem Wirtshaus kamen. Davor saßen fröhliche Leute. Einer schrie: »Seht die Dummköpfe dort. Die tragen ihren Esel, anstatt auf ihm zu reiten!« Alle lachten. »Wenn die beiden schon nicht reiten wollen, warum führen sie den Esel nicht am Halfter hinter sich her?«

»Warum tun wir nicht, was die Leute sagen?«, fragte der Sohn. »Weil wir so von zu Hause losgezogen sind!«, antwortete der Vater.

Was heißt das nun für Sie? Versuchen Sie niemals, Konflikte zu lösen, indem Sie es anderen recht machen. Achten Sie immer darauf, dass Ihre Konfliktlösungen Ihrem Ziel dienende Ergebnisse bringen, mit denen Sie auf Dauer zufrieden sein können.

Selbstreflexion | Eigenmotivation | Entwicklungsbereitschaft
Innere Stärke | Geduld und Gelassenheit | Selbstdisziplin

Aus einer Mücke wird ein Elefant

Kennen Sie das? Jemand wirft Ihnen etwas vor, das an und für sich gar nicht so schlimm ist, derjenige macht aber »aus einer Mücke einen Elefanten«? Sie fragen sich, was denn das Ganze soll? Wie oft haben Sie das schon erlebt? Nun, in so einem Fall geht es der Person, die Ihnen diese Vorwürfe macht, in Wirklichkeit um etwas ganz anderes, als um das, was sie Ihnen vorhält.
In solch einem Fall ist es absolut sinnlos, auf der vordergründigen Ebene der Sachlichkeit zu bleiben und auf die Vorwürfe zu reagieren.

Hier haben Sie in Wahrheit nur zwei Möglichkeiten, wenn Sie das Problem lösen möchten:

→ Entweder Sie finden das wahre Problem heraus, bringen es auf eine sachliche Ebene und lösen es nach der FDP-Strategie (siehe Seite 235), oder

→ Sie ignorieren die vordergründigen, sachlichen Vorwürfe und reagieren sofort auf der Gefühlsebene.

Die erste Möglichkeit empfehle ich dann, wenn es versteckt um einen Interessenskonflikt geht, der sachlich lösbar ist. Möglichkeit zwei ist meistens die Richtige, wenn es um Gefühlsprobleme auf der Beziehungsebene geht.
Was aber tun Sie, wenn Sie entweder das eigentliche Problem nicht erkennen können oder Sie gar kein Interesse an einer gemeinsamen Lösung haben?
Und wie handeln Sie, wenn der Interessenskonflikt so prinzipieller Natur ist (Konkurrent auf dem Weg zum selben Ziel), dass es in der Regel nur einen Sieger geben kann?
Dann empfehle ich Ihnen, zu einer fernöstlichen Kampftechnik zu greifen: »Schlagen Sie niemals zu – weichen Sie ständig aus«. Lassen Sie Ihre Kontrahenten ins Leere laufen. Erstens gewinnen Sie so jeden Kampf, zweitens gewinnen Sie ohne jemals jemanden »schlagen« oder sich verausgaben zu müssen und drittens haben Sie dadurch zu jedem Zeitpunkt die Möglichkeit, doch noch einen Brückenschlag vorzunehmen.
Sehen wir uns ein Beispiel für die »Ausweich-Strategie« in der Praxis an:
Ein Arbeitskollege sagt eines Tages in Anwesenheit des gemeinsamen Vorgesetzten zu Ihnen: »Ihre Arbeit ist immer so ungenau, dass wir ständig Probleme damit haben.«

Selbstreflexion | Eigenmotivation | Entwicklungsbereitschaft
Innere Stärke | Geduld und Gelassenheit | Selbstdisziplin

»22 Trainingstipp to go

Spielen Sie das Szenario (abgewandelt auf die Situation Ihres Alltags) wie geschildert immer wieder gedanklich durch.
Dadurch gewinnen Sie mehr Selbstbewusstsein und Souveränität, wenn eine solche Situation tatsächlich eintritt. Das Ausweichen gelingt besser, wenn man die jeweiligen gedanklichen Schritte zuvor verinnerlicht hat.
Schlussendlich geht es beim Ausweichen in Streitsituationen immer darum, den Ball des »Vorwurfs« zurückzuspielen. In jedem Fall sollten Sie immer darauf achten, dass Sie auf einer emotionslosen, sachlichen und unbedingt positiven Linie agieren. Oberster Grundsatz ist die absolute Vermeidung jeglicher Emotionen!

Tatsache ist: Sie wissen, dass das nicht stimmt. Aber entweder haben Sie keine Ahnung, welches Problem er mit Ihnen in Wirklichkeit hat und/oder Sie haben gar kein Interesse an einer gemeinsamen Lösung, oder aber Sie wissen ganz genau, dass er Ihr Konkurrent um den Posten des Abteilungsleiters ist und Sie nur schlechtmachen möchte.
Was tun Sie nun? Abstreiten? Ihm vorwerfen, dass er selbst schlechte Arbeit macht? Ihn fragen, was er denn eigentlich von Ihnen will? Oder Schlimmeres? Mit all dem würden Sie nichts erreichen – außer einem schlechten Bild von Ihnen, aufgeschaukelte Emotionen und (wenn Sie kurzfristig gewinnen würden) einen Arbeitskollegen, der in Zukunft noch aggressiver gegen Sie auftreten würde.
Vorschlag: Sagen Sie doch einfach so etwas, wie …
»Danke für den Hinweis. Wenn ich einen Teil der Arbeit ungenau erledigen sollte, dann weiß ich das nicht – sonst würde ich sie ja nicht ungenau erledigen. Aus diesem Grund bitte ich Sie, mir eine genaue Aufstellung zu geben, was, wann, wie fehlerhaft erledigt wurde. Wenn es tatsächlich Ungenauigkeiten gibt, werde ich diese Dinge dann sofort in Ordnung bringen und in Zukunft besonders darauf achten. Danke für Ihren konstruktiven und kollegialen Hinweis. Gemeinsam bringen wir eben doch die beste Qualität zustande. Bis wann können Sie mir die Liste geben?«
Mit dieser Antwort hätten Sie nun einen Vorgesetzten, der Ihre Teamfähigkeit, Ihre Offenheit, Ihr Qualitätsdenken und Ihre Kooperations-Bereitschaft registriert hat und der nun wahrscheinlich ebenfalls gespannt auf die Liste warten wird.

Selbstreflexion	Eigenmotivation	Entwicklungsbereitschaft
Innere Stärke	Geduld und Gelassenheit	Selbstdisziplin

Ihr streitsüchtiger Arbeitskollege aber hat nun gleich mehrere Probleme. Er muss eine Liste erstellen (die Sie dann, Punkt für Punkt widerlegen können und müssen), kann Sie nicht mehr angreifen, sondern ist zur Kooperation gezwungen und vor allem – Sie haben die Führung übernommen.
Selbst wenn es tatsächlich einige Ungenauigkeiten gegeben hat, bessern Sie diese aus, bedanken sich bei Ihrem Kollegen nochmals für den Hinweis und es wird sich dadurch nichts am – für Sie positiven – Gesamteindruck ändern.

Sie haben nicht zurückgeschlagen. Sie sind ausgewichen. Und Sie haben Ihren Kontrahenten ins Leere laufen lassen. Mehr noch, Sie haben aus einem Angriff eine Kooperation unter Ihrer Führung begründet.

Erkenntnis 38:
Greifen Sie niemals an, geben Sie nach!

SO lassen Sie Ihre Gegner ins Leere laufen und übernehmen selbst die Führung. Das erspart Ihnen Energie und Zeit. Und Sie haben so jederzeit die Möglichkeit eines Brückenschlages.

Selbstreflexion | Eigenmotivation | Entwicklungsbereitschaft
Innere Stärke | Geduld und Gelassenheit | Selbstdisziplin

Lassen Sie sich nicht aus der Reserve locken!

Generell wird es auch im Laufe des erfolgreichsten Weges unerlässlich sein, sich gegen Angriffe unterschiedlichster Art zur Wehr zu setzen. Da wir (siehe Gesetzt der Wirklichkeit) im Hier und Jetzt die Sinnhaftigkeit uns negativ erscheinender Situationen nicht erkennen können, bewerten wir diese prinzipiell nicht. Doch müssen wir auf Störungen unseres Weges nach bestem Wissen und Gewissen reagieren, um die für unseren Weg notwendig erscheinenden Korrekturen zu veranlassen.

Es gilt, den selbst gewählten Weg und die dafür nötigen Aktionen sowie die damit bezweckten Wunschergebnisse im Blick zu behalten.

- Selbstreflexion
- Eigenmotivation
- Entwicklungsbereitschaft
- Innere Stärke
- Geduld und Gelassenheit
- Selbstdisziplin

→ **TIPP 29:** Wir reagieren auf Störungen unseres Weges nach bestem Wissen und Gewissen, um die für unseren Weg scheinbar notwendigen Korrekturen zu veranlassen.
Zu diesem Zweck ist es in der Regel nicht sinnvoll, mit einem Gegenangriff zu antworten, da dadurch lediglich noch mehr negative Energien erzeugt werden. Achten Sie stattdessen darauf, so positiv und gewinnbringend wie möglich zu reagieren. Weichen Sie aus, geben Sie nach und gehen Sie in Führung!

→ **TIPP 30:** In einer direkten Konfrontation empfiehlt es sich, den »Gegner« zuerst seine negativen Energien abladen zu lassen, um dann die Situation durch Fragen führend zu einem Ergebnis zu bringen, das die für den Weg gewünschten Aktionen mit sich bringt. Oberster Grundsatz dabei ist, emotionale Ausbrüche in jedem Fall zu vermeiden. Im Fokus stehen die gewünschten Ergebnisse und eine sachliche Lösung.

→ **TIPP 31:** In einer indirekten Konfrontation, die sich auch über einen längeren Zeitraum ziehen kann, geht man im Grunde nach demselben Verfahren vor, allerdings mit dem Unterschied, dass die beschriebene Technik auch mit allen anderen zur Verfügung stehenden strategischen Mitteln umgesetzt werden kann und soll.
In beiden Fällen ist es nützlich, seinem »Gegner« möglichst rasch vor Augen zu führen, dass er sein Ziel, gleich ob materiell oder emotional, erreicht hat. Damit erzeugen Sie eine maximal schnelle Zufriedenheit mit dem bereits erreichten Ergebnis. So vermeiden Sie auch, dass die Diskussionen weitergehen, indem über emotionale Befindlichkeiten argumentiert wird, obwohl das Ziel schon längst erreicht ist.

Kriegserklärung

Die österreichischen Generäle haben sich zusammengesetzt und gesagt: »Wir müssen uns Respekt verschaffen. Wir müssen der Welt einfach wieder einmal zeigen, dass es Österreich auch militärisch noch gibt. Was machen wir?«
Sie überlegen eine Zeit lang, dann kommt die rettende Idee: »Wir machen Krieg!« »Passt. Aber wem erklären wir den Krieg?« Sie überlegen wieder eine

Selbstreflexion	Eigenmotivation	Entwicklungsbereitschaft
Innere Stärke	Geduld und Gelassenheit	Selbstdisziplin

Zeit lang. »Deutschland!« »Nein, Deutschland ist unser Nachbar, die kommen dann nicht mehr auf Urlaub, das ist nicht gut.« »Italien!« »Nein, in Italien geht es sowieso so drunter und drüber, die merken dann überhaupt nicht, dass Krieg ist, das ist auch nicht gut.«
Dann hat einer die Idee und sagt: »China! China ist gut! Das verschafft Respekt. China ist groß und stark, und außerdem ist China weit weg. Wir erklären China den Krieg!«
Gesagt. Getan. Die österreichischen Generäle schicken ein Fax an China: »Kriegserklärung: Haben 10.000 Mann, 100 Panzer, 10 Hubschrauber«. Eine Stunde später kommt das Fax aus China zurück: »Kriegserklärung angenommen. Haben 10.000.000 Mann, 100.000 Panzer, 50.000 Hubschrauber«.
Die österreichischen Generäle überlegen eine Zeit lang, dann schicken Sie ein Fax zurück nach China: »Kriegserklärung zurückgenommen, kein Platz für Kriegsgefangene. – Laden Sie aber gern zum nächsten Kongress ein.«

Das ist Ausweichen (Nachgeben) und die Führung übernehmen.
Machen Sie sich die Weisheit dieser Anekdote zunutze und weichen Sie aus. Und machen Sie die Gegnerschaft zu einer Partnerschaft unter Ihrer Führung.

☎ Business plus 8

Für den Fall, dass es sich um keine Konfrontation, sondern um eine Wettbewerbssituation handelt, in der laufend Angriffe des »Gegners« erfolgen (weil er sich dadurch Vorteile erhofft), kann es – sofern möglich – die richtige Lösung sein, eine gemeinsame Linie zu finden. Das macht dem »Gegner« klar, dass auch er mehr Profit – auf den von ihm gewünschtem Gebieten (Geld, Anerkennung, Gesundheit ….) – hat, wenn er kooperiert. Dabei ist immer derjenige die Führungsperson, der dem anderen Vorteile verschaffen kann!
Lässt sich keine gemeinsame Linie durch die Vorteilsbeschaffung unter eigener Führung erreichen, so sollte man die bewusste Entscheidung treffen, den »Gegner« endgültig zu besiegen. Wenn Sie sich jedoch auf diese Strategie einlassen, müssen Sie sie auch zu Ende führen, da es in einem solchen Fall nur einen Sieger geben kann.

Selbstreflexion	Eigenmotivation	Entwicklungsbereitschaft
Innere Stärke	Geduld und Gelassenheit	Selbstdisziplin

Wichtig: Treffen Sie die Entscheidung bewusst und fragen Sie sich nicht nach dem Sinn, entscheidend ist allerdings, dabei auch den eigenen Weg nicht aus den Augen zu verlieren.

MEIN WEG

»Ich löse einen Interessenskonflikt immer auf der Ebene, auf der sich das eigentliche Problem befindet. Auf der sachlichen Ebene wende ich die FDP-Strategie an. Liegt das Problem im Gefühlsbereich, so antworte ich auch sofort auf dieser Ebene. »Gegnerschaften« versuche ich zu »Partnerschaften« unter meiner Führung umzugestalten. Dabei schlage ich nie zu, sondern weiche aus und lasse den »Gegner« ins Leere laufen, um so die Führung zu übernehmen.«

- Selbstreflexion
- Eigenmotivation
- Entwicklungsbereitschaft
- Innere Stärke
- Geduld und Gelassenheit
- Selbstdisziplin

Trainieren Sie das Gesetz der Verteidigung

Mit den folgenden vier Übungen können Sie das Gesetz der Verteidigung trainieren. Tragen Sie Ihre Erkenntnisse und Ergebnisse in die Check-up-Liste auf Seite 246 ein.

49

→ Übung 49 | Wie Du mir, so ich Dir

Denken Sie an die letzten drei Situationen in Ihrem Leben, in denen Ihnen »Ihr Gesicht genommen« wurde. Also Situationen, in denen Sie von jemandem im Beisein anderer Personen negativ dargestellt wurden. Rufen Sie sich in Erinnerung, wie Sie sich dabei gefühlt haben und was diese Situationen zur Folge hatten. Erinnern Sie sich auch an die letzten drei Situationen in Ihrem Leben, in denen Sie jemandem »das Gesicht genommen« haben. Also Situationen, in denen Sie jemanden im Beisein anderer Personen negativ dargestellt haben. Denken Sie jetzt bitte darüber nach, wie Sie sich dabei gefühlt haben, wie sich der jeweils andere dabei gefühlt haben könnte und was bei diesen Situationen als Ergebnis herausgekommen ist.

50

→ Übung 50 | Emotional oder sachlich

Halten Sie alle Aussagen schriftlich fest, die Sie in den letzten Jahren verletzt haben. Notieren Sie zu jeder Aussage, ob diese emotional (e) oder sachlich (s) war.

Die emotionalen Aussagen streichen Sie nun bitte **fett** durch. Diese können Sie vergessen. Sind auch sachliche Aussagen dabei, dann fragen Sie sich nun, ob Sie daran etwas ändern möchten. Wenn nein, streichen Sie diese ebenfalls durch und vergessen Sie sie. Wenn ja – dann tun Sie es einfach und Sie werden diese Aussagen nicht mehr hören.

51

➜ Übung 51 | »Ständige Gegner« zu Partnern machen

Zählen Sie schriftlich alle Ihre »ständigen Gegner« (also alle Personen, die sich immer wieder in Gegnerschaft zu Ihnen befinden) auf. Notieren Sie dabei auch, worauf Ihrer Meinung nach die Gegnerschaft beruht.
Legen Sie sich Modelle zurecht, wie Sie Ihre »ständigen Gegner« zu Partnern unter Ihrer Führung machen könnten. Und notieren Sie, wann Sie mit diesen Versuchen beginnen werden.
Natürlich gibt es keine Garantie dafür, dass es Ihnen tatsächlich gelingt, alle Ihre ständigen Gegner zu Partnern unter Ihrer Führung zu machen, doch …
… wenn Sie nichts tun, wissen Sie nur eines: Dass sich nichts ändert!

52

➜ Übung 52 | Verteidigungsplan

Erstellen Sie Ihren ganz persönlichen Maßnahmenkatalog, wie Sie in Zukunft reagieren werden, wenn Sie jemand angreift. Mit Überdruck? Mit Retourkutsche? Oder nur so weit, wie es zu Ihrem Schutz notwendig ist? Versuchen Sie, Ihre Verteidigung möglichst konkret festzulegen. Übertragen Sie diese Notiz dann auf ein kleines Blatt Papier (oder in Ihr Handy, in Ihr Notebook oder ein Notizbuch) und halten Sie sich einfach ab dem nächsten Angriff daran. Sie werden merken: Allein das Wissen um Ihre Strategie gibt Ihnen bereits mehr Sicherheit und Ruhe.

Das Gesetz der Verteidigung

CHECK UP

→ ÜBUNG 49: WIE DU MIR, SO ICH DIR

Haben Sie diese Übung gemacht? ○ Ja ○ Nein

Hat Ihnen diese Übung einen Erfolg gebracht? ○ Ja ○ Nein

Wie oft haben Sie die Übung wiederholt? ___ mal.

IHR PERSÖNLICHES FAZIT:

....

....

....

→ ÜBUNG 50: EMOTIONAL ODER SACHLICH

Haben Sie diese Übung gemacht? ○ Ja ○ Nein

Hat Ihnen diese Übung einen Erfolg gebracht? ○ Ja ○ Nein

Wie oft haben Sie die Übung wiederholt? ___ mal.

IHR PERSÖNLICHES FAZIT:

....

....

....

➜ ÜBUNG 51: »STÄNDIGE GEGNER« ZU PARTNERN MACHEN

Haben Sie diese Übung gemacht? ○ Ja ○ Nein

Hat Ihnen diese Übung einen Erfolg gebracht? ○ Ja ○ Nein

Wie oft haben Sie die Übung wiederholt? ___ mal.

IHR PERSÖNLICHES FAZIT:

....

....

....

➜ ÜBUNG 52: VERTEIDIGUNGSPLAN

Haben Sie diese Übung gemacht? ○ Ja ○ Nein

Hat Ihnen diese Übung einen Erfolg gebracht? ○ Ja ○ Nein

Wie oft haben Sie die Übung wiederholt? ___ mal.

IHR PERSÖNLICHES FAZIT:

....

....

....

12

DAS GESETZ DES NUTZENS

Das Beste kommt zum Schluss! Zuerst geben, dann nehmen – das Gesetz des Nutzens ist der Schlüssel zu dem, was sie wollen. Denn: Sie müssen mit allem, was sie können und wissen, Nutzen bieten! Es kann nichts funktionieren, wenn nicht auch andere davon profitieren. Die zentrale Frage ist also: Welchen Vorteil erlangen andere Menschen durch mein Tun? Wenn Sie eine Antwort darauf wissen, steht Ihrem persönlichen Erfolg nichts mehr im Weg.

+ Partnerschaft
+ Freunde und Bekannte
+ Business und Beruf

SELBSTTEST

Sind Sie sich selbst der Nächste?

Ich – Du – Wir. Beherrschen Sie die Balance zwischen eigenen Interessen und Gemeinsinn? Dieser Test bringt Ihnen ganz neue Erkenntnisse.

Sie hatten einen hässlichen Streit mit Ihrem Partner. Und jetzt?

1
- O Ich entschuldige mich. (A)
- O Ich musste so handeln, er/sie hat mir ja quasi keine andere Wahl gelassen. (B)
- O Wenn er sich entschuldigt, tue ich das auch. (C)

Der Tag war stressig und Sie wollen noch zum Sport – aber dann laden die Kollegen Sie auf einen Drink ein. Was machen Sie?

2
- O Ich gehe zum Sport. (B)
- O Ich gehe mit den Kollegen auf einen Drink und dann zum Sport. (C)
- O Ich gehe nicht zum Sport. (A)

Bei einem offiziellen Abendessen sitzen Sie zwischen zwei langweiligen Menschen. Was denken Sie?

3
- O Hoffentlich ist der Wein gut. (A)
- O Ich überlege, wie ich meine Tischnachbarn vergraule. (B)
- O Ich nehme es sportlich und mache das Beste daraus. (C)

Sie stehen an der Wursttheke an, da kommt ein älterer Herr und drängelt sich frech vor. Wie reagieren Sie?

4
- O Ich bitte ihn, sich hinten anzustellen. (B)
- O Ich nehme es hin. (A)
- O Wenn er einen guten Grund hat, lasse ich ihn vor. (C)

Sie lernen jemanden kennen, der Ihnen auf Anhieb unsympathisch ist. Später erfahren Sie, dass es ihm/ihr genauso geht. Was denken Sie?

5
- O Das ist mir ziemlich egal, wir waren eben nicht auf einer Wellenlänge. (C)

- Es versetzt mir einen kleinen Stich: Auch wenn ich ihn/sie nicht mag, fühle ich mich etwas gekränkt. (B)
- Ich wundere mich und überlege, ob ich ihm/ihr zu deutlich mein Missfallen gezeigt habe. (A)

6 Sie haben einen Platz im Zug reserviert. Als Sie sich gesetzt haben, erscheint eine Frau, die ebenfalls genau diesen Sitz gebucht hat. Wie lösen Sie das Problem?

- Ich schaue mich gemeinsam mit ihr um, ob es im Wagon noch einen freien Sitzplatz gibt. Ansonsten biete ich ihr an, auf ihr Gepäck aufzupassen, während sie die anderen Wagen absucht. (C)
- Ich zeige ihr meinen Reservierungsschein und vertiefe mich dann wieder in meine Zeitung. Sie hat eben Pech gehabt. (A)
- Ich stehe auf – lieber suche ich mir einen anderen Platz, als die ganze Fahrt ein schlechtes Gewissen zu haben. (B)

7 Können Sie spontan fünf positive Eigenschaften von sich aufzählen?

- Ja, kein Problem. (C)
- Kann ich kurz darüber nachdenken? (B)
- Fünf? Das ist ganz schön viel … (A)

8 Nehmen Sie Ihre Schwächen gelassen hin?

- Schwächen? Welche Schwächen? (C)
- Ja, also, da wären … (B)
- Lassen Sie uns doch lieber über Stärken sprechen … (A)

9 Wenn ein anderer etwas von Ihnen will, denken Sie …

- … warum ausgerechnet ich? (C)
- … ich müsste öfter mal »Nein« sagen. (B)
- … was kann ich tun? (A)

SELBSTTEST

AUSWERTUNG

Zählen Sie Ihre Buchstabenwerte zusammen und lesen Sie die Interpretation des höchsten Buchstabenwertes.

ÜBERWIEGEND A: MITDENKER

A Gäbe es für Empathie einen Oscar, sollte man Sie vorschlagen. Sie sind ein extrem sensibler Mensch mit einer Überdosis Mitgefühl und Harmoniebedürfnis. Das ist im Prinzip gut, weil Sie Rücksicht auf die Bedürfnisse anderer nehmen. Doch wer Konflikte vermeidet, bleibt meist für immer auf dem Rücksitz des eigenen Lebens – am Steuer sitzen die anderen. Wenn Sie Ihre eigenen Bedürfnisse grundsätzlich zurückstellen, werden Sie bald ausgepowert und unzufrieden sein. Denken Sie in Zukunft erst mal an sich – und dann daran, wie Sie es anderen recht machen können.

ÜBERWIEGEND B: MITBESTIMMER

B Wenn es mir gut geht, geht es auch den anderen gut. – So denken Sie. Egoismus für Fortgeschrittene? Keineswegs, aber Sie haben verstanden, worauf es ankommt. Langfristig hat nur der/die Erfolg, der/die andere daran teilhaben lässt. Soviel Rückgrat wie nötig und soviel Mitgefühl wie möglich. Sie begegnen Menschen unvoreingenommen, ohne ihnen vorzuschreiben, was sie fühlen sollen. Damit machen Sie es anderen leicht, sich zu öffnen. Sie sind freundlich, aber bestimmt – so soll es sein.

ÜBERWIEGEND C: SICH SELBST AM NÄCHSTEN

C Sie sind sich über Ihre Wünsche und Interessen im Klaren – und setzen diese mit allen Mitteln durch. Der Vorteil Ihres übergroßen Selbstbewusstseins ist, dass Sie so leicht nichts aus der Bahn wirft. Aber: Riskieren Sie mal etwas, folgen Sie der Leidenschaft statt dem Pflichtgefühl, also der Einladung zur Party, anstatt des Visitenkartentausch-Meetings. Sprechen Sie mit Ihren Nachbarn, statt über XING Kontakte zu fördern. Pflegen Sie Ihre Neugier und nicht bloß das Nützlichkeitsdenken. Wer ständig nur an sich denkt, die Bedürfnisse anderer übergeht und sich rücksichtslos verhält, manövriert sich ins Abseits.

Das Gesetz des Nutzens

Dieses Gesetz ist das Tüpfelchen auf dem I, das Salz in der Suppe, das letzte Puzzle-Teilchen zum Erfolg: Zuerst geben, dann nehmen! Dieses Gesetz ist der Schlüssel zu dem, was Sie wollen. Denn: Sie müssen mit allem, was sie können und wissen, Nutzen bieten! Es kann nichts funktionieren, wovon nicht auch andere profitieren. Die zentrale Frage ist also: Welchen Vorteil haben welche Menschen durch meine Handlungen, zu welchem Zeitpunkt und in welcher Weise – und wie groß ist der Aufwand, um an diese Vorteile zu gelangen? Wenn sie diese Frage mit Ihrem Handeln und Tun positiv beantworten können, ist das Fundament ihres persönlichen Erfolgs gelegt.

Das Erfolgsrezept: Sie müssen Nutzen bieten!

Nun beherrschen Sie alle Gesetze, von der Verantwortung über die Führung von Mitmenschen bis zur Verteidigung des Erreichten. Sie konzentrieren sich ganz fest auf Ihren Weg und haben nur Ihr Ziel im Visier. Ihre Gedanken kreisen ständig und ausschließlich um das, was Sie erreichen, was Sie haben wollen.

Und genau deshalb werden Sie es nie bekommen, werden Sie nie so erfolgreich sein, wie Sie es sein möchten.

Erstaunlich? Nein, im Gegenteil: ganz klar! Denn nun kommt das Gesetz des Nutzens zum Tragen. Es ist das Gesetz, das dafür sorgt, dass Sie alles, was Sie in den vorangegangenen elf Gesetzen gelernt haben, auch richtig anwenden. Und somit sorgt die Anwendung dieses Gesetzes dafür, dass Sie wirklich dauerhaft privat zufrieden und beruflich erfolgreich sind. Das Gesetz des Nutzens ist sozusagen – nachdem Sie die vorigen elf Gesetze beherrschen – der Schlüssel zu dem, was Sie wollen. Denn das Geheimnis ist: Sie müssen mit allem, was sie können und wissen, Nutzen bieten!

Ein Arbeitnehmer, der nur darauf achtet, wie er noch mehr Geld bei noch weniger Arbeit aus dem Betrieb herausholen kann, wird langfristig keinen Erfolg an diesem Arbeitsplatz haben. Ein Unternehmer, der nur daran denkt, seinen Gewinn mit möglichst geringem Einsatz zu vermehren, wird langfristig keine guten Geschäfte machen. Ein Mensch, der nur sich selbst verwirklichen will und we-

Selbstvertrauen
Geduld und Gelassenheit
Entwicklungsbereitschaft
Selbstdisziplin
Selbstreflexion

nig bis gar nicht auf seinen Lebensgefährten Rücksicht nimmt, wird keine glückliche Partnerschaft führen.

Sie merken schon, wo der Haken ist. Es kann nicht funktionieren, wenn nur einer von etwas profitiert. Schon aus dem Zusammenspiel der Gesellschaft heraus ist es nicht möglich, eine Gemeinschaft zu erzeugen, wenn nicht auch den anderen Mitgliedern Vorteile durch dieses Zusammenspiel geboten werden. Ein solcher Zusammenhalt jedoch ist für das dauerhafte Erreichen eines Zieles unbedingt notwendig.

Das Gesetz des Nutzens bedeutet, dass bei allen Zielen und auf allen Wegen – neben der Fixierung auf mein Ziel und meinen Weg – die erste Frage sein muss: »Welche Menschen haben welche Vorteile durch meinen Weg, auf welche Art und Weise können diese Menschen in den Genuss dieser Vorteile kommen? Und wie groß ist der Aufwand für diese Menschen, um die Vorteile zu erlangen? Wann und warum lohnt es sich für sie?«

Selbstvertrauen
Geduld und Gelassenheit
Entwicklungsbereitschaft
Selbstdisziplin
Selbstreflexion

Erst wenn diese Frage so beantwortet ist, dass man selbst gern an der Stelle eines dieser Menschen wäre, ist die Basis für einen erfolgreichen Weg gegeben. Jeder Erfolg hält auch nur solange an, wie die Beantwortung der »Nutzen-Frage« positiv ausfällt.

Jeder Mensch will seine Wünsche verwirklichen, jeder ist sich selbst der Nächste, alle wollen etwas. Doch wenn jeder nur auf sich achtet, kann keiner etwas bekommen. Denn überall, wo jemand etwas erhält, muss ja auch jemand etwas geben. Macht man sich aber keinerlei Gedanken darüber, was man geben kann, so erhält niemand etwas.

Würde sich hingegen jeder Gedanken machen, was er anderen geben könnte, dann würden alle etwas erhalten. Keiner müsste Angst haben, ob er genug bekommen kann, weil ja alle geben würden.

Erkenntnis 39:
Nur wenn Sie etwas geben – werden Sie auch etwas erhalten!

Aus diesem Grund ist es wichtig, dass Sie wissen, was Sie wollen. Dass Sie Ihr Ziel kennen und den Weg dorthin ständig verfolgen. Aber bei all dem ist das Wichtigste, dass Sie beachten sollten: Wenn Sie etwas von anderen wollen – und nur diese können Ihnen in unserer Gesellschaft etwas geben –, dann fragen Sie sich, was Sie diesen Menschen bieten können. Fragen Sie sich nie einzig und allein, wie Sie etwas bekommen könnten, sondern fragen Sie sich immer auch, was Sie anbieten können, das den von Ihnen gewünschten Preis wert ist.

Jeder ist sich selbst der Nächste

Kennen Sie Arbeitnehmer, Kollegen, Freunde, Verwandte, die sich ständig nur die eine Frage stellen: »Wie kann ich noch mehr aus dem Unternehmen herausholen, wie am besten meinen Urlaub planen, wie eine Gehaltserhöhung erreichen, ...?« – und die dabei ausschließlich an sich denken, aber nicht viel Zeit an die Frage vergeuden, welchen Wert sie für das Unternehmen darstellen? Ach, Sie kennen so jemanden?

Selbstvertrauen
Geduld und Gelassenheit
Entwicklungsbereitschaft
Selbstdisziplin
Selbstreflexion

Halten Sie es für möglich, dass es Menschen gibt, die in einer Lebenspartnerschaft lediglich daran denken, was der Lebenspartner alles für sie tun soll, wofür der Lebenspartner Verständnis haben sollte, wie der Lebenspartner am besten zu sein hat …, dabei jedoch keine Sekunde darüber nachdenken, wie sie sich dem Lebenspartner gegenüber verhalten, was sie im Gegenzug dem Lebenspartner bieten? Ja, Sie liegen richtig: Es gibt sehr viele solcher Menschen.
Und zu guter Letzt: Leider gibt es viel zu viele Unternehmer – ganz gleich, ob Einmannbetrieb oder Konzernleiter –, die einzig und allein darauf bedacht sind, möglichst vielen Kunden möglichst viel zu verkaufen. Sich dabei nur Gedanken machen, wie man mehr verkaufen könnte – nicht aber ernsthaft darüber nachdenken, wie sie mehr für ihre Kunden tun könnten. Und das ist dann der Hauptgrund für fehlenden langfristigen Erfolg.
Lassen Sie mich das Gesetz des Nutzens am besten mit den Worten von John F. Kennedy ausdrücken, der in seiner Antrittsrede als US-amerikanischer Präsident zum Volk sprach: »Ask not, what your country can do for you. Ask, what you can do for your country«. Sie fragen sich, was diese Worte für Sie bedeuten?
Nun, das ist ganz einfach. Fragen Sie nicht ständig danach: »Wie kann ich mehr bekommen, wer kann was für mich tun, wie hole ich mehr raus, wer könnte mir nützen usw.«, sondern machen Sie sich zur Abwechslung einmal Gedanken darüber, was Sie selbst tun könnten, um anderen Menschen und Projekten einen Nutzen zu bieten.
Wir wissen, dass eine Gemeinschaft notwendig ist, um privat zufrieden und beruflich erfolgreich zu sein.
Nun könnte vielleicht der eine oder andere dazu sagen: »Wenn du nicht ständig an dich selbst denkst, dann bleibst du auf der Strecke.« Wenn das jedoch jemand sagt, dann hat dieser Mensch noch nicht erkannt, nach welcher einfachen Formel das Leben in diesem Bereich mit uns spielt:

Erkenntnis 40:
»Alles, dem Du nachläufst, läuft vor Dir davon.«

Selbstvertrauen
Geduld und Gelassenheit
Entwicklungsbereitschaft
Selbstdisziplin
Selbstreflexion

Der NUTZEN ist das Entscheidende. Und das ist oft der Knackpunkt, weshalb es dauerhaft nicht funktioniert. Denn es wird nur das langfristig funktionieren, was Nutzen für die anderen Menschen mit sich bringt. Ich muss also ständig prüfen: Haben die anderen Vorteile von dem, was ich tue? Und dann sollten Sie sich die Frage stellen: Würde ich gern an der Stelle der anderen sein?

➔ **TIPP 32:** Fragen Sie sich als Arbeitnehmer immer wieder: »Würde ich an der Stelle meines Arbeitgebers wirklich jemanden wie mich als Arbeitnehmer haben wollen? Und zwar, wenn ich als Arbeitgeber alles über mich als Arbeitnehmer wissen würde?« Können Sie diese Frage voller Überzeugung bejahen, dann wird vermutlich die Basis für eine erfolgreiche Laufbahn in diesem Unternehmen gegeben sein.

»23 Trainingstipp to go

Wie wäre es denn mit Arbeitnehmern, die sich laufend, ständig und immer wieder fragen, was könnte ich noch tun für das Unternehmen? Wie wäre es denn, wenn ein Unternehmer sich immer wieder fragt, welchen Nutzen kann ich meinen Kunden noch bieten? Wie glauben Sie, funktioniert eine Partnerschaft, wenn sich beide Teile fragen, was kann ich für meinen Lebenspartner tun? Wie kann ich ihm zur Seite stehen? Wie kann ich für ihn da sein? Wie kann ich ihm Freude machen? Merken Sie den Unterschied?

➔ **TIPP 33:** Fragen Sie sich als Unternehmer immer wieder: »Würde ich an der Stelle meiner Kunden sein wollen?« Können Sie dazu »Ja« sagen, dann haben Sie die Grundlage für langfristigen Erfolg.

➔ **TIPP 34:** Fragen Sie sich als Lebenspartner immer wieder: »Würde ich an der Stelle meines Partners einen Menschen wie mich an meiner Seite haben wollen?« Nur bei einem »Ja« haben Sie die Basis für eine dauerhafte Beziehung.
Dieser Nutzen ist das Entscheidende, ob etwas langfristig funktioniert oder nicht. Je größer die Menge der Menschen, die Nutzen von dem haben, was Sie tun, umso größer sind Ihre private Zufriedenheit und Ihr beruflicher Erfolg. Mit der Menge Ihrer Nutznießer multiplizieren Sie auch Ihren Erfolg, also sorgen Sie dafür, dass möglichst viele Menschen von dem, was Sie tun, profitieren!

Der gesamte Kreislauf der Natur besteht aus einer Verkettung von Symbiosen. Alles erfüllt seinen Nutzen und trägt somit seinen Teil zum Ganzen bei.

Selbstvertrauen

Geduld und Gelassenheit

Entwicklungsbereitschaft

Selbstdisziplin

Selbstreflexion

»24 Trainingstipp to go

Wenn Sie dazu jedes Mal JA sagen können, dann geht es Ihnen gut.

- Fragen Sie als Arbeitnehmer nicht: »Was kann die Firma für mich tun?«
- Fragen Sie als Arbeitnehmer: »Was kann ich alles für die Firma tun?«
- Fragen Sie als Unternehmer nicht: »Wie kann ich mehr Gewinn machen?«
- Fragen Sie als Unternehmer: »Wie kann ich den Kunden mehr Nutzen bieten?«
- Fragen Sie als Lebenspartner nicht: »Was habe ich von der Partnerschaft?«
- Fragen Sie als Lebenspartner: »Was kann ich für meinen Partner tun?«

Sie werden sehen: Wenn Sie viel geben, werden Sie automatisch viel erhalten!

Es kann nicht funktionieren, wovon nur einer profitiert

Schon aus dem Zusammenspiel der Gesellschaft heraus ist es nicht möglich, eine Gemeinschaft zu erzeugen, die für das dauerhafte Erreichen eines Zieles unbedingt nötig ist, wenn nicht auch den anderen Mitgliedern dieser Gemeinschaft Vorteile durch dieses Zusammenspiel geboten werden.

Das bedeutet, dass bei allen Zielen und allen Wegen die erste Frage sein muss: »Welche Vorteile haben dadurch welche Menschen, zu welchem Zeitpunkt, auf welche Weise, und wie groß ist der Aufwand für diese Menschen, um in den Genuss dieser Vorteile zu gelangen?«

MEIN WEG

»Bei all meinen Zielen und auf allen meinen Wegen stelle ich mir immer wieder die Frage, ob ausreichend viele Menschen genügend Vorteile durch mein Tun erlangen. Ist dies nicht gegeben, ändere ich sofort mein Vorgehen dahingehend, dass ich die »Nutzenfrage« positiv beantworten kann.«

Selbstvertrauen | Geduld und Gelassenheit | Entwicklungsbereitschaft
Selbstdisziplin | Selbstreflexion

Trainieren Sie das Gesetz des Nutzens

Mit den folgenden drei Übungen können Sie abschließend das Gesetz des Nutzens trainieren. Tragen Sie Ihre Erkenntnisse und Ergebnisse in die Check-up-Liste auf Seite 260 ein.

→ Übung 53 | Mehr von Leben I

53

Das Leben ist ein gerechter Dienstherr. Sie können vom Leben fordern, was Sie möchten. Es wird Ihnen geben, was Sie wünschen. Sie müssen nur bereit und in der Lage sein, den gerechten Preis dafür zu zahlen. Notieren Sie sich bitte, was Sie in den nächsten drei Jahren vom Leben wünschen.

→ Übung 54 | Mehr von Leben II

54

Notieren Sie bitte, was Sie in den nächsten drei Jahren für all das, was Sie vom Leben erhalten möchten, als »gerechten Preis« zahlen wollen. Das muss nicht immer der Euro sein, es kann auch Investition an Zeit, Beharrlichkeit, Kraft sein, die als Gegenleistung gefragt ist.

→ Übung 55 | Bilanz

55

Machen Sie bitte eine kleine Gegenüberstellung. In der linken Spalte schreiben Sie jeweils eine kleine Notiz, über alle Situationen, in denen Sie profitiert haben, in denen Sie Nutzen erhalten haben. Und in der rechten Spalte notieren Sie alle Gegebenheiten, in denen Sie anderen Menschen Nutzen gebracht haben. Sehen Sie sich das Verhältnis an und beurteilen Sie für sich selbst, ob Sie damit zufrieden sind beziehungsweise, ob Sie in Zukunft ein bisschen mehr auf sich selbst schauen oder ein bisschen mehr für andere da sein möchten.

Seien Sie sich Ihres Wertes bewusst! Denn Sie haben MEHR vom LEBEN verdient.

Das Gesetz des Nutzens

CHECK UP

➔ ÜBUNG 53: MEHR VON LEBEN I

Haben Sie diese Übung gemacht? ○ Ja ○ Nein

Hat Ihnen diese Übung einen Erfolg gebracht? ○ Ja ○ Nein

Wie oft haben Sie die Übung wiederholt? ___ mal.

IHR PERSÖNLICHES FAZIT:

....

....

....

➔ ÜBUNG 54: MEHR VON LEBEN II

Haben Sie diese Übung gemacht? ○ Ja ○ Nein

Hat Ihnen diese Übung einen Erfolg gebracht? ○ Ja ○ Nein

Wie oft haben Sie die Übung wiederholt? ___ mal.

IHR PERSÖNLICHES FAZIT:

....

....

....

➜ ÜBUNG 55: BILANZ

Haben Sie diese Übung gemacht? ○ Ja ○ Nein

Hat Ihnen diese Übung einen Erfolg gebracht? ○ Ja ○ Nein

Wie oft haben Sie die Übung wiederholt? ___ mal.

IHR PERSÖNLICHES FAZIT:

....

....

....

CHECK UP

ANHANG

Lösungsfinder

Problem	Gesetze	Übungen	Icons
Gesundheit			
Sorgen mache ich mir, weil ...			
→ **ich zu wenig/ schlecht schlafe**	**Gesetz:** 1, 3, 4, 8, 10	**TTG:** 9, 16 ,20 **Übung:** 15, 17, 22, 29, 30, 38, 39, 45, 46	
→ **ich mich falsch/ ungesund ernähre**	**Gesetz:** 1, 3, 4, 8, 10	**Tipp:** 10, 23, 24 **TTG:** 1, 5, 8, 9 **Übung:** 4 ,7, 8, 9, 11, 12, 15, 16, 17, 20, 25, 38, 39, 45, 46	
→ **ich mich zu wenig bewege**	**Gesetz:** 1, 3, 4, 8, 10	**Tipp:** 10, 23, 24 **TTG:** 5, 9, 20 **Übung:** 7, 12, 15, 16, 17,20, 22, 25, 38, 39, 45, 46	
→ **ich zu viel Alkohol trinke**	**Gesetz:** 1, 3, 4, 8, 10	**Tipp**: 22, 23 **TTG:** 9, 20 **Übung**: 4 ,15, 22, 26, 34, 35, 38, 39, 45, 46	
→ **ich zu viel rauche**	**Gesetz:** 1, 3, 4, 8, 10	**Tipp**: 22, 23 **TTG:** 9, 20 **Übung**: 4 ,15, 22, 26, 34, 35, 38, 39, 45, 46	
→ **ich spielsüchtig/ einkaufssüchtig bin**	**Gesetz:** 1, 3, 4, 8, 10	**Tipp**: 22, 23 **TTG:** 9, 20 **Übung**: 4 ,15, 22, 26, 34, 35, 38, 39, 45, 46	
→ **ich mich zu dick/ dünn fühle**	**Gesetz:** 3, 4, 7, 8, 10	**Tipp**: 8, 9, 10, 13 **TTG:** 4, 5, 9 **Übung:** 4, 15, 16, 17, 22, 26, 34, 35, 38, 39, 45, 46	
Burn-Out			
→ **zu viel Stress**	**Gesetz:** 3, 7, 8, 10	**TTG:** 4, 8, 9, 16 **Übung**: 15, 16, 17, 22, 38, 39, 45, 46	
→ **Unzufrieden im Job**	**Gesetz:** 3, 7, 8	**Tipp:** 2, 10, 13, 18, 20, 24 **TTG:** 4, 5, 9, 10, 16, 20 **Übung:** 4, 11, 15, 20, 22, 26, 35 **Erkenntnis:** 8 **BP:** 4	
→ **zu viel Verantwortung**	**Gesetz:** 1, 3, 4, 7, 8, 10	**Tipp**: 2, 22, 24 **TTG:** 4, 5, 7, 11, 16 **Übung**: 1, 2, 4, 11, 15, 16, 17, 20, 22, 26, 34, 35, 38, 39, 45, 46	

Problem	Gesetze	Übungen	Icons
Erziehung			
Mein Kind ist ...			
→ **ängstlich**	**Gesetz:** 1, 2, 8	**Tipp:** 3, 4, 8, 12, 21, 24 **TTG:** 2, 5, 11 **Übung:** 2, 3, 4, 5, 6, 7, 9, 10, 11, 20, 22, 23, 26, 34, 35 **Erkenntnis:** 5, 6 **LT:** 2, 3	
→ **unmotiviert**	**Gesetz:** 1, 2, 3	**Tipp:** 2, 3, 4, 21, 24 **TTG:** 1, 2, 5, 6, 8, 9, 11, 14, 20 **Übung:** 1, 2, 3, 4, 5, 7, 9, 10, 11, 13, 14, 20, 22, 26, 27, 54 **Erkenntnis:** 2, 3, 6, 13 **LT:** 1, 2	
Ich wünschte, mein Kind			
→ **wäre lernbereiter**	**Gesetz:** 2, 3	**Tipp:** 2, 3, 4, 21, 24 **TTG:** 1, 2, 5, 6, 8, 9, 11, 14, 20 **Übung:** 1, 2, 3, 4, 5, 7, 9, 10, 11, 13, 14, 20, 22, 26, 27, 54 **Erkenntnis:** 2, 3, 6, 13 **LT:** 1, 2	
Mein Kind ...			
→ **hält sich für einen Versager**	**Gesetz:** 1, 2, 5	**Tipp:** 3, 4, 8, 12, 21, 24 **TTG:** 2, 5, 11 **Übung:** 2, 3, 4, 5, 6, 7, 9, 10, 11, 20, 22, 23, 26, 34, 35 **Erkenntnis** 5, 6 **LT:** 2, 3	
→ **will cool sein**	**Gesetz:** 1, 2, 3	**Tipp:** 3, 4, 8, 12, 21, 24 **TTG:** 2, 5, 11 **Übung:** 2, 3, 4, 5, 6, 7, 9, 10, 11, 20, 22, 23, 26, 34, 35 **Erkenntnis:** 5, 6 **LT:** 2, 3	
→ **lügt und benutzt ständig Ausreden**	**Gesetz:** 1, 2, 7	**Tipp:** 4, 12, 21 **TTG:** 1,20 **Übung:** 1, 4, 7, 11, 22, 25, 34, 35	
Partnerschaft			
Partnersuche			
→ **Angst vor Entscheidungen haben**	**Gesetz:** 1, 2, 3, 5, 7	**Tipp:** 3, 5, 11, 14, 24 **TTG:** 11, 14 **Übung:** 2, 3, 4, 5, 6, 7, 9, 10, 11, 22, 23, 26, 34, 35 **Erkenntnis:** 5, 6 **LT:** 2, 3	
→ **Antriebslosigkeit**	**Gesetz:** 1, 2, 3, 4, 5	**Tipp:** 11, 22 **TTG:** 1, 7, 8, 9, 11, 18, 20 **Übung:** 1, 2, 3, 4, 5, 6, 7, 9, 10, 13, 16, 19, 21, 22, 23, 25, 27, 33, 34, 35, 44 **Erkenntnis:** 1, 2, 3, 4, 5 **LT:** 1, 2	

Problem	Gesetze	Übungen	Icons
→ **Misstrauisch sein**	**Gesetz:** 1, 5, 6	**Tipp:** 8, 25 **TTG:** 3, 15, 16 **Übung:** 1, 2, 3, 4, 5, 9, 10, 11, 22, 23, 28, 37, 42, 48	
→ **Schüchtern sein**	**Gesetz:** 1, 5, 6	**Tipp:** 3, 8, 25 **TTG:** 7, 11, 20 **Übung:** 2, 3, 5, 7, 9, 19, 22, 23, 26, 37, 42, 43, 48 **LT:** 1, 2, 3	
→ **Zu wenig Ausstrahlung und Persönlichkeit**	**Gesetz:** 1, 5, 6	**Tipp:** 3, 8, 25 **TTG:** 7, 11, 20 **Übung:** 2, 3, 5, 7, 9, 19, 22, 23, 26, 37, 42, 48 **LT:** 1, 2, 3	
Emotionen & Konflikte			
→ **Angst haben**	**Gesetz:** 1, 2, 8	**Tipp:** 3, 5, 11, 22, 24 **TTG:** 11, 14, 18 **Übung:** 2, 3, 4, 5, 6, 7, 9, 10, 11, 22, 23, 26, 34, 35 **Erkenntnis:** 5, 6 **LT:** 1, 2, 3	
→ **Beleidigt sein**	**Gesetz:** 1, 2, 6, 8, 10	**Tipp:** 5, 7, 11, 22, 23, 34 **TTG**: 2, 7, 22 **Übung:** 1, 2, 4, 8, 10, 22, 25, 26, 28, 29, 31, 42, 51 **Erkenntnis:** 2, 4, 5, 6 **LT**: 3, 4	
→ **Eifersüchtig sein**	**Gesetz:** 1, 2, 5, 6	**Tipp:** 8, 22, 25 **TTG:** 3, 10, 11, 12, 13, 20 **Übung:** 1, 2, 5, 8, 9, 10, 11, 13, 22, 23, 25, 28, 29, 48 **Erkenntnis:** 5, 6	
→ **Unter Eifersucht des Partners leiden**	**Gesetz:** 1, 2, 5, 6	**Tipp:** 8, 22,25 **TTG:** 3, 10, 11, 12, 13, 20 **Übung:** 1, 2, 5, 8, 9, 10, 11, 13, 22, 23, 25, 28, 29, 48 **Erkenntnis:** 5, 6	
→ **Nicht offen miteinander reden**	**Gesetz:** 1, 5, 6, 7	**Tipp:** 8, 25 **TTG:** 3, 15 16 **Übung:** 1, 2, 3, 4, 5, 9, 10, 11, 22, 23, 28, 37, 42, 48	
→ **Mein Partner liebt mich nicht mehr**	**Gesetz:** 1, 2, 5, 6	**Tipp:** 8, 22, 25, 34 **TTG:** 3, 10, 1, 12, 13, 20 **Übung:** 1, 2, 3, 5, 8, 9, 10, 11, 13, 22, 23, 25, 28, 29, 32, 48, 49 **Erkenntnis:** 5, 6 **LT**: 1, 2, 3, 11	
→ **Mein Partner beachtet mich nicht**	**Gesetz:** 1, 2, 5,	**Tipp:** 8, 25, 34 **TTG:** 3, 15, 16 **Übung:** 1, 2, 3, 4, 5, 9, 10, 11, 22, 23, 28, 37, 42, 48, 49	

Problem	Gesetze	Übungen	Icons
→ **Mein Partner geht fremd**	**Gesetz:** 1, 2, 5, 6	**Tipp:** 8, 22, 25, 34 **TTG:** 1, 3, 10, 12, 13, 20 **Übung:** 1, 2, 3, 5, 8, 9, 10, 11, 13, 22, 23, 25, 28, 29, 32, 48, 49 **Erkenntnis:** 5, 6 **LT**: 1, 2, 3, 11	
→ **Mein Partner ist unzuverlässig**	**Gesetz:** 1, 2, 5, 6	**Tipp:** 8, 22, 25, 34 **TTG:** 3, 10, 1, 12, 13, 20 **Übung:** 1, 2, 3, 5, 8, 9, 10, 13, 22, 23, 25, 28, 29, 48 **Erkenntnis:** 5, 6	
→ **Mein Partner hat ein Suchtproblem**	**Gesetz:** 1, 3, 8, 10	**Tipp**: 11, 22, 23, 34 **TTG:** 10, 11, 20 **Übung**: 4 ,15, 22, 26, 34, 35, 38, 39, 45, 46	
Freunde und Bekannte			
Umgang mit anderen			
→ **Gestaltet sich immer schwierig**	**Gesetz:** 1, 5, 11	**Tipp:** 3, 8, 13, 23 24, 25, 27 **TTG**: 2, 7, 22 **Übung:** 1, 2, 4, 8, 10, 22, 25, 26, 28, 29, 31, 42, 51 **Erkenntnis:** 2, 4, 5, 6 **LT**: 3	
→ **Ich bin neidisch und missgünstig**	**Gesetz:** 1, 2, 5, 6	**Tipp:** 8, 25 **TTG:** 3, 15 16 **Übung:** 1, 2, 3, 4, 5, 9, 10, 11, 22, 23, 28, 37, 42, 48	
Ich und die anderen			
→ **Ich kann nicht Nein-Sagen**	**Gesetz:** 1, 3, 4, 5, 6	**Tipp**: 23 **TTG:** 13 **Übung:** 4 ,11, 15, 16, 17, 20, 22, 26, 34, 35, 38, 39	
→ **Ich tue mich schwer mit Veränderung**	**Gesetz:** 1, 2, 4, 5	**Tipp:** 3, 8 **TTG:** 11, 20, 21 **Übung:** 2, 3, 5, 7, 9, 19, 22, 23, 26 **LT:** 1, 2	
→ **Ich suche Anerkennung**	**Gesetz:** 1, 2, 3, 4, 5, 7	**Tipp**: 23, 25 **TTG:** 13 **Übung:** 4 ,11, 12, 15, 16, 17, 20, 22, 26, 34, 35, 38, 39	
→ **Ich habe keine Freunde**	**Gesetz:** 1, 3, 6, 8	**Tipp:** 3, 8, 25 **TTG:** 7, 11, 20 **Übung:** 2, 3, 5, 7, 9, 19, 22, 23, 26, 37, 42, 48 **LT:** 1, 2, 3	
Beruf und Business			
Im Beruf fehlt es mir an ...			
→ **Ausstrahlung, positiver**	**Gesetz:** 1, 2, 3, 4, 5, 7	**Tipp:** 3, 8, 25 **TTG:** 7, 11, 20 **Übung:** 2, 3, 5, 7, 9, 19, 22, 23, 26, 37, 42, 48 **LT:** 1, 2, 3	

Problem	Gesetze	Übungen	Icons
→ **Anerkennung**	**Gesetz:** 1, 2, 3, 4, 5, 7	**Tipp**: 23, 25 **TTG:** 13 **Übung:** 1, 2, 3, 4 ,11, 12, 15, 16, 17, 20, 22, 26, 34, 35, 38, 39	
→ **Charisma**	**Gesetz:** alle (1-12)	**Tipp:** 3, 8, 9, 15, 19, 27, 28, 29, 24 **TTG:** 7, 11, 13 16, 20 **Übung:** 2, 3, 5, 7, 8, 9, 19, 22, 23, 26, 29, 33, 34, 35, 37, 42, 48 **LT:** 1, 2, 3, 4, 5	
→ **Entscheidungs-freude**	**Gesetz:** 4, 6, 8	**Tipp:** 2, 9, 10, 14, 15, 24, 26, 27, 32, 33 **TTG:** 1, 4, 5, 8, 20 **Übung:** 1, 2, 4, 5, 7, 6, 11, 14, 15, 16, 22, 25, 26, 27, 48	
→ **Gelassenheit**	**Gesetz:** 1, 2, 8, 9	**Tipp:** 2, 3, 7, 10, 22, 24, 27, 40, 41, 42 **TTG**: 2, 7, 22 **Übung:** 1, 2, 4, 8, 10, 22, 25, 26, 28, 29, 31, 42, 51 **Erkenntnis:** 2, 4, 5, 6 **LT**: 3, 29, 30	
→ **Konsequenz**	**Gesetz:** 1, 3, 8, 10	**Tipp:** 2, 9, 10, 14, 15, 24, 26, 27, 32, 33 **TTG:** 1, 4, 5, 8, 20 **Übung:** 1, 2, 4, 5, 7, 6, 11, 14, 15, 16, 22, 25, 26, 27, 48	
→ **Power**	**Gesetz:** 1, 2, 3, 4, 5, 6	**Tipp:** 1, 2, 3, 6, 7, 8, 9, 10, 15, 18, 19, 24, 27, 28 **TTG:** 1, 4, 5, 8,20 **Übung:** 1, 2, 4, 5, 7, 6, 11, 14, 15, 16, 22, 25, 26, 48 **Erkenntnis**: 3, 4, 8, 10, 13	
→ **Selbstvertrauen**	**Gesetz:** 1, 2, 3, 5	**Tipp:** 3, 8, 9, 15, 19, 24 **TTG:** 7, 11, 13 16, 20 **Übung:** 1, 2, 3, 5, 7, 8, 9, 19, 22, 23, 26, 29, 33, 34, 35, 37, 42, 48 **LT:** 1, 2, 3, 4, 5	
→ **Spaß**	**Gesetz:** alle (1-12)	**Tipp:** 1, 2, 3, 6, 7, 8 9, 10, 15, 18, 19, 24, 27, 28 **TTG:** 1, 4, 5, 8, 20 **Übung:** 1, 2, 4, 5, 7, 6, 11, 14, 15, 16, 22, 25, 26, 48 **Erkenntnis**: 3, 4, 8, 10, 13	
→ **Zufriedenheit**	**Gesetz:** alle (1-12)	**Tipp:** 2, 7, 9, 10, 14, 15, 24, 26, 27, 32, 33 **TTG:** 1, 2, 4, 5, 8, 20 **Übung:** 1, 2, 4, 5, 7, 6, 11, 14, 15, 16, 22, 25, 26, 27, 48	
→ **Zielen**	**Gesetz:** alle (1-12)	**Tipp:** 1, 2, 3, 6, 7, 8 9, 10, 15, 18, 19, 24, 27, 28 **TTG:** 1, 4, 5, 8, 20 **Übung:** 1, 2, 4, 5, 6, 7, 11, 12, 14, 15, 16, 18, 22, 25, 26, 48 **Erkenntnis**: 3, 4, 8, 10, 13	

Problem	Gesetze	Übungen	Icons
Ich habe keinen Erfolgs, weil ...			
→ ich mich nicht traue, andere Menschen anzusprechen	**Gesetz:** 1, 2, 3, 5,	**Tipp:** 3, 19 **TTG:** 1, 7, 8, 9, 18, 20 **Übung:** 1, 2, 3, 4, 5, 6, 7, 9, 10, 13, 16, 19, 20, 21, 22, 23, 24, 25, 33, 34, 35, 44 **Erkenntnis:** 1, 2, 3, 4, 5 **LT:** 2	
→ ich Probleme im Umgang mit Kritik habe	**Gesetz:** 1, 2, 6, 10, 11	**Tipp:** 2, 10, 24 **TTG:** 2, 7, 19, 22 **Übung:** 1, 2, 4, 8, 10, 22, 25, 26, 28, 29, 31, 42, 50, 51, 52 **Erkenntnis:** 2, 4, 5, 6 **LT:** 3	
→ ich kein Interesse mehr am Job habe	**Gesetz:** 2, 3, 4, 10	**Tipp:** 2, 9, 10, 14, 15, 24, 26, 27, 32, 33 **TTG:** 1, 4, 5, 8, 20 **Übung:** 1, 2, 4, 5, 7, 6, 11, 14, 15, 16, 22, 25, 26, 27, 48 **Erkenntnis:** 1, 2, 3, 4, 5 **BP:** 1, 4	
→ ich mich nicht entscheiden kann	**Gesetz:** 4, 6, 8	**Tipp:** 2, 9, 10, 14, 15, 24, 26, 27, 32, 33 **TTG:** 1, 4, 5, 8, 20 **Übung:** 1, 2, 4, 5, 7, 6, 11, 14, 15, 16, 22, 25, 26, 27, 48 **Erkenntnis:** 3, 4, 8, 10, 13	
→ ich Angst vor Konsequenzen habe	**Gesetz:** 1, 2, 4, 8	**Tipp:** 3, 7, 15, 24 **TTG:** 2, 11 **Übung:** 2, 3, 4, 5, 6, 7, 9, 10, 11, 20, 22, 23, 26, 34, 35 **Erkenntnis:** 5, 6 **LT:** 2, 3	
→ ich immer die Opferrolle einnehme	**Gesetz:** 1, 2, 4, 8	**Tipp:** 1, 3, 19 **TTG:** 1, 4, 7, 8, 9, 18, 20, 21 **Übung:** 1, 2, 3, 4, 5, 6, 7, 9, 10, 13, 14, 15, 16, 19, 20, 21, 22, 23, 24, 25, 33, 34, 35, 44 **Erkenntnis:** 1, 2, 3, 4, 5 **LT:** 2 **BP:** 1, 4	
→ ich nicht mit Geld umgehen kann	**Gesetz:** 5, 6, 8	**Tipp:** 2, 13, 20 **TTG:** 4, 9, 11, 12, 16, 17, 20, 23 **Übung:** 2, 4, 6, 7, 9, 12, 13, 22, 23, 25, 30, 36, 37, 39, 51, 53, 54, 55 **Erkenntnis:** 9, 10 **BP:** 1, 3, 5, 6	

Weitere Ergänzungen zu diesem Lösungsfinder gibt es extra für Sie unter:
www.mehr-vom-leben.info

Ihr finaler Check-up – die End-Auswertung

In diesem Buch wurden Sie 12-mal zu Beginn eines jeden Kapitels aufgefordert, einen Selbsttest zu absolvieren. Am Ende jeden Kapitels standen Ihnen Übungen zur Verfügung, um Ihre Potenziale weiterzuentwickeln und mithilfe eines Check-ups die erreichten Ergebnisse und Selbsterkenntnisse einzutragen beziehungsweise zu bewerten. Dieser finale Check-up soll nun dazu dienen, Ihnen vor Augen zu führen, welche Entwicklung Sie bereits in Gang gesetzt haben und dass Sie auf dem besten Weg sind, **Mehr vom Leben** zu bekommen.

Übertragen Sie dafür zunächst Ihre Testergebnisse in folgende Tabelle – und verbinden Sie im Anschluss – wenn Sie mögen – die Ergebnisse mit einer Linie. Wenn Sie übrigens den Eindruck haben, dass die Bewertung Ihres Testergebnisses nicht befriedigend ist, dann bedeutet das lediglich, dass Sie in dem auf das Kapitel bezogenen Kontext noch etwas nachzuholen haben!

Sehr gut	C ○	C ○	A ○	A ○	A ○	B ○	A ○	C ○	A ○	A ○	B ○	B ○
Gut	A ○	B ○	B ○		B ○	A ○		D ○	B ○	B ○	A ○	
Befriedigend	B ○		C ○	B ○	C ○		B ○	B ○	C ○		C ○	A ○
Das geht besser	D ○	A ○	D ○	C ○	D ○	C ○	C ○	A ○		C ○		C ○
Test Ihr Ergebnis	1. ○	2. ○	3. ○	4. ○	5. ○	6. ○	7. ○	8. ○	9. ○	10. ○	11. ○	12. ○

Und das Gleiche machen Sie mit Ihren Check-ups!

Sehr gut	5	5	5	5	5	5	5	4	4	5	4	3
Gut	4	4	4	4	4	4	4	3	3	4	3	2
Befriedigend	3-2	3-2	3-2	3-2	3-2	3-2	3-2	2	2	3-2	2	1
Das geht noch besser	1	1	1	1	1	1	1	1	1	1	1	0
Keine Übung gemacht?	0	0	0	0	0	0	0	0	0	0	0	0
Check-up Wie viele Übungen gemacht?	1.	2.	3.	4.	5.	6.	7.	8.	9.	10.	11.	12.

Nachwort

MEHR vom LEBEN. Das wünsche ich mir für SIE!

Sie haben nun eine Anleitung für private Zufriedenheit und beruflichen Erfolg gelesen, haben Tests und Analysen gemacht, viele Tipps bekommen und hoffentlich auch das eine oder andere Training umgesetzt. Haben Sie schon einmal den Spruch gehört: »Niemand ist perfekt«? Ja, der Spruch stimmt meiner Meinung nach zu 100 Prozent und ich rate Ihnen: Versuchen Sie auch nicht, perfekt zu sein.

Wenn Sie alle Anleitungen aus diesem Buch 1:1 umsetzen könnten – wären Sie der erste Mensch, dem dies gelingt. Also versuchen Sie es erst gar nicht, sondern nehmen Sie sich immer gerade das Naturgesetz, die Übung, den Tipp zur Hand, womit Sie Ihre momentane Lebenssituation konkret verbessern können. Das genügt vollkommen. Der Lösungsfinder wird Ihnen in Zukunft bei jeder Herausforderung behilflich sein. Einfach nachschlagen, Tipp lesen, umsetzen, Lebensqualität verbessern ....

DANKE, dass ich Sie mit diesem Buch ein Stück Ihres Weges begleiten durfte und vielleicht noch weiter begleiten darf. Wenn in Ihnen – vielleicht auch durch meine eigene Geschichte – Mut, Zuversicht und innere Stärke gestiegen sind, wenn Sie in diesem Buch »Werkzeuge« für mehr private Zufriedenheit und/oder mehr beruflichen Erfolg gefunden haben und wenn Sie durch den Lösungsfinder in Zukunft leichter und besser durchs Leben kommen, dann haben Sie mir das schönste Geschenk gemacht.

Denn mein größter Wunsch ist es, dass auch Sie MEHR vom LEBEN bekommen ... weil SIE es sich verdient haben!

Ihr Eric Adler

EIN WORT ZU UNSERER PERSÖNLICHKEIT …

Der Schlüssel für ein besseres, einfacheres, leichteres Leben ist unbestritten die eigene Persönlichkeit.

Die Persönlichkeit eines jeden Menschen entwickelt sich permanent, das ganze Leben lang. Doch in den meisten Fällen WERDEN die Persönlichkeiten der Menschen von ihrem Umfeld entwickelt. Von den Eltern, den Lehrern, den Vorgesetzten, den Kollegen, den Freunden, dem Partner, der Werbung, der Politik, den Medien, der öffentlichen Meinung … kaum jemand sucht sich selbst aus, wohin er sich mit seiner Persönlichkeit entwickeln möchte.

Und wenn jemand seine Persönlichkeit entwickeln möchte, klappt das meist nicht. Denn mit Seminaren, Vorträgen oder Workshops allein, ist eine nachhaltige Persönlichkeitsentwicklung nicht möglich und ein längerfristiges Coaching können sich die meisten Menschen zeitlich und finanziell nicht leisten.

Mit dem Adler Social Club® ist diese Lücke nun geschlossen. Unzählige Referenzen von Privatpersonen und Konzernen, Studien und Evaluierungen von gerichtlich beeideten Sachverständigen, Gutachten, Medienberichte, Gütesiegel, Auszeichnungen und wissenschaftliche Erwähnungen belegen die einzigartige Güte dieses Modells.

Das, was Sie heute sind, wie es Ihnen heute geht – ganz gleich, ob Sie privat zufrieden oder unzufrieden und ob Sie beruflich erfolgreich oder erfolglos sind – ist das Ergebnis Ihrer bisherigen Persönlichkeit.

Das bedeutet: Wenn Sie privat (noch) zufriedener als jetzt sein möchten … wenn Sie beruflich (noch) erfolgreicher als jetzt sein möchten … wenn Sie MEHR vom LEBEN möchten … ist der Schlüssel dazu die bewusste und eigenverantwortliche Persönlichkeitsentwicklung.

Ich freue mich darauf, Sie auf Ihrem Weg unterstützen zu dürfen.

Ihr

Eric Adler

© Eric Adler/Foto Wilke